对外经济贸易大学中央高校基本科研业务费专项资金资助

"一带一路"研究系列著作项目（批准号TS4-15）

中国——中东欧国家关系研究基金2022年度课题研究项目资助（项目编号KT202205）

| 博士生导师学术文库 |

A Library of Academics by
Ph.D.Supervisors

中东欧国家的
税收政策及税务风险研究

———·———

王素荣　付　博　著

光明日报出版社

图书在版编目（CIP）数据

中东欧国家的税收政策及税务风险研究 / 王素荣，
付博著 . -- 北京：光明日报出版社，2022.10

ISBN 978 - 7 - 5194 - 6834 - 7

Ⅰ. ①中… Ⅱ. ①王… ②付… Ⅲ. ①税收政策—研
究—中欧②税收政策—研究—东欧 Ⅳ. ①F815. 103. 2

中国版本图书馆 CIP 数据核字（2022）第 188593 号

中东欧国家的税收政策及税务风险研究

ZHONGDONGOU GUOJIA DE SHUISHOU ZHENGCE
JI SHUIWU FENGXIAN YANJIU

著　者：王素荣　付　博			
责任编辑：梁永春		责任校对：阮书平	
封面设计：一站出版网		责任印制：曹　净	

出版发行：光明日报出版社

地　　址：北京市西城区永安路 106 号，100050

电　　话：010 - 63169890（咨询），010 - 63131930（邮购）

传　　真：010 - 63131930

网　　址：http: // book. gmw. cn

E - mail：gmrbcbs@ gmw. cn

法律顾问：北京市兰台律师事务所龚柳方律师

印　　刷：三河市华东印刷有限公司

装　　订：三河市华东印刷有限公司

本书如有破损、缺页、装订错误，请与本社联系调换，电话：010 - 63131930

开　　本：170mm×240mm

字　　数：277 千字　　　　　印　　张：17

版　　次：2023 年 1 月第 1 版　　印　　次：2023 年 1 月第 1 次印刷

书　　号：ISBN 978 - 7 - 5194 - 6834 - 7

定　　价：95.00 元

前　言

中国—中东欧国家关系研究基金是外交部设立的专门研究中东欧国家的具体情况，促进中国—中东欧国家合作与学术交流的基金。本研究是该基金2022年度课题研究的资助项目（项目编号KT202205）。

本研究是对外经济贸易大学"一带一路"研究系列著作项目（批准号TS4-15）的成果。三部专著成果：《中东欧国家的税收政策及税务风险研究》《东盟和东北亚国家的税收政策及税务风险研究》《独联体国家的税收政策及税务风险研究》，其学术价值体现在：

第一，系统地介绍和分析了中东欧16个国家，东盟和东北亚15个国家，独联体9个国家，共计40个"一带一路"沿线国家的流转税政策、所得税政策、其他税收政策和涉外税收政策，填补了国内这方面中文资料的空白。

第二，研究了每一个国家的税收征管制度和反避税制度，进而指出各国的税务风险点及应对税务风险的管理措施，为中国企业管控海外投资税务风险提供理论指导。

三部专著的应用价值在于指导海外投资的中国企业防范税务风险，注重税务筹划，为海外投资的企业防范税务风险提供参考。

中国—中东欧合作，是建设和平稳定之桥，把中欧两大力量连接起来；是建设增长繁荣之桥，把中欧两大市场连接起来；是建设改革进步之桥，把中欧两大改革进程连接起来；是建设文明共荣之桥，把中欧两大文明连接起来。中国—中东欧国家合作，不仅具有生命力和吸引力，而且符合各方发展需求和共同利益。近年来，中国对中东欧地区投资总体呈上升趋势，研究中东欧国家的税收政策和税务风险具有重要意义。

第一章，概述。内容包括中国企业投资中东欧现状，海外投资税务风险的主要方面，BEPS 行动计划及其带来的税务风险，税务风险防范等内容。

第二章，欧盟的税收规定。内容包括欧盟概况，欧盟成员国的税收制度，投资欧盟的税务筹划等内容。

第三章，中东欧的欧盟成员国税收政策。内容包括保加利亚、克罗地亚、捷克、爱沙尼亚、希腊、匈牙利、拉脱维亚、立陶宛、波兰、罗马尼亚、斯洛伐克和斯洛文尼亚等 12 国的税收政策。

第四章，投资欧盟成员国的税务风险及防范。内容包括投资欧盟成员国的税务风险，投资欧盟成员国的税务风险防范等内容。

第五章，中东欧的非欧盟成员国税收政策。内容包括阿尔巴尼亚、波黑、黑山、北马其顿和塞尔维亚等 5 国的税收政策等内容。

第六章，投资中东欧的非欧盟成员国的税务风险及防范。内容包括投资中东欧非欧盟成员国的税务风险，投资中东欧的非欧盟成员国的税务风险防范。

第七章，运用欧盟指令进行税务筹划案例。重点分析了案例公司的税务筹划问题和税务风险问题。

2018 年和 2019 年，我国企业境外投资流量分别为 1430.4 亿美元和 1369.1 亿美元，同期中国企业海外纳税分别为 594 亿美元和 560 亿美元，海外纳税占投资流量的比例分别为 41.5% 和 40.1%，如果中国企业了解受资国税收政策，进一步规避税务风险，加强税务筹划，降低海外税负一个百分点，就是约 14 亿美元，折合人民币近 100 亿元，若降低税负 10%，则约为人民币 1000 亿元。这将是很大的社会效益。

期望这本专著能为投资中东欧的中国企业带来经济效益和社会效益。

王素荣　付博

2022 年 8 月 31 日

目 录
CONTENTS

第一章

概　述

第一节　中国企业投资中东欧现状

2012 年 4 月 26 日，首次中国—中东欧国家领导人会晤在波兰华沙举行，中国—中东欧国家"16+1 合作"正式启动。2019 年，希腊正式加入，合作平台扩展为"17+1 合作"。2021 年 5 月，立陶宛退出中国—中东欧合作机制，因此，合作机制中的中东欧 16 国，包括阿尔巴尼亚、波黑、保加利亚、克罗地亚、捷克、爱沙尼亚、希腊、匈牙利、拉脱维亚、黑山、北马其顿、波兰、罗马尼亚、塞尔维亚、斯洛伐克和斯洛文尼亚。

一、中国—中东欧合作概况

在第一次中国—中东欧国家领导人会晤时，温家宝总理提出了中国关于促进与中东欧国家友好合作的 12 项举措，与会中东欧 16 国领导人对此予以高度评价。自此，每年一次的中国—中东欧国家领导人会晤开启。中国—中东欧领导人会晤已经举行了 9 次，具体情况如表 1-1 所示。

表 1-1　中国—中东欧领导人会晤具体情况

次数	时间	地点	主要内容
1	2012. 4. 26	波兰 华沙	温家宝提出了中国关于促进与中东欧国家友好合作的 12 项举措；发表新闻公报
2	2013. 11. 26	罗马尼亚 布加勒斯特	李克强总理提出中国—中东欧国家战略合作框架；共同发表《中国—中东欧国家合作布加勒斯特纲要》，提出 38 项合作举措

续表

次数	时间	地点	主要内容
3	2014. 12. 16	塞尔维亚贝尔格莱德	共同发表《中国—中东欧国家合作贝尔格莱德纲要》，提出49项举措
4	2015. 11. 24	中国苏州	李克强总理提出"1+6"合作框架；11月26日，习近平主席在北京与16国领导人举行集体会见
5	2016. 11. 5	拉脱维亚里加	共同发表《中国—中东欧国家合作里加纲要》，提出64项合作举措；共同发表关于开展三海港区基础设施、装备合作的里加声明
6	2017. 11. 27	匈牙利布达佩斯	发表《中国—中东欧国家合作布达佩斯纲要》《第六次中国—中东欧国家领导人会晤成果清单》和《中国—中东欧国家合作五年成果清单》
7	2018. 7. 7	保加利亚索非亚	发表《中国—中东欧国家合作索非亚纲要》《第七次中国—中东欧国家领导人会晤成果清单》。中国同中东欧16国领导人共同见证"一带一路"、交通和能源基础设施建设、工业园区、金融、教育、文化、质检等领域19项合作协议签署
8	2019. 4. 12	克罗地亚杜布罗夫尼克	发表《中国—中东欧国家合作杜布罗夫尼克纲要》，欢迎希腊作为正式成员加入中国—中东欧国家合作；中国同中东欧国家领导人共同见证17项合作协议签署
9	2021. 2. 9	（视频方式）北京	习近平主席主持召开中国—中东欧国家领导人峰会。峰会发表了《2021年中国—中东欧国家合作北京活动计划》和《中国—中东欧国家领导人峰会成果清单》

资料来源：外交部网站（https://www.fmprc.gov.cn/中国—中东欧合作）

　　中国—中东欧合作机制，除了国家领导人会晤外，还有地方领导人会议。具体情况，如表1-2所示。

表 1-2 中国—中东欧地方领导人会晤具体情况

次数	时间	地点	主要内容
1	2013.7	中国重庆	发起旨在促进地方合作的"重庆倡议";签署25项合作协议
2	2014.8	捷克布拉格	签署《关于推动建立中国—中东欧国家地方省州长联合会的谅解备忘录》,并正式组建联合会,与会40余省区市签署入会意向书
3	2016.6	中国唐山	举行了地方省州长联合会第二次工作会议,并发表成果文件《唐山共识》
4	2018.10	保加利亚索非亚	发表了《索非亚共识》;举办了地方省州长联合会,辽宁省担任联合会新任中方主席,并宣布2020年在中国辽宁举办第五次中国—中东欧国家地方领导人会议
5	2021.2	中国沈阳(视频方式)	中国22个省区市代表和中东欧17个国家的53位地方政府代表出席会议。会议还通过了吉林省、湖北省和宁夏回族自治区三个成员单位加入中国—中东欧国家地方省州长联合会的申请

资料来源:外交部网站(https://www.fmprc.gov.cn/中国—中东欧合作)

在其他领域,中国—中东欧合作主要有:

2012年,在上海举行了中东欧国家旅游产品专场推介会。

2013年,先后举行中国—中东欧国家文化合作论坛、教育政策对话、农业经贸合作论坛、青年政治家论坛以及首次高级别智库研讨会。

2014年为"中国—中东欧国家合作投资经贸促进年",举行了经贸促进部长级会议、投资促进研讨会、中东欧国家特色商品展、中国投资论坛等活动。

2015年为"中国—中东欧国家旅游合作促进年",举行了旅游合作促进年启动仪式、旅游合作高级别会议等活动。

2016年为"中国—中东欧国家人文交流年",举办艺术合作论坛、文学论坛、文化产业论坛、合唱夏令营、非物质文化遗产保护专家级论坛、创新合作大会、旅游合作高级别会议、教育政策对话和高校联合会第三次会议;中东欧16国记者访华团、知名画家写生团和国际戏剧节艺术总监访华团。

2017 年为"中国—中东欧国家媒体年",举办媒体年开幕式暨"中东欧主题影展"开幕式、国家新闻发言人对话会、中东欧国家广电高级记者编辑研修班等活动,开展了 50 余项合作项目。

2018 年为"地方合作年",举办了地方领导人会议和地方省州长联合会工作组会议,举办了首都市长论坛,举办了"16+1 地方合作成果展"。

2019 年为"中国—中东欧教育、青年交流年"。举办了首都市长论坛、交通运输部长会议、文化合作部长论坛、文化创意产业论坛、航空论坛、高级别金融科技论坛、教育政策对话和高校联合会会议、旅游高级别会议等活动。

2020 年为"中国—中东欧国家农业多元合作年",举办中国—中东欧国家特色农产品云上博览会等活动。新冠肺炎疫情发生后,以团结抗疫为主题,举办中国—中东欧国家卫生部长新冠肺炎疫情特别视频会议、中国—中东欧国家疫情防控专家视频会议,举办中国—中东欧国家中小企业复工复产视频信息交流与洽谈会等活动。

2021 年为"中国—中东欧国家合作绿色发展和环境保护年",举办中国—中东欧国家海关信息中心及网站揭牌仪式、第三次中国—中东欧国家林业合作高级别会议、第五届中国—中东欧国家海关检验检疫合作对话会、中国—中东欧国家癌症规范化诊疗及癌症防控研讨班,建立中国—中东欧国家公众健康产业联盟等。

二、中国企业投资中东欧现状

欧洲是世界经济版图中的重要区域,整体而言,市场化程度较高,经济发展较好。中国—中东欧国家合作不仅具有生命力和吸引力,而且符合各方发展需求和共同利益。中国—中东欧合作的意义体现在:建设和平稳定之桥,把中欧两大力量连接起来;建设增长繁荣之桥,把中欧两大市场连接起来;建设改革进步之桥,把中欧两大改革进程连接起来;建设文明共荣之桥,把中欧两大文明连接起来。

中国对中东欧地区投资,2018 年投资流量达到 6.69 亿美元,2019 年和 2020 年有所下降。2020 年,中国对中东欧地区直接投资流量 4.51 亿美元,占当年对欧洲直接投资流量的 3.6%。其中,投资流量在 1 亿美元以上的有克罗地亚(1.54 亿美元)、波兰(1.43 亿美元)、塞尔维亚(1.39 亿美元)。截至 2020 年年底，中国在中东欧地区投资存量为 37.32 亿美元，占中国对欧洲直接投资存量的 3.0%，主要分布在捷克（11.98 亿美元）、波兰（6.82 亿美元）、匈牙利（3.42 亿美元）、罗马尼亚（3.13 亿美元）、塞尔维亚（3.1 亿美元）、克罗地亚（2.53 亿美元）、保加利亚（1.56 亿美元）、黑山（1.53 亿美元）、希腊（1.26 亿美元）等国。

近些年，中国企业对中东欧直接投资基本情况，如表 1-3 和图 1-1 所示。

表 1-3　2016—2020 年中国企业对中东欧投资基本情况

单位：亿美元

		2016		2017		2018		2019		2020	
		投资额	占比	投资额	占比	投资额	占比	投资额	占比	投资额	占比
流量	中东欧投资	1.19	1.1%	3.97	2.2%	6.69	10.2%	4.95	4.7%	4.51	3.6%
	全部欧洲投资	106.93		184.63		65.88		105.19		126.96	
存量	中东欧投资	17.00	1.9%	20.16	1.8%	25.00	2.2%	28.28	2.5%	37.32	3.0%
	全部欧洲投资	872		1108.6		1128		1143.8		1224.3	

资料来源：商务部网站 http://images.mofcom.gov.cn/fec《2019 年度中国对外直接投资统计公报》，发布时间：2020 年 9 月 16 日

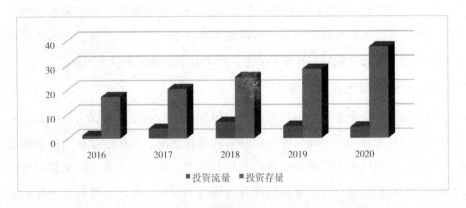

图 1-1　2015—2019 年中国企业对中东欧投资基本情况

由表1-3和图1-1可知，2017年和2018年，中国企业对中东欧国家的投资流量明显上升，但2019年和2020年，由于疫情的影响投资流量有所下降，反映出中国—中东欧合作前景可期。

第二节 海外投资税务风险的主要方面

海外投资税务风险指纳税人在进行海外投资或在海外经营中所面临的税务风险，包括采用了一些主动的、激进的国际税务筹划方法所带来的税务风险，或虽未采取任何主观性税务规划，但对受资国税收法规和国家间的税收协定理解错误所导致的税务风险，或未争取到受资国税收优惠政策而导致的利益损失风险。

海外投资税务风险主要体现在以下三个方面。

一、对受资国税收政策不熟悉所带来的税务风险

对管辖范围内的居民和非居民征税是各国政府的权力，征哪些税，征多少税，各国的税收政策不尽相同。虽然欧盟成员国都实行了增值税，但税率差异很大。从卢森堡的17%、马耳他的18%、德国和塞浦路斯的19%，到丹麦和瑞典的25%、匈牙利的27%，最高税率与最低税率相差10%。欧盟的所得税差异就更大了，从保加利亚的10%、塞浦路斯的12.5%，到法国的33.33%，相差23.33%。亚洲国家的增值税税率一般在12%以下，企业所得税税率在20%~30%之间。但很多非洲国家的企业所得税税率在30%以上。另外，各国的税收征管方面也存在很大差异。这些都容易给海外投资企业带来税务风险。

（一）前期财税调研欠周全

有些海外投资企业在项目投标前期，因调研经费不足没有深入、细致和专业地了解项目所在国的详细税法规定和实际操作情况。有些企业虽然前期做了一些调研，但随后东道国的税法进行修订和改变，企业并没有及时更新。加之很多东道国的税收法规与实际执行存在着很大的差异。此外，有部分企业对境外项目负责人的考核激励机制存在制度缺陷，价值取向上急功近利。境外项目

负责人往往以尽快中标为目标，尽早获取项目奖励收入为动力，忽视长远税收风险，低估潜在的税负。一是很多国家有最低纳税额规定。阿根廷的最低核定企业所得税规定：财务年度期末资产总值超过 20 万比索的企业，须缴纳资产总值 1% 的最低所得税。在很多发展中国家，如柬埔寨、老挝，即使企业在东道国当地没有收益或利润，也要依据资本额或收入额核定征收企业所得税。还有的国家规定：将依据企业实际利润缴纳企业所得税与最低核定所得税相比，按孰高原则征税。若对项目所在国的税制没有做充分、细致的调研，没有考虑到东道国最低核定企业所得税的特殊规定，企业也就不能正确测算相关的税负，进而无法对应安排现金流。二是印花税的缴纳问题。安哥拉有合同印花税，建造合同需缴纳合同金额 1% 的合同印花税，该合同印花税应向当地法院备案并由法院征收，只有缴纳了合同印花税，日后产生合同纠纷，当地法院才支持判决。企业为了保证合同的法律效力，是否需要立即缴纳与建筑合同金额相符的足额印花税？实际操作是企业可以向安哥拉当地法院协商申请，按建筑合同的工程进度，甚至是按业主付款进度来缴纳该项合同印花税。这样既保障了合同的有效性，也避免了因合同价款调减，甚至合同终止的情况下而多缴纳了合同全额的印花税。在很多国家，如土耳其、澳大利亚和多哥都有类似的合同印花税，其相关税法的具体规定并不完善，也欠规范，特别是地方基层税款征收机关的要求差异较大，企业需要做的是实地调研并与相关当地征税机关协商解决。

（二）税收优惠政策缺乏保证

很多发展中国家为了招商引资，颁布了各种形式的税收优惠政策。如引资优惠，对于政府援助项目，国际金融组织的优惠贷款，东道国用国家信用担保的贷款给予免税待遇；行业优惠，对于关乎东道国国计民生的大型基础设施，对鼓励产业或高科技企业给予特殊的减免税待遇；特定地区，对于落后待发展的地区、经济开发区、经济园区给予特殊减免税待遇；雇佣优惠，对于在东道国当地大量招工、雇员、解决充分就业的企业给予特殊的减免税待遇。在有些国家，外商投资企业与东道国政府可以"一对一"事先协商谈判以确定具体税收优惠。海外投资企业在东道国有投资意向时，进行初期谈判、签约比较有优势，可以力争相关的税收优惠待遇。但与东道国业主签订的种种税收优惠合同，往往因东道国的基层税务征税或稽查机关不予认可，最终无法得到税收优惠的保证和兑现。如企业与东道国业主或联邦财政部门签订了个人所得税的免税条款，但是最终往往难于兑现。一般来说，个人所得税是地方税，是由东道国的省、州或邦，甚至下至各个郡（县）制定个人所得税法规和具体征管的。东道国联邦级别不能立法和具体征管，其也很难协调地方税务机关的具体征管。此外，因为个人所得税是地方政府的主要税收来源，地方政府鼓励外资企业在当地用工，力争使当地的人员充分就业，但不会给予外商自带用工的个人所得税优惠减免。再如，中国的总承包商与东道国业主在合同中约定，在项目所在国免增值税。但很多发展中国家实行增值税预扣税制度，即在支付环节预扣销售额一定比例的增值税。销项增值税免税因只涉及业主，一般有可能做到，但进项增值税免税却很难实现，因为涉及众多的原材料供应商及服务提供商，都必须在支付环节代扣增值税，在实操中，根本就无法实现在各个源泉扣缴环节的全部免税的目标，致使企业将留存大量的未能抵扣的进项增值税，随后申请退税则非常困难，增值税免税条款无法完全实现。

二、对国际税收协定不熟悉所带来的税务风险

截至 2021 年 12 月，我国已经与 107 个国家签订了国际税收协定，已经生效的有 101 个，只有 6 个税收协定［包括与乌干达、肯尼亚、加蓬、刚果（布）、安哥拉和阿根廷的］尚未生效。在中外税收协定中，股息的预提税税率一般是 10%，但与很多不太发达的国家和对方对股息不征收预提税的国家签订的税收协定，股息预提税为 5%，与少数国家（包括挪威、澳大利亚、新西兰、巴西、巴布亚新几内亚）协定的股息预提税为 15%。利息的预提税税率一般也是 10%，但如果是国有银行等金融机构向投资地企业贷款，收回的利息很多都有豁免预提税条款。而特许权使用费的预提税基本上都是 10%，特殊情况比较少。对于与中国尚未签订国际税收协定的国家，若从投资国获得股息、利息、特许权使用费等投资收益，对方国家一般征收 10%~30% 的预提税。

海外投资企业往往对中国与东道国之间的双边税收协定了解不透，享受不足，具体原因有以下几个方面。

一是协定本身的表述非常专业化，比较晦涩和抽象，企业不容易理解和体会其中的细微专业差别。中国与很多东道国的双边税收协定的谈签和修订，本

来就是一个双方利益博弈和协商的过程和结果，甚至个别税收优惠条款是相互妥协、交换的体现。若是税务总局相关协定谈签官员不做当时签约背景的解释和相关特殊说明，企业也没有仔细比较相关条款，就很难体会出其中的细微和特殊差异。

二是对双边协定的享受前提条件不重视。双边税收协定在东道国的享受，不是自然享受，需要中国税务机关开具《税收居民身份证明》。按相关规定，企业应在所辖地区主管税务机关申请开具此证明，开具的《税收居民身份证明》两年内有效，一旦企业过了开具证明的时效，就不能及时在东道国享受双边税收协定的优惠待遇。

三是双边税收协定的优惠待遇不仅在生效后的协定文本中体现，一些具体内容也在协定的议定书、备忘录等附件中体现。如中国与巴基斯坦的税收协定中，利息预提税的优惠规定具体内容体现在 3 个备忘录中，对中国相关贷款的银行、金融机构采用正列举名单的方式列示。在中国与马来西亚的税收协定备忘录中，补增了中国进出口银行享受双边协定利息预提税的优惠待遇。在中国与美国的税收协定中，特许权使用费预提税优惠体现在议定书中，明确特许权使用费应按总额的 70% 征税。

四是有些双边协定的适用，还需要企业向中国当地的省级税务机关申请，求助于国家税务总局，利用双方税收磋商机制，甚至是国家间对等的税收待遇来力争而获得。如国家税务总局对哈萨克斯坦的"超额利润税"适用企业所得税的双边税收待遇的特别批复；如俄罗斯曾对我国某航空公司征税，明显违背了中俄双边税收协定对于国际运输业务免税待遇约定，在双边税收协商未果下，中国的相关税务局对俄罗斯相关民航也进行对等征税，实行反制措施，迫使俄罗斯恢复了对中国某航空公司的免税待遇，最终对中国某航空公司已征税款进行了退税。

[案例] 2013 年 3 月，北京市税务局某直属分局在对海外经营企业 A 公司进行企业所得税汇算时，发现该企业税负比较重。经过进一步检查，发现 A 公司海外工程所得缴纳了 30% 的企业所得税后，汇回部分缴纳了 10% 的预提所得税。税务人员告知 A 公司，中国与埃塞俄比亚签订的国际税收协定已经于 2013 年 1 月 1 日生效，税收协定约定：股息的预提税为 5%，由分公司利润等经营所得，不征收预提税。提醒 A 公司向埃塞俄比亚主管税务机关申请退税。

A 公司财务人员立即办理该项业务，经过努力，一个月后得到退税款 9000 多万美元。这是由于对国际税收协定不熟悉所带来的税务风险。

三、对海外投资没有进行税务筹划所带来的利益损失风险

海外投资企业面临国际双重征税问题，到西方国家投资的企业和到非洲投资的企业，当地征收的所得税都很高，如美国联邦所得税税率为 21%（还有 5%~13% 的州所得税），刚果（金）所得税为 35%，都远远高于我国 25% 的所得税税率。从事海外投资的中国企业若会运用转让定价、资本弱化和投资架构设计，并争取受资国所得税优惠，达到在当地不纳税或少纳税，回中国汇总纳税，税负为 25%，能为企业节省 10% 以上的税收，就能达到减轻企业税负的目的。但现实中，很多海外投资的企业，税务知识储备不足、人才储备不足，没有很好地进行税务筹划，造成了企业经济利益的流失。

海外投资企业应研究受资国的资本弱化规定，尽量由中外税收协定中免征预提税的国有银行进行贷款，或在中国香港、新加坡、英国、毛里求斯设立财务公司并贷款给受资国项目，或者通过中国香港、荷兰、卢森堡等对利息不征收预提税的国家或地区的公司进行转贷。这样，通过资本结构筹划，既减轻了受资国的所得税，又豁免了利息的预提税。通过中国香港、阿联酋等仅实行地域管辖权的国家或地区设立控股公司，或者通过新加坡、毛里求斯、英国、荷兰、卢森堡等免征股息预提税的国家设立控股公司，通过股权架构设计，可以达到免征股息预提税的目的。

（一）投资架构不合理带来的利益损失风险

有些企业为了尽快实施境外中标项目，往往采用最容易、最迅速的直接投资方式，即中国集团总部在东道国建立法人机构（如注册项目公司、子公司或分公司等）。这种直接投资方式，由于没有提前综合考量商务及税务因素，特别是没有给企业后期发展留有完善的全球投资框架和拓展的余地，随后将会让企业在区域和全球布局、拓展新业务方面面临被动，或需要重新构建新的全球投资结构，这样一来，其代价高昂且困难。

例如，某公司在某东道国投资及设立公司，由于中国与该东道国没有签订双边税收协定，其税收待遇，如股息、利息、特许权使用费的预提所得税并不

是最优，或是中国与该东道国签有双边税收协定，但是没有对境外所得税的饶让条款，即便该东道国给予了当地企业免税或税收优惠，其汇回中国的利润（股息）仍需在中国依相关税法补税。若是能提前考量，在税收协定签约国比较多、税收协定比较优惠、对境外所得实行免税法或在双边税收协定中约定有饶让抵扣的国家（如新加坡、荷兰等）设立中间控股公司，以中间控股公司再投资于项目所在国的公司，这样的股权架构就可以使得境外公司的相关税收协定待遇更优，综合税负更轻。

比如，一些海外投资企业只是考虑眼前或应急的境外项目施工或运营的税务影响，并没有仔细考量将来项目执行过程中或后期运营中，以及当地公司退出时的相关税务影响。有些东道国的政府部门对相关的股权转让审核程序烦琐，对股权转让的资本利得税检查非常严格，税负也较高。若没有一个相对合理的全球股权架构设计，直接在东道国转让相关当地公司的股权或资产，往往很难顺利转让或变现，而且还要付出巨额的税负代价。相反，若是提前预留一个合理的中间层控股公司的架构，以中间层的控股公司间接转让相关东道国当地公司的股份，其审核程序就相对简单，税负也相对减少很多。当然，也要充分评估和关注东道国对于在中间层公司间接转让股权的相关反避税规定，不可做出过于激进的税收筹划投资架构。

再如，部分海外投资企业的境外业务发展很快，开始考虑设立或拓展新的境外区域甚至是全球功能，如拓展全球融资租赁中心或建立区域资金池职能，原本直接投资的 2~3 层级架构就不够用，或不能实现全球资金中心的功能，需要重新搭建新的更多层级的境外投资架构，这就需要对原来所在区域或全球各个国家的最底层的实际运营公司，进行重新转股或全球股权整合，如此操作不仅耗时且代价极大。另外，某些央企集团会进行改制、重组（包括分立、合并等），对以中国集团总部直接投资境外公司的架构来说，将会面临一系列的相关法律和税务影响，如境外公司的股东变更、披露，甚至重新审核批准，特别是涉及股权变动的资本利得及境外公司企业所得税的影响。因此，在全球投资框架下，在境外提前设立或预留一个相对合理、稳定的投资平台（或中间层公司）就显得非常必要和重要。

还如，有一些海外投资企业，特别是民营和私企，初始境外投资架构采用的是一些激进的全球避税筹划，如在避税地（开曼群岛、英属维尔京群岛）设立多层级复杂的投资架构，特别是在避税地没有任何的实质商业业务，只以避税为目的的设立空壳公司、导管公司。在中国、东道国及国际间反避税合作的大势所趋下，这种投资架构将会面临越来越大的风险和挑战。

又如，在中国纳税居民判断下，香港壳公司与内地实际管理总部冲突下，将会被进行纳税调整；受控外国公司在境外导管公司不汇回利润，将会被视同利润分配，在中国纳税调整补税；在税收协定受益所有人的限定下，将会被判断为协定滥用而做纳税调整。

海南自贸港的设立对海外投资企业而言是重大利好，企业应密切关注海南自贸港相关税收优惠政策，通盘考虑企业税务风险规避和纳税筹划。如对境外所得采用属地原则，对境外所得给予免税法的优惠。由此，可考虑在海南自贸港设立顶层的境外投资公司，充分利用和享受海南自贸港的特殊税收优惠（如岛内注册的鼓励类公司其企业所得税执行 15% 的优惠税率，境外所得免税等）。

（二）总部垫资带来的利益损失风险

海外投资的建筑企业大都存在中国集团总部为其境外项目或境外公司垫资的问题。垫资的原因主要有：东道国业主阶段性结算或拖延工程付款，无法匹配境外项目正常进展的现金流需求；境外公司往往是按当地最低资本金要求注册公司并注资，与随后项目标的额严重不匹配。因此，集团总部应为境外项目做好垫资和公司间的贷款安排。由于当地注册公司的注册资本金很小，而从中国总部借款金额越积越大，资债比例超过东道国的税法规定比例（一般在 1：1.5 至 1：4 之间），东道国当地税务机关不允许超出资债比例的借款利息在企业所得税前列支，进而调增应纳税所得额，多缴企业所得税。更有甚者，集团总部往往为了应急，如替境外公司在中国购买材料，在中国支付部分中方外派员工的工资等，相关借款安排并没有按照东道国的相关规定，及时在东道国国家央行或相关外汇管理部门做外债登记，并在当地税务机关备案。因此，这部分总部的贷款本金无法由当地公司正常汇回，其相关利息也不能正常在企业所得税前列支，导致虚增利润，多缴企业所得税；在发展中国家，对外商投资在资本金限额内都有一定的税收优惠。如在资本金限额内，当地公司进口与办公相关的自用车辆、办公用具，甚至日常生活消耗物资等货物，可以申请免征进口关税和进口环节的增值税。若在东道国的当地公司因注册资本金很小，就会失去这些优惠待遇。此外，总部贷款长期挂账，在东道国当地公司做长期应付账款，东道国当地税务机关将做调整纳税，如超过 2～3 年不做支付，将被视作"其他业务收入"，进而调增应纳税所得额，多缴企业所得税；因资本金太小，东道国注册企业最终在项目清算时，税收筹划被动，当地公司还要多缴资本利得税或企业所得税。

第三节　BEPS 行动计划及其带来的税务风险

BEPS 行动计划是由二十国集团（G20）领导人背书并委托经济合作与发展组织（OECD）推进的国际税改项目，旨在修改国际税收规则、遏制跨国企业规避全球纳税义务、侵蚀各国税基的行为。OECD 于 2015 年 10 月 5 日发布 BEPS 行动计划的最终报告，其中包括 15 项行动计划报告和一份解释性声明。BEPS 的每一项行动计划都是针对现行规则或法规中的薄弱环节，就国际规则和各国国内立法的调整提出建议，以便各国协调一致地全面应对税基侵蚀和利润转移问题。

BEPS 项目成果报告根据约束性强弱分为"最低标准""共同方法"和"最佳实践"三大类。"最低标准"约束性最强，将纳入监督执行机制，共 4 项，即防止税收协定滥用、防止有害税收竞争、转让定价国别报告和争端解决。"共同方法"是未来可能发展成为最低标准的规则，但目前统一监督执行的时机尚不成熟，如混合错配、利息扣除等。"最佳实践"则是推荐使用的，约束性相对低一些，如受控外国公司制度等。

一、BEPS 行动计划的主要内容

BEPS 行动计划的总体目标是堵塞国际税收规则漏洞，防止跨国企业以合法方式通过人为筹划向低税或无税地区转移利润。BEPS 行动计划包括 15 项，分别是：

第 1 项行动计划——《应对数字经济的税收挑战》

数字经济主要指经济因为信息技术革命而数字化的经济现象。报告提出几个观点：一是在数字化时代的跨境商对电子商务（B2C）模式下，增值税应该在商品和劳务的消费地征收；二是数字经济给现有国际税收制度体系带来系统性挑战，如如何在数字经济环境下确保利润在经济活动发生地和价值创造地征税，如何认识经济活动与征税国的关联，如何认识数据的作用等。这些挑战直接关系到所得税和增值税国际规则的设计；三是提出了解决数字经济跨境税收问题的重要方法，即通过"实质经济存在测试"检验经济活动的主体是否与另一辖区产生关联。报告认为各国都有权通过测试应对BEPS问题，但报告没有推荐将该测试作为国际通用标准。

第2项行动计划——《消除混合错配安排的影响》

混合错配是指纳税人通过不同国家税法对同一金融工具、资产交易以及实体认定的不同规定进行税收筹划，从而达到双重不征税的目的。对此，报告提出了国内立法建议和税收协定应对措施，以应对同一支出多重扣除、一国扣除而另一国不计收入、同一税收多国抵免等现象，将大大提高有关所得税处理的跨国协调能力。

第3项行动计划——《制定有效受控外国公司规则》

受控外国公司制度是防止纳税人将利润转移至低税国，受控外国公司从而逃避或递延税收的制度。该制度指出，对于符合规定的所得即使没有汇回国内也要视同汇回征税。受控外国公司制度事关各国经济政策，也关系企业竞争力。因此，报告没有要求各国统一进行受控外国公司立法，而仅就立法要素、所得认定、外国税收抵免、境外股息免税等提出"最佳实践"方法，以供各国参考。这是该制度诞生五十多年以来第一次进行的国际协调。

第4项行动计划——《对利用利息扣除和其他款项支付实现的税基侵蚀予以限制》

向第三方或关联方支付利息是国际税收筹划中非常普遍的利润转移方式，这种情况还因为各国对债权和股权的税收处理方式不同而更加复杂，企业可以通过集团内部融资大幅提高集团公司债务水平，制造出远大于实际第三方利息支付水平的集团内部利息扣除，从而产生严重的BEPS问题。报告指出，一是以"固定扣除率"作为共同应对之策，允许实体扣除不超过基准净利息/EBITDA（未计利息、税额、折旧及摊销前的利润）比率的净利息费用，基准"固定扣除率"可以在10%~30%之间；二是可选择集团扣除率规则，允许实体扣除不超过其所在集团的净利息/EBITDA比率，前提是该比率高于基准固定扣除率；三是用以支持一般利息扣除限额规则并解决特殊风险的针对性规则，这些规则适用于除银行与保险业以及公共事业以外的所有行业。超额利息不得扣除，但可以往前或往后结转。

第5项行动计划——《考虑透明度和实质性因素，有效打击有害税收实践》

该项目旨在消除或限制各国的不当税收竞争。报告指出，一是要求各国给予税收优惠时必须判断是否有相配套的实质经济活动，否则，不应给予税收优惠。对于单项税收优惠，报告识别出6类可能导致BEPS的裁定，并要求与相关当事国对此进行情报交换，包括：①关于优惠制度的裁定；②跨境单边预约定价协议或其他单边转让定价的裁定；③调减利润的裁定；④有关常设机构的裁定；⑤对导管公司的裁定；⑥有害税收竞争论坛将来认定的缺乏相关信息交换会导致BEPS问题的其他裁定。二是就知识产权（IP）达成关联法（指在税收概念下，收入应与经济活动的发生地和价值的创造地一致）共识。在关联法下，纳税人应仅在其自身发生符合条件的研发支出并获取相关的IP收入的情况下才能享受有关税收优惠。关联法用"支出"作为衡量实质性活动的指标，要求IP税收优惠制度的受益人必须真实从事了相关活动，且发生了真实的符合比例要求的财务费用支出。

第6项行动计划——《防止税收协定优惠的不当授予》

择协避税（指跨国公司为了刻意享受税收协定的优惠待遇，通过设立导管公司的形式，利用协定的优惠条款和各国间双边税收协定的差异进行的避税行为）是产生BEPS的重要原因之一。因此，各国同意在税收协定中加入反滥用条款，包括应对择协避税的最低标准，具体为：①各国所签协定必须在标题和前言中清楚表明，缔约国不为双重不征税或降低税收提供条件。②采用以下三个选项之一：A. 在协定中增加具体的反避税措施，即利益限制条款（LOB），以及一般反避税规定，即主要目的测试（PPT）；B. 仅列入PPT；C. 增列LOB规则，辅之以能够应对协定尚无法解决的融资导管安排的机制。另外，报告还讨论了大量其他具体反滥用规则的适用情形，并同意将各项反滥用规则纳入《多边公约》予以落实。

第 7 项行动计划——《防止人为规避构成常设机构》

针对人为规避常设机构问题，报告提出了修订协定范本等具体的解决对策，一是修订有关代理人条款，明确若某人在某国开展的活动是为了经常性订立由境外企业履行的合同，则应认定该境外企业在该国构成应税机构、场所，除非该人所开展的活动是其独立经营的一部分；二是修订常设机构的豁免规定，以确保豁免规定仅适用于准备性或辅助性活动；三是范本将纳入"主要目的测试"以解决合同拆分带来的 BEPS 问题。报告同意将以上对于常设机构定义的修改纳入《多边公约》予以落实。

第 8—10 项行动计划——《无形资产转让定价指引》

无形资产方面，报告明确指出，法律所有权并不能确保企业享有无形资产收益，经济所有权更加重要。无形资产收益分配应该更多重视通过集团关联企业间的实际交易安排，来识别执行重要功能，控制重大经济风险以及对资产价值做出实际贡献的关联企业，由该企业享有与其价值贡献相符的适当回报。

风险方面，报告指出，通过合同分配或约定的风险要根据企业实际承担风险的情况进行调整。另外，企业集团中资本富余的成员企业仅提供资金但几乎不开展经营活动，且不控制与所提供资金相关的财务风险的，不应获得与财务风险相关的利润，仅应获得无风险收益。

第 11 项行动计划——《衡量和监控 BEPS》

2014 年全球因 BEPS 导致的税收流失约在 1000 亿至 2400 亿美元之间，相当于全球企业所得税总额的 4%~10%；位于低税率国家的关联公司的利润率水平高于其集团的全球平均利润率水平。大型跨国企业成员公司所承担的实际税率，相比从事类似业务但仅在国内运营的企业，要低 4%~8.5%；外国直接投资（FDI）日益集中。就 FDI 净额相对国内生产总值（GDP）的比率超过 200% 的国家而言，这一指数从 2005 年超过其他所有国家平均指数的 38 倍飙升至 2012 年的 99 倍之多；应税利润与创造价值的活动发生地相分离的现象在无形资产领域尤其明显，且这一现象呈快速增长态势。关联方和第三方借款更多集中于位于法定税率较高国家的跨国企业关联公司。位于高税率国家的全球大型跨国企业的关联公司的利息支出相对收入的比率，几乎比普通跨国公司高出 3 倍。BEPS 对企业间的竞争、债务水平和地域安排、无形资产的地域安排、国家间的财政溢出效应等，都产生扭曲或不利影响。此外，基于转让定价国别报告的数据统计分析，有可能极大地改进和提高对 BEPS 问题的经济分析能力。

第 12 项行动计划——《强制披露规则》

税收筹划强制披露包括四个方面：披露人、披露内容、披露时间以及不遵从的惩罚措施。但报告并不要求各国统一实行强制披露，同时提醒各国注意在信息披露与纳税人负担之间寻求平衡。一般来说，一个筹划方案只有既满足普遍避税特征又具有显著行业避税特点时，才被要求披露。

第 13 项行动计划——《转让定价文档和国别报告》

纳税人向税务管理机关提供高水平的转让定价资料，包括三部分：主文档、地方文档和国别报告。主文档和地方文档由跨国企业直接提供给企业所在地税务机关。国别报告由集团母公司向所在居民国主管当局提供，然后，该主管当局通过情报交换向子公司所在国税务主管当局交换。母公司所在国与子公司所在国之间没有情报交换协议，母公司所在国没有立法要求纳税人进行国别报告，或有关国家之间信息交换失败时，子公司所在国税务主管当局可以要求纳税人直接向其提供信息。主文档一般包含企业集团全球组织架构、功能风险分布、全球运营状况、集团内部转让定价政策等宏观信息。地方文档主要包含关联方交易、交易额及其转让定价分析等。国别报告需要每年提交，内容包括：集团内各运营单位在各国的经营情况，集团内部的利润分配情况以及纳税情况，各国经营单位的经济活动指标以及所承担的功能风险等。提交的信息必须予以保密。

国别报告不能直接用于转让定价调整，只能用于风险识别、监控和调查。国别报告要求在各国税务主管当局之间签署多边协议，且国内立法和行政及技术手段到位后才执行。

第 14 项行动计划——《使争议解决机制更有效》

包括三方面重要内容：①争端解决已经纳入税收征管论坛监督机制，还将纳入 G20 监督机制，以确保跨国税收争议得到及时有效解决。②各国的相互协商案件处理速度与效率必须大幅提高，平均个案完结时间不得超过 24 个月。③税收协定范本将增加仲裁条款，鼓励各国在税收协定中增加该规定，以拓宽和增强解决跨国税务争端的法律基础。

第 15 项行动计划——《制定用于修订双边税收协定的多边协议》

为快速实施 BEPS 成果，各国业已形成共识，即制定一个多边法律工具，对各国面对的共性问题，以及全球 3000 多个税收协定一次性应对和修改。《多边公约》主要的内容将包括：反混合错配的规定、防止滥用税收协定的规定、常设机构条款的修订以及相互协商程序的完善与补充等。

2015 年，OECD 发布了 BEPS15 项行动计划，BEPS15 是根据数字经济下的商业模式特点，调整国际税收模式以应对数字经济税收挑战。2018 年至 2020 年形成的"双支柱"方案，由于低税率国家（如爱尔兰、荷兰、卢森堡）以及主要数字居民企业国（如美国）的反对，一直未达成全球协议。直至 2021 年 10 月，141 个参加 BEPS 包容性框架的成员中有 136 个国家/地区达成共识，同意针对国际税收体系进行改革。"双支柱"的支柱一是新征税权的分配，数字企业的利润将在居住国和市场国之间重新划分征税权，市场国将获得更多的征税权和可征税利润。全球收入超过 200 亿欧元且利润率超过 10% 的跨国企业将适用金额 A 规则，即将超过 10% 利润率的剩余利润中的 25% 重分至市场国交税。支柱二是全球税基反侵蚀，设定全球最低企业所得税率 15%，全球收入超过 7.5 亿欧元的跨国公司需要在低于 15% 税率的国家/地区补缴税款至最低税率。以此防止跨国企业向免税或低税收国家转移利润，这使得"避税天堂"的税收竞争优势将大大降低。

BEPS 宗旨是要确保跨国企业就其利润向经济活动发生地和价值创造地申报纳税，只有国家间合作才能达到这一目的，进而达到保护税收主权的需求。BEPS 系列措施旨在提高国际税收规则的一致性，强化其对经济实质的关注，保障税收环境更加透明。截至 2021 年 11 月底，141 个国家/地区已参与到 BEPS 行动计划中。"走出去"企业应更加关注中国以及投资国/项目所在国所采取的措施，关注中国和其他国家响应 BEPS 行动计划而推行新的法规，进而给企业带来的不利影响。

二、BEPS 行动计划在中国的落实

自 BEPS 行动计划 2013 年启动开始，中国就以合作伙伴的身份参与其中，并高度重视 BEPS 成果在国内层面的转化，发布了一系列落实 BEPS 行动计划的文件，主要文件如表 1-4 所示。

表 1-4 BEPS 行动计划在中国落实的相关文件及其影响

BEPS 行动计划	中国发布或签署的相关文件及其影响
第 5 项——有害税收实践	《关于完善预约定价安排管理有关事项的公告》（国家税务局公告 2016 年第 64 号）——落实第 5 项行动计划要求，将单边预约定价安排纳入强制自发情报交换框架，并告知纳税人。 2021 年 10 月，实施"双支柱"方案，一是新征税权的分配，数字企业的利润将在居住国和市场国之间重新划分征税权，市场国将获得更多的征税权和可征税利润。二是全球税基反侵蚀，设定全球最低企业所得税率 15%，全球收入超过 7.5 亿欧元的跨国公司需要在低于 15% 税率的国家/地区补缴税款至最低税率。
第 6 项——防止税收协定优惠的不当授予	《关于税收协定中"受益所有人"有关问题的公告》（国家税务总局公告 2018 年第 9 号）——部分参考第 6 项行动计划报告中有关"受益所有人"认定的内容，明确"主要目的测试条款""一般反避税规则"（如适用）的效力优先。 中国对外新近签订的部分税收协定中已经纳入了有关协定待遇授予的"主要目的测试条款"（如中国与阿根廷于 2018 年签署的新协定）。 未来对于协定待遇的授予将注重对交易安排商业目的的考察，中国公司在涉及适用协定待遇时，需关注相关条款的具体要求。
第 8—10 项——转让定价（无形资产）	《特别纳税调查调整及相互协商程序管理办法》（国家税务总局公告 2017 年第 6 号）——遵循"利润在经济活动发生和价值创造地征税"总原则，采用经合组织的观点，认为无形资产相关的收益应归属于承担 DEMPEP（开发、价值提升、维护、保护、应用、推广）功能的企业，并吸纳了第 8 项行动计划报告中关于无形资产回报的分配、估值和定价的相关内容。 跨境关联交易安排的税务风险，尤其涉及无形资产的交易安排（如与境外关联方之间的特许权使用费安排等），税务风险将会上升，中国企业应对此重点关注。
第 13 项——转让定价文档和国别报告	《关于完善关联申报和同期资料管理有关事项的公告》〔国家税务总局公告 2016 年第 42 号——自 2016 年度起，将国别报告的内容纳入关联申报表，根据第 13 项计划报告最低要求施行三层级的同期资料文档体系（本地文档、主体文档、国别报告）〕。 2016 年 5 月中国签署《国别报告多边主管当局协议》。 除本地文档外，符合条件的中国企业还应按规定准备/提交国别报告和主体文档。国别报告信息将通过情报交换体系提供至相关国家或地区，税务机关将更清晰地掌握集团企业在全球范围内的利润分布情况，企业转让定价风险和合规义务均会有所上升。

BEPS 行动计划	中国发布或签署的相关文件及其影响
第 14 项——争议解决机制	《关于发布〈特别纳税调查调整及相互协商程序管理办法〉的公告》（国家税务总局公告 2017 年第 6 号）——落实第 14 项行动计划要求，进一步规范相互协商工作流程，推动相互协商案件的及时处理，积极避免或消除国际重复征税。 《关于完善预约定价安排管理有关事项的公告》（国家税务总局公告 2016 年第 64 号）——落实完善第 14 项行动计划"实施双边预约定价安排"的具体措施。 相互协商程序以及预约定价安排制度的完善将有助于中国企业通过相关机制解决因转让定价调整引起的国际重复征税问题，以及提升税法适用的确定性。
第 15 项——修订双边税收协定的多边协议	2016 年 11 月 24 日中国签署《实施税收协定相关措施以防止税基侵蚀和利润转移的多边公约》，多边公约的签署标志着 G20 国际税收改革项目 BEPS 所有行动计划完成。 《多边公约》在完成国内法程序生效之后，有望一揽子修订多个中国与其他国家或地区签订的双边税收协定。根据修订后的税收协定，相关协定待遇的授予可能将更趋严格。未来中国公司在适用协定条款时，需关注协定修订带来的影响。

此外，2017 年 5 月，国家税务总局、财政部、中国人民银行、中国银行保险监督管理委员会、中国证券监督管理委员会及中国银行保险监督管理委员会联合发布了《非居民金融账户涉税信息尽职调查管理办法》。《管理办法》对中国境内金融机构如何对在本机构开立的非居民个人和企业账户进行识别，以及收集、报送账户信息制定了相关原则和程序。这标志着中国将遵循 OECD 的金融账户涉税信息自动交换标准。

三、BEPS 行动计划的参与国及其信息交换

2017 年 6 月 7 日，67 个国家和地区的政府代表共同签署了《BEPS 多边公约》，至 2021 年 11 月底，签署《BEPS 多边公约》的国家或地区已经增加至 141 个。中东欧 17 个国家均签署了《BEPS 多边公约》，同意 BEPS 公约基本框架，并且大多数中东欧国家采取了行动，具体情况如表 1-5 所示。

表 1-5 中东欧国家参与 BEPS 行动计划的具体行动

国别	具体行动措施
阿尔巴尼亚	（1）BEPS 行动 5，参与双支柱方案，主动交换税法变动信息。 其他资料暂时未找到。
波黑	（1）BEPS 行动 5，参与双支柱方案，主动交换税法变动信息。 其他资料暂时未找到。
保加利亚	（1）BEPS 行动 3，引入受控外国公司（CFC）立法。 （2）BEPS 行动 4，负债与股本 3∶1。某些特殊情况外，银行贷款的利息支出通常不受资本金较少的影响。 （3）BEPS 行动 5，在税收优惠区注册的公司禁止直接或间接参与以下活动：银行、保险、养老金和投资基金、移动运营商、采矿、获得公共采购、特许权、公私伙伴关系。参与双支柱方案，主动交换税法变动信息。 （4）BEPS 行动 11，如果 CbC 报告由保加利亚的税务居民的最终母公司或代理母公司提交，则应于下年 12 月 31 日之前提交。 （5）BEPS 行动 13，不强制性提交 TP 文档。但在税务审核期间需要此类文档进行审查。建议维护合格实体的主文件和本地文件。 （6）BEPS 行动 15，实施最低标准，以应对税收协定滥用和改善争议解决机制，同时提供灵活性以适应特定的税收协定政策。
克罗地亚	（1）BEPS 行动 2，税法规定的减税、免税或减免应纳税额有关规定，纳税人不得将其用于非真实的交易安排，否则，不承认交易的真实性。 （2）BEPS 行动 3，实施了旨在打击逃税和转移国家利润的规定。预扣税：股息预扣税 12%；利息预扣税 15%；各种服务费预扣税 15%；向避税天堂的国家/地区支付给法人实体的服务预扣税 20%。 （3）BEPS 行动 4，向持股 25% 以上的股东支付贷款利息，若在任何期间内，贷款超过股东资本中所占份额的四倍，则利息不允许税前扣除。 （4）BEPS 行动 5，参与双支柱方案，主动交换税法变动信息。 （5）BEPS 行动 7，常设机构要求采用 BEPS 标准。 （6）BEPS 行动 11，自 2017 年起生效的《关于 CbC 报告的规定》《税收领域行政合作法》和《税收领域 AEOI 规则手册》。 （7）BEPS 行动 12，2017 年，通过了税收领域自动交换信息（AEOI）规则手册，该规则手册适用于欧盟成员国。克罗地亚还在指令 2003/48 / EC 和指令 2011/16 / EU 的框架内应用 AEOI。克罗地亚对于增值税、所得税、利得税和不动产税有关的税收事项适用相互行政协助公约。

国别	具体行动措施
克罗地亚	（8）BEPS 行动 13，纳税人必须拥有适当 TP 文件提供关联方和关联交易，确定可比市场价格的方法以及选择特定方法的原因的数据和信息。2017 年通过一项法规，可以达成先前的转让定价协议。 （9）BEPS 行动 14，2015 年 1 月，克罗地亚适用《欧盟关于 TP 的仲裁公约》。以改善主管当局解决此类案件的程序，若主管当局（特定国家的税务机关）无法在两年内解决双重征税案件，咨询委员会将在第二次审理中提出其意见。 （10）BEPS 行动 15，克罗地亚加入了外国账户税收合规法案（FATCA）和通用报告标准（CRS）协议，旨在打击两国之间通过自动交换信息（AEOI）逃税。签署多边税收公约（MLI），为辖区缩小其现有双边税收协定（DTT）之间的差距提供了具体的解决方案。它还实施了商定的最低标准，以应对税收协定滥用和改善争议解决机制，同时提供灵活性以适应特定的税收协定政策。
捷克	（1）BEPS 行动 3，如果 CFC 不从事实质性的经济业务，且税率低于捷克的一半，则对境外 CFC 征收捷克公司所得税。 （2）BEPS 行动 4，关联方利息扣除应符合资本化规则：仅适用于关联方贷款，包括利息和其他费用；关联方贷款的债务权益比率为 4∶1（金融服务业为 6∶1）；参与利润分红的贷款利息不可抵税。2019 年 1 月开始除资本化规则之外，利息限制规则还有：财务费用中高于 EBITBA 的 30% 或 8000 万捷克克朗则不可抵扣；所有财务费用（不只是支付给关联方的利息）；所有财务成本均按财务支出减去所有财务收入。 （3）BEPS 行动 5，税务局有义务交换与跨境交易相关的预约定价安排。欧盟成员国之间每年进行两次交流。参与双支柱方案，主动交换税法变动信息。 （4）BEPS 行动 6，税法中有一专门条款阻止 DTT 优惠的税收制度生效。若纳税人主要目的是为了获得税收利益，则不得享受优惠。 （5）BEPS 行动 12，新转让定价要求。 （6）BEPS 行动 13，不强制提交转让定价文档。 （7）BEPS 行动 15，签署 MLI，为缩小现有双边 DTT 之间的差距提供了具体的解决方案。实施商定的最低标准，以应对税收协定滥用和改善争议解决机制，同时提供灵活性以适应特定的税收协定政策。
爱沙尼亚	（1）BEPS 行动 15，签署 MLI，为缩小现有双边 DTT 之间的差距提供了具体的解决方案。实施商定的最低标准，以应对税收协定滥用和改善争议解决机制，同时提供灵活性以适应特定的税收协定政策。

续表

国别	具体行动措施
希腊	（1）BEPS 行动 1，原法律中有对电子交易征收增值税规定。 （2）BEPS 行动 2，尚未通过欧盟指令 2016/1164 的修正案，但最后期限对所有成员国都是共同的（2019 年 12 月 31 日）。 （3）BEPS 行动 3，制定了限制利润转移的规则，用定量和定性标准以量化应纳税的未分配收入，但规则的应用仍然存在问题。 （4）BEPS 行动 4，已经制定了限制利润转移的规则，用定量和定性标准以量化应纳税未分配收入。希腊已将经欧盟指令 86/2014 和欧盟指令 2015/121 修订的欧盟指令 2011/98 转变为国家法规。 （5）BEPS 行动 5，利息税前扣除必须满足正常交易原则或资本弱化规则，利息支出减除利息收入后的净利息，若超过 EBITDA 的 30%，则不允许税前扣除。参与双支柱方案，主动交换税法变动信息。 （6）BEPS 行动 6，希腊规定在以下方面交换信息：直接税、欧盟母子公司指令，对于虚假交易，禁止股利和预提税免税。 （7）BEPS 行动 7，当前立法有特定标准限制避免使用常设机构（PE）的可能性。 （8）BEPS 行动 8，引入了 OECD TP 准则作为应用工具和解释框架。对经合组织准则的任何更改都将立即生效。 （9）BEPS 行动 11，引入了自动交换规则，合并收入超过 7.5 亿欧元的跨国企业需要提交 CbC 报告。对 CbC 报告的交换已扩大到强制交换 CbC 报告的国家和自愿交换 CbC 报告的国家。 （10）BEPS 行动 13，立法要求完整的转让定价文件，并增加对跨国公司和国内集团的披露要求。制定了一系列行政处罚措施。 （11）BEPS 行动 14，在法律框架与欧盟指令协调一致后，有望在先进的跨界协议和先进的转让定价协议方面实现进一步增强。 （12）BEPS 行动 15，签署 MLI，为缩小现有双边 DTT 之间的差距提供了具体的解决方案。实施商定的最低标准，以应对税收协定滥用和改善争议解决机制，同时提供灵活性以适应特定的税收协定政策。
匈牙利	（1）BEPS 行动 3，直接或间接持股 50% 以上以及常设机构均为受控外国公司。 （2）BEPS 行动 4，资本弱化规则除了债务权益比例外，还将与息税前利润联系。 （3）BEPS 行动 5，参与双支柱方案，主动交换税法变动信息。 （4）BEPS 行动 11，提交国别报告（CbC）报告。

国别	具体行动措施
匈牙利	（5）BEPS 行动 13，CbC 报告以下信息：整个集团（从地域、法律和商业角度来看）；供应链适用于五种最重要的产品和服务，以及营业额超过集团销售额 5% 的产品和服务；本集团综合的财务和税务问题。还需要简要描述主要交易和价值创造。IP 和财务活动将被指定。本地文件包含正常信息，但应提供有关会计记录和 TP 文档之间联系的详细说明。低附加值服务的盈利能力应降低 3%~7%。 （6）BEPS 行动 15，签署 MLI，为缩小现有双边 DTT 之间的差距提供了具体的解决方案。实施了商定的最低标准，以应对税收协定滥用和改善争议解决机制，同时提供灵活性以适应特定的税收协定政策。
拉脱维亚	（1）BEPS 行动 4，债务权益比例 4∶1，将利息支出超过 300 万欧元限制时，允许税前扣除部分不得超过 EBITDA 的 30%。 （2）BEPS 行动 5，参与双支柱方案，主动交换税法变动信息。 （3）BEPS 行动 13，国别报告（CbC）备案要求适用于拉脱维亚纳税人且为跨国集团的一部分，该财政年度的合并总收入超过 7.5 亿欧元。国别报告（CbC）提交截止日期为财年年度结束后的 12 个月。拉脱维亚纳税人无须准备主文件并向税务机关提交。 （4）BEPS 行动 15，签署多边税收公约（MLI），为缩小现有双边税收协定（DTT）之间的差距提供了具体的解决方案。实施了商定的最低标准，以应对税收协定滥用和改善争议解决机制，同时提供灵活性以适应特定的税收协定政策。
黑山	（1）BEPS 行动 5，参与双支柱方案，主动交换税法变动信息。 其他资料暂时未找到。
北马其顿	（1）BEPS 行动 1，起草电子商务的法律。 （2）BEPS 行动 8，企业所得税法是关于转让定价的最高管辖权，参与公司间交易的纳税人有义务应税务机关的要求提供足够的信息和分析，以证明所采用的价格符合《避免双重征税或不征税的公约》。 （3）BEPS 行动 13，没有足够的制度或指南规范转让定价及正常交易原则。经合组织准则是唯一可以使用的参考。

国别	具体行动措施
波兰	（1）BEPS 行动 2，根据欧盟母子公司指令参股免税：从另一家波兰公司，欧盟/欧洲经济区（EU／EEA）或瑞士公司收到的股息免税（EU PSD）。自 2016 年起实施的新法规，以下情况只不适用参股免税：股息收款不真实，刻意安排只是为了获得税收优惠；交易没有反映经济现实。 （2）BEPS 行动 3，CFC 定义：在税收天堂居住的外国公司；在波兰或欧盟尚未缔结国际税收信息交换协议地区居住的外国公司；外国公司：①波兰居民至少持股 50%，②至少有 33% 的收入属于消极收入，③所缴税款比在波兰应缴税款少 50%。CFC 收入的税率为 19%。 （3）BEPS 行动 4，新规则限制了债务融资情况下利息的税收可抵扣性，不仅适用于直接或间接关联方之间的贷款，还适用于非关联方之间的交易。允许税前扣除的利息费用为 EBITDA 的 30%。超过上述限额的债务融资成本后转 5 年。法定限额不适用于债务融资成本减除利息收入后不超过 300 兹罗提。不适用于金融企业（例如，国家银行、信贷机构、信用合作社）。 （4）BEPS 行动 5，参与双支柱方案，主动交换税法变动信息。 （5）BEPS 行动 6，部分 DTT 已更改为：消除特定的税收筹划可能性，或引入使避税成为可能的机制（例如，与卢森堡、塞浦路斯、马耳他、新加坡签订的协定），波兰缔结了 14 个税收情报交换协议，包括某些避税天堂。 （6）BEPS 行动 7，加强了对常设机构的收入确定和税务审计。 （7）BEPS 行动 8—10，基于 OECD 转让定价指南执行。 （8）BEPS 行动 12，波兰的税收制度中已经有反避税条款，防止纳税人为获取税收利益而进行的虚假交易。 （9）BEPS 行动 13，引入了转让定价新规定：收入或成本超过 200 万欧元的纳税人，不仅要为交易准备文件，而且还必须为会计账簿中记录的其他事件准备文件，只要对纳税人的收入或损失有重大影响并得到关联实体的同意。交易重要性阈值：价值在 50 到 50 万欧元之间，并根据收入来分别为每个纳税人建立。股权门槛从 5% 提高到 25%。创新之处是要求提供交易条件和事件与市场条件相一致的说明。 （10）BEPS 行动 15，签署 MLI，为缩小现有双边 DTT 之间的差距提供了具体的解决方案。实施了商定的最低标准，以应对税收协定滥用和改善争议解决机制，同时提供灵活性以适应特定的税收协定政策。
罗马尼亚	（1）BEPS 行动 5，参与双支柱方案，主动交换税法变动信息。 （2）BEPS 行动 11，加入了关于自动交换国别报告（CbC）的多边主管当局间协议（MCAA）。

国别	具体行动措施
罗马尼亚	（3）BEPS 行动 13，根据《欧盟自动信息交换指令 2016/881／EU》中的《税务程序规则》实施。跨国企业集团披露 CbC 报告是强制性的：最终母公司或代理母公司，报告前一年合并总收入超过 7.5 亿欧元。提交日期是年度终了的 12 个月内。没有准备主文件或本地文件的要求。 （4）BEPS 行动 15，签署的 MLI 为缩小现有双边 DTT 之间的差距提供了具体的解决方案。实施了商定的最低标准，以应对税收协定滥用和改善争议解决机制，同时提供灵活性以适应特定的税收协定政策。
斯洛伐克	（1）BEPS 行动 1，欧盟增值税指令适用，并且已经在国内法中实施。 （2）BEPS 行动 2，自 2016 年实施了新的 CFC 规则。税后利润分配支付的股利在斯洛伐克无须征税，但仅在该利润不能在子公司税前扣除的情况下享受。 （3）BEPS 行动 3，作为欧盟成员国，斯洛伐克必须遵守反避税指令，该指令包含 CFC 规则。 （4）BEPS 行动 4，本地和外国关联方提供的贷款，允许税前扣除金额为 EBIDTA 的 5%。超过标准的利息费用不允许结转。 （5）BEPS 行动 5，研发加计扣除（符合条件的费用的 25%）已在国内法中实施。参与双支柱方案，主动交换税法变动信息。 （6）BEPS 行动 7，斯洛伐克税法已经解决了人为避免 PE 的问题。 （7）BEPS 行动 11，目前没有国家的官方清单。作为欧盟成员国，需遵循欧盟有关清单。此外，还需考虑本国已加入协议国家的实际清单。 （8）BEPS 行动 13，最终母公司实体是本国税务居民，合并集团的收入超过 7.5 亿欧元，则组成实体或代理实体必须提交 CbC 报告。没有准备主文件或本地文件的要求。 （9）BEPS 行动 15，签署的 MLI 为缩小现有双边 DTT 之间的差距提供了具体的解决方案。实施了商定的最低标准，以应对税收协定滥用和改善争议解决机制，同时提供灵活性以适应特定的税收协定政策。
斯洛文尼亚	（1）BEPS 行动 5，参与双支柱方案，主动交换税法变动信息。 （2）BEPS 行动 11，根据《关于交换国家/地区报告的多边主管当局协议》，斯洛文尼亚将与其他参与国家/地区交换 CbC 信息。 （3）BEPS 行动 13，居住在斯洛文尼亚且合并总收入超过 7.5 亿欧元的实体有义务提交 CbC 报告。 （4）BEPS 行动 15，签署的 MLI 为缩小现有双边 DTT 之间的差距提供了具体的解决方案。实施了商定的最低标准，以应对税收协定滥用和改善争议解决机制，同时提供灵活性以适应特定的税收协定政策。

国别	具体行动措施
中国	（1）BEPS 行动 1，对跨境电子商务交易征收关税和进口增值税。 （2）BEPS 行动 3，从 2014 年起，中国要求居民企业报告对外投资和收入，对受控外国公司进行企业所得税申报。 （3）BEPS 行动 4，关联方利息支出应符合债务权益比例 2∶1（金融企业 5∶1），且利率不超过同期金融机构利率。 （4）BEPS 行动 5，国家税务总局公告〔2016〕64 号，纳税人的预约定价安排信息将与国外税务机关自愿交换。参与双支柱方案，主动交换税法变动信息。 （5）BEPS 行动 6，国家税务总局公告〔2018〕9 号，明确了享受税收协定待遇的受益人标准。新签署或更新的税收协定中引入了利益限制（LOB）条款、主要目的测试（PPT）和常设机构等规则。 （6）BEPS 行动 7，新修订的双边税收协定采用了 BEPS 标准确定常设机构。 （7）BEPS 行动 8—10，中国已经规范转让定价安排：关于完善关联交易备案和同期文件管理的有关事项的公告〔2016〕42 号；关于完善预定价安排管理有关事项的公告〔2016〕64 号；关于印发税收专项调整、调查和相互协商程序管理办法〔2017〕6 号；对于无形资产，中国认为应将无形收益分配给履行 DEMPE 职能的实体，但税务机关也将本地促销作为知识产权的一项重要职能给予了更多重视。中国税务机关还要求评估地理位置的影响。 （8）BEPS 行动 11，运用大数据进行分析、数据管理和税收管理。 （9）BEPS 行动 13，中国发布了新的转让定价（TP）合规要求。转让定价文件包括主文件、本地文件和特别文件。符合以下任一标准需要准备主文件：具有跨境关联交易，并且属于准备主文件的组；年度关联交易总额超过 10 亿元人民币。准备本地文件：2 亿元人民币的有形资产转让；1 亿元人民币金融资产转让；1 亿元人民币无形资产转让；其他关联交易合计 4000 万元人民币。签署了成本分摊协议或属于资本化标准的纳税人需要准备特别文件。如果中国居民公司是集团的最终控股公司，并且合并收入超过人民币 55 亿元，或者由集团指定为报告主体，则转让定价合规性法规还要求提交国别报告。 （10）BEPS 行动 14，关于完善预先定价安排管理有关事项的公告〔2016〕64 号；关于印发《特别纳税调查调整和相互协商程序管理办法》的公告〔2017〕6 号。 （11）BEPS 行动 15，缩小现有双边双重条约协定中的差距。实施最低标准，以应对税收协定滥用和改善争议解决机制，同时提供灵活性以适应特定的税收协定政策。发布了《非居民金融账户涉税信息尽职调查管理办法》。要求金融机构提供金融账户涉税信息，识别金融账户持有人的税务居住地，收集和记录可报告信息。2018 年 11 月，中国签署了《关于国别报告信息交换多边主管税务机关的协议》，以自动交换国别报告。

表 1-6 有关 BEPS 行动中简写的含义

AEOI	Automatic Exchange of（Financial Account）Information	自动交换信息
AOA	Authorized OECD Approach	经合组织授权方式
APA	Advance Pricing Agreement	预约定价协议
ATAD	Anti-Tax Avoidance Directive	反避税指令
B/S	Balance Sheet	资产负债表
B2B	Business to Business	企业对企业
CbC	Country-by-Country	国别报告
CFC	Controlled Foreign Corporation	受控外国公司
CRS	Common Reporting Standard	通用报告标准
DoTAS	Disclosure of Tax Avoidance Scheme	税收规划信息披露
DTT	Double Tax Treaty	双边税收协定
EBIT	Earnings Before Interest and Taxes	息税前利润
EBITDA	Earnings Before Interest，Taxes，Depreciation and Amortization	扣除利息、纳税、折旧和摊销以前的利润
EEA	European Economic Area	欧洲经济区
FATCA	Foreign Account Tax Compliance Act	外国账户税收合规法案
FTA	Forum on Tax Administration	税务管理论坛
GAAR	General Anti-Abuse Rule	一般反滥用规则
GST	Goods and Services Tax	商品和服务税
IP	Intellectual Property	知识产权

LoB	Limitation on Benefits	利益限制
LSA	Location Specific Advantages	区位优势
MAP	Mutual Agreement Procedure	相互协议程序
MCAA	Multilateral Competent Authority Agreement	多边主管当局协定
MLI	Multilateral Convention to Implement Tax Treaty Related Measures to Prevent BEPS	实施税收协定，防止税基侵蚀的多边公约
MNE	Multinational Enterprise	跨国企业
MoF	Ministry of Finance	财政部
MOSS	Mini One Stop Shop	小型一站式商店
NCST	Non-Cooperation State or Territory	不合作国家或地区
NHTE	New/High Technology Enterprises	高新技术企业
OTD	Offshore Taxation Division	离岸税务部
PE	Permanent Establishment	常设机构
PPT	Principal Purpose Test	主要目的测试
PSD	Parent Subsidiary Directive	母子公司指令
SAT	State Administration of Taxation	国家税务总局
TIEA	Tax Information Exchange Agreement	税务信息交换协议
TP	Transfer Pricing	转让定价
VAT	Value Added Tax	增值税
WHT	Withholding Tax	预提税

实行 BEPS 行动计划，不同国家的税务机关之间将通过以下方式相互交换

信息。

（1）实施以统一报告标准（CRS）为内容的自动情报交换（AEOI）行动计划；

（2）使用国别报告（CbC）和 AEOI 数据的行动计划，并将继续开发工具以保证对 CbC 和 CRS 数据的有效利用。

（3）设计并一致通过统一的传输系统（CTS）来进行双边信息交换。CTS是一个安全连接全球税务部门的双边信息交换系统，每次传输都将依托先进的行业加密标准进行以确保数据安全。该系统于 2017 年 9 月投入运行。

（4）通过国际联合反避税信息中心（JITSIC）进行沟通交流。JITSIC 是税务官员通过协作行动应对全球税收遵从风险的组织，既是打击国际避税和离岸逃税的重要工具，也为税务部门开展跨境税收遵从和执法行动提供灵活的工作机制。

四、BEPS 行动计划给纳税人带来的税务风险

在 BEPS 行动计划的推动下，包括开曼群岛和英属维尔京群岛在内的多个常见的离岸公司注册地近期陆续出台"经济实质法案"，要求当地注册的企业建立经济实质活动、履行经济实质年度申报等义务。不具备足够的经济实质，或不履行相关的年度申报义务，则可能面临罚款、相关信息被交换至其他有关国家或地区，甚至被当地注销登记等措施。

可见，BEPS 行动计划给纳税人带来的税务风险是显而易见的。不仅执行计划的国家修订相关法律规定，严格税务管理，就连避税地也采取了一定的措施。展望未来，BEPS 行动计划给纳税人带来的税务风险，主要体现在以下四个方面。

第一，纳税人需要持续性地观察和追踪相应税收法规的修改和更新，转让定价及相关的税收争议将日趋复杂化，纳税人需要更为主动地与税务机关进行交涉。

第二，更为严格的信息透明化与申报要求。纳税人将被要求提供更多的信息，同时知识产权的相关交易将会受到更仔细的审查。

第三，主管税务机关将更加重视交易的经济实质以及交易的流向，对税收

协定/安排的适用性将设定更多的限制，避税交易行为将持续受到监管。

第四，纳税人将面对更多的跨国税务争议和税务稽查。纳税人的合规性成本将提高，需要更多的资源来管理税务风险与税务争议。

第四节　海外投资税务风险防范机制

海外投资税务风险的防范机制，主要从以下几个方面入手。

一、设立税务部门

企业全球税务风险防范，首先应建立税务风险管理的组织体系，即在总部设税务总监，各国子公司/分公司设税务经理和专门的税务操作人员。

税务总监作为总部税务管理的最高责任人，其职责：向公司副总裁汇报工作；从税务角度参与企业全球化战略的制定与实施；构建高效精干的全球税务管理体系，培养一支高层次、复合型、国际化、富有创造力的税务管理团队；制定、实施与完善公司税务管理策略；领导与监督各国税务管理人员。

各国子公司/分公司税务经理，其职责：向总部的税务总监汇报工作；负责本国税务管理部门的具体领导工作；按照总部税务总监的指示，具体负责本国税务管理策略的制定、实施与完善工作；负责领导、监督与培训本国税务管理部门的各级操作人员。

各国子公司/分公司实务操作人员，其职责：向本国公司税务经理汇报工作；按照部门工作计划，负责本国公司税务管理策略的制定、实施与完善工作，基础性数据收集与分析工作；按照税务管理工作流程，开展税务风险控制工作。

税务部门除了处理企业的全部涉税事项外，还要建立和完善企业的税务风险防范制度。税务部门要持续关注中国、受资国和架构国的税收征管动态和税收新规，关注各国执行 BEPS 行动计划的最新措施。税务部门专业人员必须提前直接参与境外项目的前期涉税谈判和报价估税，全程跟进项目的涉税事项推进和最终落实。从财税角度给予及时、有效的专业分析和建议。

企业应根据境外项目的具体情况，确认细节并实时更新相关财税信息，制定符合本企业行业特点、境外项目实操性的《国别税收指南》。该指南的主要作用是介绍东道国当地财税规定，提示与当地公司日常运营直接相关税法要点。企业只有建立起持续搜集和实时更新东道国国别税收法律制度的机制，以《国别税收指南》为载体，确保能够获悉准确、真实和最新的东道国的税法规定及实操运作，才能为境外项目投资决策、税负测算提供坚实和可靠的依据。

企业集团总部还应制定并提供《境外项目税务筹划方案模板》以供其集团内成员单位、分包商和合作方参考。

二、企业内部要有全员税务风险意识

企业内部全员税务风险防范意识，主要包括以下四个方面。

（一）财务人员良好的职业习惯

一是要建立《外账编制规程》。该规程的主要内容有：提示东道国与中国不同的财务制度、会计准则、税法规定差异内容；外账与内账之间的对应关系；统一在东道国的会计核算及记账方法，其中包括统一设置会计科目、统一的账务标准（如折旧、摊销、计提比例、限额报销等），同时采用东道国相关政府认可和通用的外账记账软件；规定外账工作审核机制和相关账表报送程序，如规定"隐性"分包商、合作方应在限期内向总承包商提交相关明细（如银行现金日记账、收入成本发票统计台账、报送相关原始凭证）的具体要求；外账编制还要注意落实项目整体税收筹划方案在账务上的处理。笔者在此要特别提醒的是：企业财税主管与当地中介在代理记账、凭证规整的合作中，应该采用的是互动模式而不是被动模式，即自身要积极、深度参与凭证审核、外账设立、报表汇总等，不能让当地中介对凭证和外账全权托管，自身不闻不问。

二是要建立《票据审核管理办法》。该办法是建立和完善外账，通过审计报告及应对税务检查的基础前提和根本保障。该办法的基本内容应包括：对外支付和内部报销要及时提供合法、合规的原始票据；对于不合法、不合规的票据，原则上不办理付款或报销手续；对在东道国项目的各参建方、隐性分包商也要从业务源头抓起，让他们也要对原始票据的合法、合规性负责，总承包方（当地注册公司）要对相关票据进行专业复核，最终严格把关，同时要给予隐性分包商和参与方必要的、及时的辅导和培训。

（二）项目涉及的各部门充分沟通

财税专业人员要与市场负责人员、商务人员紧密配合，要及时做好境外项目的滚动预算，细化和量化各项成本、费用的硬缺口。

企业要完善对境外项目市场人员的考核及奖惩机制，要将市场人员的眼前利益与潜在税务风险相挂钩、相关联，使其有责任、有动力去关注、去投入资源对东道国的相关财税信息做深入调研，对相关税负做精细测算。

总承包商要在合同报价中明确分包商的税负估算和分摊；总承包商要让分包商提供或有税负的担保责任（如提供银行保函）；总承包商要对分包商的原始票据进行审核管理（如见票付款）；总承包商要给予分包商和合作方必要的、及时的指导和培训；总承包商要领导和组织统一的核算和记账；总承包商要对分包商的银行资金专户管理，加强监督（如在银行设置与分包商并存的双方权签人）；要规范财税资料归档管理，要求分包商与合作方合力应对当地税务稽查；要具体规定与分包商或合作方境外所得税抵扣"分割单"的开具依据（如分包协议中的收入比例、项目工作量比例或简易利润表）；要在境外项目税收筹划方案中，具体落实分包商与合作方相关配合责任以及随后节税收益分享方式和比例。

（三）提高财税法规语言翻译的专业准确度

很多发展中国家当地官方语言是小语种，如埃塞俄比亚的阿姆哈拉语、伊朗的波斯语、安哥拉的葡萄牙语等，对这些国家当地税制、税收法规的翻译存在一定的困难。有些东道国的专业中介或是没有懂中文的专业人员，或是中国"走出去"企业的翻译人员大多数是语言专业毕业的，他们往往只有有限的商务知识，缺乏财税专业的专门学习和训练，因此他们对这些"小语种"的官方语言翻译往往不够准确、不好理解。这就需要相关财税人员，特别是需要有国际税务经验的税务专家进行专业判断和甄别，同时还需要利用其他已有的通用外语翻译，如英语、法语的翻译，进行比较和对比，这样才能有助于更好地理解东道国相关税制和税收法规。

（四）做好应对税务稽查的准备工作

当地公司应高度重视东道国税务机关的非正常的税务检查或稽查，在第一时间向当地负责人及总部汇报税务检查或稽查的通知、时间、范围和被要求提供的资料；就当地税务局要求提交的资料，需要事先归集和规整，当地项目公司须及时提交给总部专家预审把关，同时要明确对外的固定财税专业接口人；总部应及时派专业人员（如财税及法务专家）亲临现场并协调相关资源，给予当地公司及时的指导和最大的支持，必要时还要聘请当地权威专业中介机构给予辅助。向东道国当地税务局提供的所有相关资料都要力争获得当地税务检查官员的书面签收确认，同时在当地公司要留存复印件并向总部汇报备案；在当地税务检查或稽查结束后，当地公司要及时获取当地税务机关的检查或稽查书面报告；当地公司要及时将税务检查或稽查的结果书面报告给总部税务管理部门。

为了随时应对东道国的税务检查或稽查，当地公司要制定《税务档案管理办法》，做好日常税务档案的管理工作。税务档案应包括但不限于：当地的税务登记证、缴税卡、当地财税部门的免税函、当地会计师事务所出具的审计报告、税务申报表、完税证明、代扣税凭证、当地税务机关的年度汇算清缴报告、税务检查或稽查的相关书面记录和报告等。东道国当地公司应将上述税务档案资料归档成册，以备日后随时调阅和备查。

二、建立良好的企业外部关系

建立良好的外部关系，防范海外投资税务风险，主要包括以下四点。

一是与中介机构建立良好的关系。海外投资企业应坚持以东道国专业权威中介（如四大或国际律所）付费的专业报告（如尽职调研报告）作为财税调研的基础。企业在投标前期可以借助免费渠道了解一些基础税制信息，但是绝对不能以免费资讯作为境外项目投标的计税依据。以东道国当地权威财税中介的付费财税尽职调研报告或专项税制调研报告为基础，这是不可节省的前期调研代价和专业保证。在经营过程中和退出时，专业中介机构的作用也非常重要。

二是与中国政府驻外使领馆及当地的中资企业建立良好的关系，关注税收环境与实际操作。东道国的权威中介的专业报告，往往会对当地的财税法规做非常谨慎的解释，而对东道国实际操作的具体风险及"灰色"地带并不做充分揭示，也不做相关适应性的建议。海外投资企业必须进一步了解东道国的税制大环境和税务执行机关的实际执行情况，把握东道国税收法规与实操的差距。企业要求助并主动拜访中国驻东道国的大使馆、经商参处及国家税务总局外派的税务官。中国驻东道国的大使，特别是商务参赞和外派税务官，他们对东道国的政治、经济大势，包括财税改革、中国与东道国的两国关系及周边地缘关系、双边税收协定执行的情况更加了解和清楚，可以给予企业方向性的指点。企业还需要与在东道国的中国企业商会、前期进入东道国的同行中资企业沟通和交流，很多税务问题他们都已经遇到过，他们的经验相关性更强、更可靠。

三是要与税收法规制定权威机关沟通和求证。大部分发展中国家都沿用了西方发达国家（或原殖民宗主国）的政治体制，这些国家的立法、执法和司法机构是相对分离和独立的。也就是说，税收政策和税收法规的制定机构和具体税收征管部门是相对分离和独立的。税收法规的制定机构往往是东道国的议会（或国会），还有的是独立的税收政策制定委员会，而具体税法执行和征管部门是财政部下属的税务局。税务机关往往无权对税收法规进行释义、解释和判定。因此，企业要想真正理解东道国相关税务政策、税收法规的背景、意图和含义，就需要与东道国制定相关税务政策和法规的权威机构沟通和求证。

四是与中国境内主管税务机关及时沟通。海外投资企业若在东道国遇到不公平待遇，或者遇到东道国税务机关处理不当等情况，可求助国家税务总局，使其在双边税收协定的双边磋商机制下帮助解决。企业应向中国境内企业所在的省、自治区、直辖市税务机关提请双边磋商申请，然后主管税务机关上报国家税务总局，申请时效为2年。

根据《税收协定相互协商程序实施办法》（国家税务总局公告2013年第56号）规定，下列6种情况，适用相互协商程序，企业可申请启动双边磋商机制解决：①对居民身份的认定存有异议的；②对常设机构的判定，或者常设机构的利润归属和费用扣除存有异议的；③对各项所得或财产的征免税或适用税率存有异议的；④违反税收协定非歧视待遇条款的规定，可能或已经形成税收歧视的；⑤对税收协定其他条款的理解和适用出现争议而不能自行解决的；⑥其他可能或已经形成不同税收管辖权之间重复征税的。截至2020年9月，国家税务总局已经帮助海外投资企业与相关国家开展双边税收磋商497次，为企业消除双重征税145亿元。另外，国家税务总局已经向美国、加拿大、英国、法国、德国、俄罗斯、印度、南非、埃塞俄比亚等30多个国家派驻了税务官员，外派税务官可直接对口东道国的财政部或税务总署，这也为企业在东道国解决税收争议增加了一个更加直接和便捷的途径和渠道。为了提高双边磋商效率，推进解决争议进程，企业需要主动提前提供东道国的详尽税法依据，准备好完整的事实认定、案件举证资料，特别是要附有东道国当地权威律师事务所及财税事务所的专业分析报告。

第二章

欧盟的税收规定

　　欧盟（The European Union）是当今世界上一体化程度最高的区域性组织，具有雄厚的经济实力和广泛的国际影响力。欧盟国内生产总值与美国不相上下，对外贸易位居世界第一，官方发展援助居世界第一。欧盟在国际事务中有重要影响，发挥着重大作用，是推动世界向多极化发展的一支重要力量，主张多边主义方针，主张在解决重大国际问题上发挥联合国的作用，主张国际反恐应符合《联合国宪章》的宗旨和原则等。2020年，中国成为欧盟的最大贸易伙伴，同年12月30日，中欧领导人共同宣布完成中欧投资协定谈判。所以，中国与欧盟的经贸联系越来越重要。

第一节　欧盟概况

　　欧盟面积414万平方千米，欧盟总部在比利时首都布鲁塞尔。2020年，欧盟总人口4.4亿，国内生产总值13.3万亿美元。

　　欧盟有27个成员国，包括奥地利、比利时、保加利亚、塞浦路斯、捷克、克罗地亚、丹麦、爱沙尼亚、芬兰、法国、德国、希腊、匈牙利、爱尔兰、意大利、拉脱维亚、罗马尼亚、卢森堡、马耳他、荷兰、波兰、葡萄牙、斯洛伐克、斯洛文尼亚、西班牙和瑞典等。2018年2月，欧盟发布西巴尔干战略，提出针对西巴尔干地区国家的入盟路线图，争取在2025年前推动塞尔维亚、黑山入盟，与阿尔巴尼亚、北马其顿开启入盟谈判，给予波黑入盟候选国地位，推动科索沃落实与欧盟签署的《稳定与联系协定》。

欧盟先后建立了关税同盟，实行了共同贸易政策、农业和渔业政策，统一了内部大市场，基本实现了商品、人员、资本和服务的自由流通。建立了经济与货币联盟，在欧元区内统一了货币。一体化建设逐步向外交、安全、司法、内务等领域拓展，并不断取得进展。欧债危机爆发后，欧盟积极推动银行联盟、资本市场联盟、能源联盟和单一数字市场建设，加强安全防务等领域合作。欧元区有 19 个国家，包括德国、法国、意大利、荷兰、比利时、卢森堡、爱尔兰、奥地利、芬兰、西班牙、葡萄牙、希腊、斯洛文尼亚、马耳他、塞浦路斯、斯洛伐克、爱沙尼亚、拉脱维亚和立陶宛。

欧盟积极开展全方位外交，已同世界近 200 个国家和国际组织建立了外交关系，与战略伙伴建有定期首脑会晤机制。欧盟重视对美关系，双方在经济上互为最主要的贸易和投资伙伴，在政治上互为盟友，但欧美经济同质竞争较突出，在国际秩序观、欧洲安全主导权、国际金融体系改革等问题上存在立场差异。2008 年 12 月，欧盟启动了针对亚美尼亚、阿塞拜疆、白俄罗斯、摩尔多瓦、格鲁吉亚、乌克兰六国的"东部伙伴关系"计划。欧盟关注非洲地区局势，是非洲主要的贸易伙伴和援助方。

自 1975 年，中国与欧洲经济共同体建立外交关系后，双方关系不断发展，已经建立了中欧全面战略伙伴关系。1998 年和 2010 年，分别建立了中国—欧盟领导人年度会晤机制和中欧高级别战略对话机制。

欧盟是中国最大的贸易伙伴和进口来源地，同时也是中国第二大出口市场。中国是欧盟第一大贸易伙伴和出口市场，同时也是第一大进口来源地。2020 年，中欧贸易额 6495 亿美元，同比上升 4.9%；欧盟对华投资 57 亿美元，中国对欧新增投资 47 亿美元。中欧投资协定谈判于 2013 年启动，历经 7 年，共举行 35 轮谈判。2020 年 12 月 30 日，中欧领导人共同宣布如期完成中欧投资协定谈判。

第二节　欧盟成员国的税收制度

欧盟是当今世界上一体化程度最高的区域性组织，具有雄厚的经济实力和广泛的国际影响力。中东欧国家中有 12 个国家是欧盟成员国，因此，了解欧盟成员国的税收制度非常重要。

一、欧盟各国的主要税种

企业进行海外投资，首先应该了解的税种是流转税和所得税。就流转税而言，欧盟成员国统一征收增值税，但各国的税率不同。就公司所得税而言，欧盟各国的税率差异也比较大。为了使读者了解欧盟成员国主要税种情况，现将其整理，汇总列示于表2-1。

二、欧盟各国预提税税率及免征条件

欧盟各国的国内税法大多规定对非居民支付款项征收预提税。为了使读者了解欧盟各国预提税的总体情况，本书将欧盟成员国国内预提税规定和与中国协定预提税率情况，汇总列示于表2-2中。

欧盟是当今世界上一体化程度最高的区域性组织，欧盟成员国之间不仅免征关税，根据欧盟指令，还免征预提税。

本书将欧盟成员国免征预提税条件汇总列表，如表2-3所示。

三、投资欧盟的税务筹划

投资欧盟成员国的税务筹划，下面主要从公司组织形式的选择、股权架构设计和债权来源的选择三个方面进行。

（一）公司组织形式的选择

子公司和分公司的选择应考虑的三方面：第一，受资国是否要求设立法人公司才能享受税收优惠政策；第二，中外税收协定中是否有间接抵免。若没有间接抵免应设立分公司；第三，有间接抵免时，若股息汇回预提税较高，而分公司利润汇回不征税，则适合设立分公司。

为了使读者清晰地了解欧盟成员国影响公司组织形式的因素，现将其汇总于表2-4中。由表2-4可知，欧盟27个国家中，只有希腊与中国签订的税收协定中无间接抵免，因此，应设立分公司。因欧盟成员国之间无关税，投资股利和分公司利润、利息和特许权使用费汇回欧盟成员国，一般不征收预提税，故中国企业投资欧盟成员国（除希腊外）应设立子公司，利用欧盟成员国的协议，进行税务筹划。

表 2-1 欧盟成员国企业涉及主要税种情况

国家	增值税税率	消费税范围	企业所得税税率	企业负担社会保障税
法国	20%、10%、5.5%、2.1%、0	酒、烟、石油及天然气产品	31%/33.3%+附加3.3%，中小企业15%，专利收入10%	40%~45%
德国	19%、7%、0	燃料、电、能源产品	15%+附加5.5%+交易税14%~17%	19.5%
意大利	22%、10%、5%、4%、0	能源产品、酒、烟、电	24%+地方3.9%	30%
荷兰	21%、9%、0	烟、矿油、酒	19%/25%累进税率	27.65%
比利时	21%、12%、6%、0	酒、能源产品、烟、软饮、咖啡	29%+附加2%，小企业20%/29%累进税率+附加2%	27.5%
卢森堡	17%、14%、8%、3%、0	电、矿油、烟、酒	17%/15%+附加税7%+市政税6.75%	12.45%
丹麦	25%、0	石油产品、部分包装物、酒、烟、电、巧克力、糖果、咖啡	22%，金融和石油25%	2272DKK
爱尔兰	23%、13.5%、9%、4.8%、0	矿油、酒、烟、电、赌博、首次车辆注册	经营所得12.5%，消极所得25%，资本利得33%	10.75%
希腊	24%、13%、6%、0	能源产品、电、烟、酒、咖啡	28%	25.06%
葡萄牙	23%、13%、6%、0	石油及能源产品、天然气、酒、软饮、烟、车、电	21%/小企业17%+附加3%~9%，市政税1.5%	23.75%

续表

国家	增值税税率	消费税范围	企业所得税税率	企业负担社会保障税
西班牙	21%、10%、4%、0	石油产品、酒、烟	25%，盈利的第 1 年及其后 1 年 15%，地方税不超过 15%	29.9%
奥地利	20%、13%、10%、0	石油、烟、酒	25%	21.48%
瑞典	25%、12%、6%、0	酒、烟、燃料、电	21.4%	31.42%
芬兰	24%、14%、10%、0	烟、燃料、酒、电、软饮、饮料容器、润滑油副产品及废油、石油、填埋垃圾、电、煤炭、天然气	20%	19.49%
马耳他	18%、7%、5%、0	能源产品、酒、烟、移动通信服务	35%，石油利润税 50%	10%
塞浦路斯	19%、9%、5%、0	运输工具、石油、烟、酒	12.5%，部分收入征收国防税：非免税股利 17%，消极利息 30% 和租金 3%	12%
波兰	23%、8%、5%、0	烟、酒、电、能源产品、汽车	19%，小企业 9%	21%
匈牙利	27%、18%、5%	烟、酒、能源产品、矿油	9%，能源 31%	19.5%
捷克	21%、15%、10%、0	烟、酒、燃料、矿油	19%	34%

续表

国家	增值税税率	消费税范围	企业所得税税率	企业负担社会保障税
斯洛伐克	20%, 10%, 0	烟、酒、矿油、电、煤炭和天然气	21%	34.4%
斯洛文尼亚	22%, 9.5%, 0	烟、酒、矿油、燃油、电、天然气	19%	16.1%
爱沙尼亚	20%, 14%, 9%, 0	烟、酒、发动机燃油、电、包装材料	20%/14%	33%
拉脱维亚	21%, 12%, 5%, 0	烟、酒、成品油、软饮、天然气、烟油	20%	24.09%
立陶宛	21%, 9%, 5%, 0	烟、酒、能源产品、煤炭、电	15%, 小公司和农业 5%	30.48%~32.1%
罗马尼亚	19%, 9%, 5%, 0	烟、酒、能源产品、电	16%, 小企业 1%~3%	14.25%
保加利亚	20%, 9%, 0	烟、酒、成品油、液化石油气、天然气、电	10%	28.92%~19.62%
克罗地亚	25%, 13%, 5%, 0	烟、酒、石油衍生物、煤炭、电、天然气	18%, 小企业 12%	17.2%

资料来源：根据普华网站 http://www.pwc.com 资料 Worldwide Tax Summaries Corporate Taxes 2018/19 整理。

根据安永网站 http://www.ey.com 资料 Worldwide Corporate Tax Guide 2019 整理。

根据德勤网站 https://dits.deloitte.com/#TaxGuides 整理。

表2-2　欧盟成员国国内预提税规定和与中国协定预提税税率

国家	股息		利息		特许权		分公司利润	
	国内规定	与中国协定	国内规定	与中国协定	国内规定	与中国协定	国内规定	与中国协定
法国	30%	10%/5%	0	10%	31%	10%	30%	0
德国	25%附加5.5%	10%/5%，不动产公司15%	0，债券、金融机构利息25%附加5.5%	10%	15%附加5.5%	10%/6%	0	0
意大利	26%	10%/5%	26%	10%	30%	10%	免税	0
荷兰	15%	10%/5%	0	10%/5%	0	10%/6%	免税	0
比利时	30%	10%/5%	30%	10%	30%	7%	免税	0
卢森堡	15%	10%/5%	0	10%	0	10%	免税	0
丹麦	22%	10%/5%	22%	10%/5%	22%	10%/7%	免税	0
爱尔兰	20%	10%/5%	20%	10%	20%	10%/6%	免税	0
希腊	10%	10%	15%	10%	20%	10%	免税	0
葡萄牙	25%	10%	25%	10%	25%	10%	免税	0
西班牙	19%	10%/5%	19%	10%	24%	10%	19%	0

续表

国家	股息		利息		特许权		分公司利润	
	国内规定	与中国协定	国内规定	与中国协定	国内规定	与中国协定	国内规定	与中国协定
奥地利	25%/27.5%	10%/7%	0	10%	20%	10%	免税	0
瑞典	30%	10%/5%	0	10%	0	10%	免税	0
芬兰	20%/15%	10%/5%	0	10%	20%	10%	免税	0
马耳他	0	10%/5%	0	10%	0	10%	免税	0
塞浦路斯	0	10%	0	10%	10%	10%	免税	0
波兰	19%	10%	20%	10%	20%	10%/7%	免税	0
匈牙利	0	10%	0	10%	0	10%	免税	0
捷克	15%	10%/5%	15%	7.5%	15%	10%	免税	0
斯洛伐克	35%	10%	19%	10%	19%	10%	免税	0
斯洛文尼亚	15%	5%	15%	10%	15%	10%	免税	0
爱沙尼亚	0	10%/5%	0	10%	10%	10%	免税	0
拉脱维亚	0	10%/5%	0	10%	0	7%	免税	0
立陶宛	15%	10%/5%	10%	10%	10%	10%	免税	0
罗马尼亚	5%	3%/0	16%	3%	16%	3%	免税	0

续表

国家	股息		利息		特许权		分公司利润	
	国内规定	与中国协定	国内规定	与中国协定	国内规定	与中国协定	国内规定	与中国协定
保加利亚	5%	10%	10%	10%	10%	10%/7%	免税	0
克罗地亚	12%	5%	15%	10%	15%	10%	免税	0

注：1. 中国与意大利于 2019 年 3 月重新签署双边税收协定，规定各项预提税率为：股息 10%/5%，利息 10%/8%，特许权 10%/5%，该协议尚未生效，故本表税率源自 1986 年签署的双边税收协定。

2. 中国与西班牙于 2018 年 11 月重新签署双边税收协定，规定股息预提税率为 10%/5%，利息与特许权使用费预提税率未变，该协议尚未生效，故本表税率源自 1990 年签署的双边税收协定。

资料来源：根据普华网站 http://www.pwc.com 资料 Worldwide Tax Summaries Corporate Taxes 2018/19 整理。

根据安永网站 http://www.ey.com 资料 Worldwide Corporate Tax Guide 2019 整理。

根据德勤网站 https://dits.deloitte.com/#TaxGuides 整理。

根据国家税务总局网站 http://www.chinatax.gov.cn/chinatax/n810341/n810770/index.html 整理。

表 2-3 欧盟成员国之间免征预提税条件

国别	股息免税条件	利息和特许权免税条件
法国	持股 5% 以上，持股期 2 年以上；实际受益人，居住国缴纳类似所得税；有反避税管理	利息不征税；直接或被同一母公司持股 25% 以上，特许权免征预提税
德国	持股 10% 以上，持股期 1 年以上	直接或被同一母公司持股 25% 以上免税
意大利	持股 10% 以上，持股期 1 年以上	持股 25% 以上的母子公司或姐妹公司，持股期 1 年以上
荷兰	持股 5% 以上 协定国也适用上述参股免税	利息和特许权，均免税
比利时	持股 10% 以上或取得成本在 250 万欧元以上，持股期 1 年以上 协定国公司也适用上述参股免税	直接或间接持股 25% 以上
卢森堡	持股 10% 以上或取得成本在 120 万欧元以上，持股期 12 个月以上 协定国公司也适用上述参股免税	利息和特许权，均免税
丹麦	持股 10% 以上，持股期 12 个月以上，非导管公司子公司股份或集团股份免税	协定国利息免税；付款方是中间母公司，姐妹公司或子公司向欧盟支付特许权免税
爱尔兰	持股 5% 以上。提前 6 个月向税务局申报的协定国公司，也适用上述免税	向欧盟公司或税收协定国公司支付利息免税。持股 25% 以上，向欧盟支付专利权免税
希腊	持股 10% 以上，持股期 24 个月以上	持股 25% 以上，持股期 24 个月以上

续表

国别	股息免税条件	利息和特许权免税条件
葡萄牙	持股10%以上，持股期1年以上。居住国税率不低于葡萄牙税率60%。有税收情报交换的协定国公司也适用上述参股免税	欧盟关联公司利息和特许权免税
西班牙	持股5%以上，持股期1年以上或取得成本2000万欧元以上。卢森堡和塞浦路斯控股公司除外，终极股东不是欧盟税收居民不适用	向欧盟支付利息免税，特许权预提税19%，终极股东不是欧盟税收居民不适用
奥地利	持股10%以上，持股期1年以上（要求受益人所在国所得税不低于10%）	利息免税；向欧盟支付特许权免税（要求受益人所在国所得税不低于10%）
瑞典	持股10%以上。对非欧盟公司免征预提税条件：瑞典公司有固定的经营资产，持股10%以上，持股期在1年以上，非"壳公司"，且在居住国征收类似所得税	利息免税；特许权免税
芬兰	持股10%以上	利息免税；持股25%以上的欧盟母子公司或姐妹公司，在居住国征收所得税，则特许权免税
马耳他	股利免税	利息和特许权，均免税
塞浦路斯	股利免税	利息免税，向欧盟支付特许权使用费免税

续表

国别	股息免税条件	利息和特许权免税条件
波兰	持股 10%以上，持股期 2 年以上，居住国对境外所得征税。支付股利公司能提供税务机关要求的所有资料	持股 25%以上的欧盟子公司母子公司或姐妹公司，持股期 2 年以上。付款方在波兰有永久设施，收款方就境外所得纳税。支付公司能提供税务机关要求的所有资料
匈牙利	股利免税	利息和特许权，均免税
捷克	持股 10%以上且满 1 年。母公司和子公司均不享受免税政策，分配股利公司不能将股利税前扣除	持股 25%以上，持股期 24 个月以上的欧盟母子公司或姐妹公司；且利息或特许权的受益方不是捷克的常设机构
斯洛伐克	持股 10%以上，持股期 2 年以上	持股 25%以上，持股期超过 24 个月
斯洛文尼亚	持股 10%以上，持股期 2 年以上；缴纳类似所得税	持股 25%以上的欧盟母子公司或姐妹公司
爱沙尼亚	股利免税	利息免税；特许权满足欧盟指令要求
拉脱维亚	股利免税	利息和特许权，均免税
立陶宛	参股免税（不适用于避税地公司和主要为了避税而设立的公司）条件：分配利润的公司已经缴纳了 5% ～ 15%的公司所得税，母公司持股 10%且持股期超过 12 个月	向欧盟和税收协定国支付利息免税；向欧盟关联方支付特许权免税
罗马尼亚	持股 10%以上且持股期 1 年以上；在居住国缴纳类似所得税，不享受免税待遇；收款人是受益所有人	持股 25%以上的母子公司或姐妹公司，且持股期 2 年以上；收款人是受益所有人

续表

国别	股息免税条件	利息和特许权免税条件
保加利亚	向欧盟公司支付股利免税，不适用有没有经济实质的避税安排	持股 25%以上，持股期 2 年以上
克罗地亚	持股 10%以上，持股期 2 年以上	持股 25%以上，持股期 2 年以上

资料来源：根据国家税务总局网站 http：//www. chinatax. gov. cn/chinatax/n810341/n810770/index. html 整理。

根据普华网站 http：//www. pwc. com 资料 Worldwide Tax Summaries Corporate Taxes 2018/19 整理。

根据安永网站 http：//www. ey. com 资料 Worldwide Corporate Tax Guide 2019 整理。

根据德勤网站 https：//dits. deloitte. com/#TaxGuides 整理。

表 2-4 选择公司组织形式的影响因素

国家	间接抵免	股息预提税			分公司利润	
		国内	协定	国内	协定
法国	持股 20%以上，可间接抵免	30%	5%/10%	30%	0
德国	持股 20%以上，可间接抵免	25%附加 5.5%，不动产公司 15%	5%/10%	0	0
意大利	持股 10%以上，可间接抵免	26%	10%/5%	不征税	0
荷兰	持股 20%以上，可间接抵免	15%	10%/5%	不征税	0
比利时	持股 20%以上，可间接抵免	30%	10%/5%	不征税	0
卢森堡	持股 10%以上，可间接抵免	15%	10%/5%	不征税	0
丹麦	持股 10%以上，可间接抵免	22%	10%/5%	不征税	0
爱尔兰	持股 10%以上，可间接抵免	20%	10%/5%	不征税	0
希腊	无间接抵免	10%	10%/5%	不征税	0
葡萄牙	持股 10%以上，可间接抵免	25%	10%	不征税	0
西班牙	持股 10%以上，可间接抵免	19%	10%/5%	19%	0
奥地利	持股 10%以上，可间接抵免	25%/27.5%	10%/7%	不征税	0
瑞典	持股 10%以上，可间接抵免	30%	10%/5%	不征税	0
芬兰	持股 10%以上，可间接抵免	20%/15%	10%/5%	不征税	0
马耳他	持股 20%以上，可间接抵免	0	10%/5%	不征税	0

续表

国家	间接抵免	股息预提税		分公司利润	
		国内	协定	国内	协定
塞浦路斯	持股10%以上，可间接抵免	0	10%	不征税	0
波兰	持股10%以上，可间接抵免	19%	10%	不征税	0
匈牙利	持股10%以上，可间接抵免	0	10%	不征税	0
捷克	持股20%以上，可间接抵免	15%	10%/5%	不征税	0
斯洛伐克	持股10%以上，可间接抵免	35%	10%	不征税	0
斯洛文尼亚	持股10%以上，可间接抵免	15%	5%	不征税	0
爱沙尼亚	持股20%以上，可间接抵免	0	10%/5%	不征税	0
拉脱维亚	持股10%以上，可间接抵免	0	10%/5%	不征税	0
立陶宛	持股10%以上，可间接抵免	15%	10%/5%	不征税	0
罗马尼亚	持股20%以上，可间接抵免	5%	3%/0	不征税	0
保加利亚	持股10%以上，可间接抵免	5%	10%	不征税	0
克罗地亚	持股10%以上，可间接抵免	12%	5%	不征税	0

资料来源：根据普华网站 http://www.pwc.com 资料 Worldwide Tax Summaries Corporate Taxes 2018/19 整理。

根据安永网站 http://www.ey.com 资料 Worldwide Corporate Tax Guide 2019 整理。

根据德勤网站 https://dits.deloitte.com/#TaxGuides 整理。

根据国家税务总局网站 http://www.chinatax.gov.cn/chinatax/n810341/n810770/index.html 整理。

（二）股权架构设计

设计股权架构通常主要考虑：项目所在国国内法对非居民支付股息规定，项目所在国与中国协定的股息预提税税率，项目所在国与其他国家协定的股息预提税税率，以及低预提税协定国的国内征税规定。但由于欧盟成员国执行欧盟母子公司指令，可以免征股利预提税。因此，投资欧盟的股权架构设计，应重点考虑欧盟成员国之间免征股利预提税的条件。

为清晰分析中国企业投资欧盟各国的股权架构，现将投资欧盟各国股权架构设计相关因素，汇总于表 2-5 中。

由表 2-5 可知，欧盟成员国中，马耳他、塞浦路斯、匈牙利、斯洛伐克、爱沙尼亚、拉脱维亚 6 国对外支付股利免税，故中国企业投资上述 6 国应由中国母公司直接持股。荷兰、比利时、卢森堡、丹麦、爱尔兰、葡萄牙、瑞典、捷克和立陶宛等对税收协定国实行参股免征预提税，故中国企业投资上述 9 国应由中国母公司直接持股。

法国、德国、意大利、希腊、西班牙、芬兰、斯洛文尼亚、罗马尼亚、保加利亚和克罗地亚 10 个国家对欧盟成员国支付股利，执行欧美指令股息预提税为 0，对中国支付股利，依据税收协定：法国、德国、意大利、希腊、西班牙和芬兰 6 国，持股 25% 以上时股息预提税为 5%，否则，股息预提税为 10%；斯洛文尼亚和克罗地亚协定股息预提税 5%；保加利亚国内税法股息预提税 5%（协定预提税 10%），罗马尼亚协定税率 3%，中国企业投资这 10 个国家，可以进行股权架构设计，也可以由中国母公司直接持股，因为持股 25% 以上时 5% 的预提税不算高。虽然欧盟成员国之间不征收股利预提税，但随着国际反避税 BEPS 行动的加强，有些国家要求专门用于实现税收优惠的控股公司不能享受免征预提税，有些国家甚至要求持股投资资产超过 50% 的公司不能享受免征预提税。如，法国在 2015 年 9 月发布规定明确：如果非居民在所在国享受免税待遇，则不能享受法国与其所在国协定的预提税税率。法国参股免税要求有关公司同法国签订有反避税辅助管理协议。西班牙则规定卢森堡和塞浦路斯控股公司以及终极股东不是欧盟成员国税收居民，不适用免征预提税。奥地利要求受益人所在国公司所得税不低于 10%。各国具体反避税规定情况，企业应加以认真分析研究。所以，在控股架构设计中，应尽量由中国母公司控股。

表2-5 投资欧盟各国股权架构设计相关因素

国家	股息		税收协定国是否有参股免税	国家	股息		税收协定国是否有参股免税
	国内规定	与中国协定			国内规定	与中国协定	
法国	30%	10%/5%	有参股免税	马耳他	0	10%/5%	有参股免税
德国	25%附加5.5%	10%/5%	欧盟参股免税	塞浦路斯	0	10%	欧盟参股免税
意大利	26%	10%/5%	欧盟参股免税	波兰	19%	10%	欧盟参股免税
荷兰	15%	10%/5%	有参股免税	匈牙利	0	10%	股利免税
比利时	30%	10%/5%	有参股免税	捷克	15%	10%/5%	有参股免税
卢森堡	15%	10%/5%	有参股免税	斯洛伐克	35%	10%	股利免税
丹麦	22%	10%/5%	有参股免税	斯洛文尼亚	15%	5%	欧盟参股免税
爱尔兰	20%	10%/5%	有参股免税	爱沙尼亚	0	10%/5%	股利免税
希腊	10%	10%	欧盟参股免税	拉脱维亚	0	10%/5%	股利免税
葡萄牙	25%	10%	有参股免税	立陶宛	15%	10%/5%	有参股免税
西班牙	19%	10%/5%	欧盟参股免税	罗马尼亚	5%	3%/0	欧盟参股免税
奥地利	25%/27.5%	10%/7%	欧盟参股免税	保加利亚	5%	10%	欧盟参股免税
瑞典	30%	10%/5%	有参股免税	克罗地亚	12%	5%	欧盟参股免税
芬兰	20%/15%	10%/5%	欧盟参股免税				

资料来源：根据普华网站 http://www.pwc.com 资料 Worldwide Tax Summaries Corporate Taxes 2018/19 整理。

根据安永网站 http://www.ey.com 资料 Worldwide Corporate Tax Guide 2019 整理。

根据德勤网站 https://dits.deloitte.com/#TaxGuides 整理。

根据国家税务总局网站 http://www.chinatax.gov.cn/chinatax/n810341/n810770/index.html 整理。

对欧盟支付股利免征预提税的奥地利（受益人所在国税率不低于10%）和波兰（居住国对境外所得征税，且支付股利的公司能提供税务机关要求的资料）等，因向中国支付股利预提税为10%左右，故中国企业进行投资时应进行股权架构设计，即通过其他对中国支付股利不征收预提税的国家控股（如荷兰、卢森堡等15国），这样，在没有违反受资国反避税规定的情况下，能够消除股利预提税。

综合上述分析，中国企业投资欧盟成员国的股权架构，如图2-1所示。

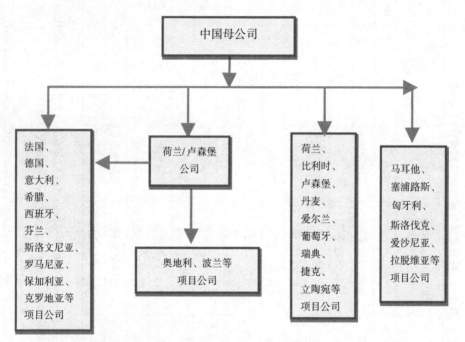

图2-1 投资欧盟成员国股权架构图

（三）债权来源的选择

海外项目需要资金时，其借款来源主要有从国内有关银行借款、项目所在国银行借款和从集团内借款。这里主要讨论从中国国内银行借款和从集团内的母公司或子公司借款。

1. 从国内银行借款

从国内银行借款，应重点考虑中国与受资国税收协定中，哪些国内银行所得利息收入，可以免征受资国对利息征收的预提税，从而确定借款来源。为便于读者分析，现将中国与欧盟各国协定的免征利息预提税的国内银行，汇总于表2-6中。

表2-6 税收协定中免征利息预提税的中国国内银行

国别	与中国签订的税收协定中免征利息预提税的中国国内银行
法国	中国人民银行、国家开发银行、中国农业发展银行、中国进出口银行、全国社会保障基金理事会和中国出口信用保险公司
德国	中国人民银行、国家开发银行、中国农业发展银行、中国进出口银行、全国社会保障基金理事会和中国投资有限责任公司
意大利	中央银行或者完全为其政府所拥有的金融机构
荷兰	国家开发银行、中国农业发展银行、中国进出口银行、全国社会保障基金理事会、中国出口信用保险公司、中国投资有限责任公司
比利时	中央银行或者任何完全由政府拥有的金融机构的利息；中央银行或者任何完全由政府拥有的金融机构担保或保险的贷款而支付的利息免税
卢森堡	国家银行
丹麦	中央银行或者该政府的任何机构取得的利息；中央银行或者该政府的任何机构提供资金、担保或保险
爱尔兰	中央银行或者完全为其政府所有的金融机构取得利息免税
希腊	中央银行或者完全为其政府所有的金融机构取得的利息免税
葡萄牙	中国人民银行、国家开发银行、中国农业发展银行、中国进出口银行、全国社会保障基金理事会、中国投资有限责任公司和中国出口信用保险公司
西班牙	无
奥地利	中国人民银行，直接或间接提供贷款的中国银行或中国国际信托投资公司
瑞典	中国人民银行、国家开发银行、中国农业发展银行、中国进出口银行、中国银行或中国国际信托投资公司
芬兰	中央银行或者完全由政府拥有的机构的利息；中央银行或者完全由政府拥有的机构担保或保险的贷款而支付的利息

国别	与中国签订的税收协定中免征利息预提税的中国国内银行
马耳他	经缔约国双方同意的由该缔约国另一方政府、其地方当局完全拥有或控制的机构取得的利息免税
塞浦路斯	无
波兰	中央银行或者完全为其政府所有的金融机构取得的利息；中央银行或者完全为其政府所有的金融机构间接提供资金
匈牙利	中央银行或者完全为其政府所有的金融机构取得的利息；中央银行或者完全为其政府所有的金融机构间接提供资金
捷克	国家开发银行、中国农业发展银行、中国进出口银行、中国出口信用保险公司
斯洛伐克	中央银行或者完全为其政府所有的金融机构取得的利息；中央银行或者完全为其政府所有的金融机构间接提供资金
斯洛文尼亚	无
爱沙尼亚	中央银行或者任何完全由政府拥有的金融机构，取得并受益所有的利息，或者由缔约国另一方的政府，包括其地方当局、中央银行或者完全由政府拥有的金融机构，担保或保险的贷款取得的利息
拉脱维亚	中央银行或者任何完全由政府拥有的金融机构，取得并受益所有的利息；中央银行或者完全由政府拥有的金融机构，担保或保险的贷款取得的利息
立陶宛	中央银行或者完全为其政府所有的金融机构取得并且由其享有的利息；或者由于贷款取得的利息，而该贷款是由该缔约国另一方政府或者完全为其政府所有的金融机构提供担保
罗马尼亚	由缔约国另一方金融机构批准的任何形式的贷款而支付；缔约国另一方全部或主要拥有的任何实体。"主要拥有"是指所有权超过50%
保加利亚	中央银行或者完全为其政府所有的金融机构取得的利息；中央银行或者完全为其政府所有的金融机构间接提供资金
克罗地亚	中央银行或者完全为其政府所有的金融机构取得的利息；中央银行或者完全为其政府所有的金融机构间接提供资金

由表2-6可知，中国与西班牙、塞浦路斯和斯洛文尼亚签订的税收协定中没有免征利息预提税的银行。中国与欧盟各国签订的税收协定中，很多都没有明确享受免税的具体银行名称，但法国、德国、荷兰、卢森堡、丹麦、奥地利、瑞典、芬兰、马耳他、塞浦路斯、匈牙利、爱沙尼亚和拉脱维亚13个国家对外支付利息不征税。从其他没有明确享受免税的具体银行名称的国家（包括意大利、比利时、爱尔兰、希腊、波兰、斯洛伐克、立陶宛、罗马尼亚、保加利亚、克罗地亚）向中国汇回利息时，可能会遇到对方不予免征预提税的情况。如若发生，则中方企业应立即向主管税务机关报告，并请求启动税收协商程序。中国与葡萄牙和捷克（另有对利息不征税的法国、德国和荷兰）等国的税收协定均已经明确了具体银行名称，故海外投资的企业应尽量选择这些银行向海外项目贷款。

2. 从集体内的母公司或子公司借款

选择债权来源通常主要考虑：项目所在国对非居民支付利息规定和与中国协定的利息预提税税率，项目所在国与其他国家协定的利息预提税税率，以及低预提税协定国的国内征税规定。但由于欧盟成员国执行欧盟利息和特许权指令，可以免征利息和特许权预提税。因此，投资欧盟的债权来源选择，应重点考虑欧盟成员国之间免征利息预提税条件。

为清晰分析中国企业投资欧盟项目的借款来源，现将投资欧盟各国借款来源选择的相关因素，汇总于表2-7中。

由表2-7可知，欧盟成员国中，法国、德国、荷兰、卢森堡、丹麦、奥地利、瑞典、芬兰、马耳他、塞浦路斯、匈牙利、爱沙尼亚和拉脱维亚等国家对外支付利息不征税，故中国企业投资上述13个国家，若从集团内借款，应从中国母公司或境内子公司直接借款。另外，罗马尼亚与中国重签的税收协定中，利息预提税只有3%，爱尔兰对税收协定国实行参股免税（持股25%以上），立陶宛对税收协定国支付利息免税。故罗马尼亚、爱尔兰、立陶宛的项目，若从集团内借款，应从中国母公司或境内子公司直接借款。

其他欧盟成员国对中国支付利息，征收预提税，大多为10%。中国企业投资这些国家，应选择上述13个国家中的某个国家的公司进行转贷（如卢森堡、荷兰、德国），即中国母公司借款给中间公司，中间公司再借款给项目公司，这样，在符合各国反避税规定的条件下，可以达到消除利息预提税的目的。但是，

表2-7　投资欧盟各国借款来源选择相关因素

国家	股息		税收协定国是否免有参股免税	国家	股息		税收协定国是否有参股免税
	国内规定	与中国协定			国内规定	与中国协定	
法国	0	10%	利息免税	马耳他	0	10%	利息免税
德国	0	10%	利息免税	塞浦路斯	0	10%	利息免税
意大利	26%	10%	欧盟参股免税	波兰	20%	10%	欧盟参股免税
荷兰	0	10%/5%	利息免税	匈牙利	0	10%	利息免税
比利时	30%	10%	欧盟参股免税	捷克	15%	7.5%	欧盟参股免税
卢森堡	0	10%	利息免税	斯洛伐克	19%	10%	欧盟参股免税
丹麦	22%	10%	利息免税	斯洛文尼亚	15%	10%	欧盟参股免税
爱尔兰	20%	10%	协定国参股免税	爱沙尼亚	0	10%	利息免税
希腊	15%	10%	欧盟参股免税	拉脱维亚	0	10%	利息免税
葡萄牙	25%	10%	欧盟免税	立陶宛	10%	10%	协定国利息免税
西班牙	19%	10%	欧盟利息免税	罗马尼亚	16%	3%	欧盟参股免税
奥地利	0	10%	利息免税	保加利亚	10%	10%	利息免税
瑞典	0	10%	利息免税	克罗地亚	15%	10%	欧盟参股免税
芬兰	0	10%	利息免税				

资料来源：根据普华网站 http：//www. pwc. com 资料 Worldwide Tax Summaries Corporate Taxes 2018/19 整理。

根据安永网站 http：//www. ey. com 资料 Worldwide Corporate Tax Guide 2019 整理。

根据德勤网站 https：//dits. deloitte. com/#TaxGuides 整理。

根据国家税务总局网站 http：//www. chinatax. gov. cn/chinatax/n810341/n810770/index. html 整理。

西班牙对卢森堡和塞浦路斯控股公司以及终极股东不是欧盟税收居民的公司，不适用免税政策。波兰要求付款方在波兰有永久设施，收款方就境外所得纳税，且支付公司能提供税务机关要求的资料。

综合上述分析，中国企业投资欧盟成员国的借款来源，如图2-2所示。

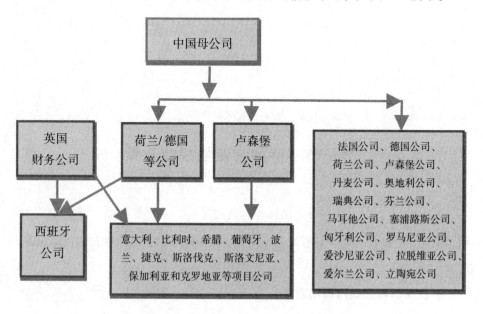

图2-2 投资欧盟成员国借款来源图

第三章

中东欧的欧盟成员国税收政策

第一节　保加利亚的税收政策

保加利亚（Bulgaria）主要税种有公司所得税、个人所得税、增值税、消费税、关税、财产税、财产转移税、保险税、旅游税、一次性税和社会保障税等。

一、保加利亚的流转税政策

保加利亚的流转税政策，这里主要介绍保加利亚的增值税政策和消费税政策。

（一）保加利亚的增值税政策

保加利亚增值税的征税范围包括纳税人在境内销售商品和提供服务、进口商品和接受境外服务、从欧盟成员国购进货物和服务。从事上述经济活动的实体或个人，为增值税纳税人。

自 2019 年 1 月 1 日起，提供电信、广播和电子服务，供应总额超过 19 558 列弗（等额 1 万欧元），应在居住地纳税。若供应总额低于规定标准，则在供应商所在的国家征税。

1. 增值税的税率

保加利亚增值税基本税率 20%，低税率 9% 适用于酒店住宿服务；0 税率适用于出口商品及相关服务、国际运输及其相关服务、向欧盟成员国出售商品、进料加工、向自贸区提供商品和服务、社区内提供商品、提供与零税率供应有关的中介服务等。免税项目包括某些房地产交易、向个人出租住房、金融服务、保险和再保险服务、医疗服务、教育服务、文化和体育服务、博彩和赌博、与国际收养有关的中介服务等。

在保加利亚，有些情况可以选择免税：如旧楼的销售、某些房地产交易、融资租赁（租购）分期付款中的利息部分。

进口商品在海关清关时，对进口货物征收增值税。在获得特别许可后，下列情况可以延期纳税：进口货物经财政部批准用于投资项目；向海关确认使用反向征税机制；每单位商品的海关价值不小于5万列弗的情况下，进口某些基础金属、有机和无机化学品以及矿物产品。

保加利亚的增值税发票有两种：单一用途发票和多用途发票。单一用途发票，在发票开出后就需要缴纳增值税。多用途发票，开出发票时无须纳税，实际提供商品或服务时纳税。所有保加利亚增值税纳税人均可使用电子发票。

2. 增值税计税的主要内容

应交增值税是用销项税额抵减进项税额后余额。

允许抵扣的进项税包括从境内购进商品和服务支付的增值税、进口商品支付的增值税、社区内部商品采购和接受境外服务所支付的增值税。进项税抵扣时限是12个月内。

不可抵扣的进项增值税包括用于非经营目的的商品和服务。此外，某些业务支出费用也不允许抵扣增值税，如非企业支出、商业娱乐、商业礼品、购买乘用车及其停车费和维护费用、家庭电话费用等。但下列项目，若与经营活动有关，则可以抵扣进项税，如购置、租赁和出租货车和卡车及其他车辆，租赁和租用汽车、货车、卡车，租赁汽车的燃料，手机，会议和研讨会，广告，满足一定条件的捐赠食品等。

纳税期间内，若进项税额大于销项税额，可以申请增值税退税。

企业购入机器设备等资本货物用于应税项目，其进项税额可在5年内分期抵扣。企业购置房地产用于应税项目，可在20年内分期抵扣。如果在5年（资本货物）或20年内（房地产）将它们用于免税项目，则应按已使用时间与规定时间的比例调整进项税。

3. 增值税的税收征管

保加利亚的增值税登记分为强制性登记和自愿登记两种。强制性登记包括连续 12 个月或连续 2 个月应税营业额达到 5 万列弗的企业，必须进行增值税登记。下列三种情况，无论应税营业额如何，都应在保加利亚进行增值税登记：保加利亚企业在欧盟成员国提供服务；欧盟成员国的企业在保加利亚境内提供商品进行组装或安装工程；接受境外服务的企业。此外，无论营业额大小，从事增值税应税行为的实体，均可以自愿进行增值税登记。

设立在非欧盟成员国且与保加利亚未签订互助协议的国家或地区的外国企业必须指定保加利亚居民作为税务代理人，在境内进行增值税登记。该代理人对被代理企业的增值税义务承担连带和无限责任，因此，必须采用经过公证的增值税代理协议指定税务代理人。

强制性增值税登记的时限：达到规定营业额的月份后的第 7 个月之内。如果在连续两个月内达到营业额，则应在达到营业额之日起 7 天内提交申请。下列情况，也必须至少提前 7 天进行登记：提供或接受跨境服务的企业；纳税年度内向非应税个人提供总价值超过 7 万列弗的远程销售；欧盟成员国的企业在保加利亚境内提供商品进行组装或安装工程。

向个人提供数字服务且销售收入超过 19 558 列弗（或 1 万欧元）的，在应纳税事件发生的次月 10 天内进行增值税登记。

在提交申请后的 7 天内，税务机关核实提交资料进行验证。在完成验证后的 7 天内，税务机关颁发增值税登记证书，或者发拒绝通知。未按时进行增值税登记的企业，税务机关处以 500~5000 列弗罚款，也可能处以应纳增值税额一倍的罚款。

注册人停止提供应税供应品后且不符合强制性增值税登记的条件，可以注销增值税登记。发生公司关闭或者纳税个人死亡情形的，必须注销增值税登记。若未能及时办理注销手续，也处以 500 列弗至 5000 列弗的罚款。保加利亚没有增值税集团合并申报规定。

保加利亚纳税人每月提交增值税申报表。增值税申报表必须在次月的 14 日之前提交，并在同一日期前全额付款。自 2018 年 1 月 1 日起，增值税申报表只能以电子格式提交。

未提交增值税申报表，未保留增值税分类账（销售和采购分类账），提交不准确的增值税信息均会遭受处罚，罚款金额为 500 列弗至 1 万列弗。若未按期缴纳增值税，罚款为未缴纳增值税金额的一倍，但不少于 500 列弗。自 2016 年

1月1日起，滞纳金标准为：延期缴纳在6个月内的，按应纳税额5%征收滞纳金，但不少于200列弗；延期缴纳在7至18个月的，按照应纳税额10%征收滞纳金，但不少于400列弗。因未开具增值税发票而导致少缴增值税，罚款为应缴增值税金额的一倍，但不少于1000列弗。

保加利亚作为欧盟成员国，欧盟内部交易额需进行欧盟内部交易统计申报。申报的门槛由国家统计局在10月确定，并于次年适用。2019年欧盟共同体的入境门槛为46万列弗。2019年出境阈值为28万列弗。若纳税人同欧盟成员国交易额非常小，则无须进行欧盟内部交易统计申报。欧盟内部交易统计申报表应在次月14天内以电子形式每月提交。逾期提交或提交有误的，罚款500列弗~5000列弗。

（二）保加利亚的消费税政策

在全面征收增值税的基础上，保加利亚对下列产品征收消费税，包括汽油和柴油、石油液化气、重油、煤油、啤酒和烈酒、烟草和烟草制品、电力。消费税的计税依据是不含增值税的销售价格或进口价格。

消费税的税率为：无铅汽油，710列弗/千升；柴油，646列弗/千升；石油液化气，340列弗/1000千克（用作汽车燃料，征税；用于加热，零税率）；煤油，646列弗/千升；天然气：0.85列弗/立方米（用作汽车燃料），0.60列弗/立方米（生产用途），家庭使用零税率；重油，646列弗/每100千克；电力，2列弗/千瓦小时（家庭用电为零税率）；啤酒1.50列弗/百升/度，葡萄酒零税率，烈酒1.100列弗/百升；香烟，5%+109列弗/千支（最少为177列弗/千支）。

二、保加利亚的所得税政策

保加利亚的所得税政策，这里主要介绍保加利亚的公司所得税政策和个人所得税政策。

（一）保加利亚的公司所得税政策

居民公司指在保加利亚境内注册的公司，居民公司应就其来源于境内外的所得缴纳公司所得税。在保加利亚有常设机构的非居民公司，仅就其来源于保加利亚境内的所得纳公司所得税。在保加利亚没有常设机构的非居民公司，就其来源于保加利亚境内的所得缴纳预提税。公司所得税税率10%，博彩业征收选择税15%。保加利亚常设机构的定义与OECD的定义类似，包括的范围比较广，一般来说，常设机构指在保加利亚通过固定场所从事经营活动。常设机构视同法人实体纳税，且适用同一税率，分公司利润汇出不征税。

资本利得视同经营所得征税。在保加利亚境内证券市场、在欧盟成员国或欧洲经济区国家证券市场，转让股票或政府债券，免税。居民公司从欧盟或欧洲经济区公司分得的股利，不计入应税所得额，不缴纳公司所得税（特殊目的公司除外，且利润分配额不作为分配公司的费用税前扣除）。资本利得无滚转抵免规定。

在账面利润基础上进行调整，方能得出应纳税所得额，如按照权责发生制计算的奖金、未用假期、资产折旧资产减值等，不允许税前扣除，资产损失在实际发生时允许扣除，但超过5年收不回的坏账，允许税前扣除（财务公司例外，财务公司收不回的坏账，进行账务处理的当年允许税前扣除）。各种存货的计价方法均允许采用，对于制造业来说，若其原材料的消耗量超过正常用量，则超过部分被认为是避税行为，会招致税务机关的纳税调整，不允许税前扣除。

固定资产的税前扣除依据以下折旧率计算：建筑物、家具、通信设备、输电设备等，年折旧率为4%；机器、生产设备等，年折旧率为30%至50%；除汽车以外的输运设备，年折旧率为10%，汽车的年折旧率为25%；其他有形资产，年折旧率为15%。

利息费用和其他贷款费用需要符合利息税前扣除规定和资本弱化规则。2019年，日历年度内的利息净额和其他贷款费用之和超过300万列弗的公司，税前扣除的借款费用限制在调整（调整利息、税金、折旧和摊销费用等）后应税所得额的30%以内。借款类型包括所有的借款，无论出借方的具体身份。借款费用包括所有借款相关的费用，即使已经资本化的借款费用和汇兑损失，若发生资产减值也受该规则限制。

在保加利亚，无论流转额大小，所有公司均需要遵循资本弱化规则。资本弱化规则规定债务权益比例为3：1，超过该比例的借款，其利息费用不允许税前扣除。资本弱化规则适用于：非银行机构的关联方借款和非关联方借款；关联方的金融租赁；关联方银行贷款和关联方担保贷款。关联方担保贷款适用特殊规定，税前扣除的利息费用净额为息税前利润的75%。借款费用超过300万列弗且又超过债务权益比例额公司，利息费用税前扣除会招致严格限制。

保加利亚的转让定价指南比较严格，要求境内外的关联交易均符合正常交易原则，允许谈签预约定价。税务机关有权对于不符合正常交易原则的交易进行纳税调整，被调整的利润额视为隐蔽的利润分配，不仅不允许在税前扣除，还征收5%的预提税，同时还招致20%罚金。视为隐蔽的利润分配，还包括以下情况：与业务无关的支出；超过常规市场价格的费用以及以任何形式向股东或者合伙人付费；其他各种形式的利益。

经营亏损后转5年，也可以税前弥补。除欧盟或欧洲经济区亏损可以抵减其他来源收入外，来源于其他国家的亏损实行分国别抵免。保加利亚没有集团申报规定。

公司所得税纳税年度是日历年度，下一年3月31日前汇算清缴。公司所得税纳税人需要预缴所得税，新成立的公司和上年销售额在30万列弗的公司，无须预缴公司所得税。销售额在30万列弗至300万列弗的公司，按预估全年应纳税额的1/4按季预缴。销售额在300万列弗的公司，按预估全年应纳税额的1/12按月预缴。第一季度和第二季度预缴税款的纳税时间是季度结束后的15日，第三季度预缴税款的纳税时间是12月15日，第四季度预缴税款没有纳税时间要求。按月预缴税款，1月、2月、3月预缴税款纳税时间是4月15日，4月至12月预缴税款纳税时间是当月的15日。年度汇算清缴的应纳税额不得低于预缴税款金额。公司发现上年纳税申报有错误，可以在9月30日以前进行一次更正。

（二）保加利亚的个人所得税政策

居民个人指纳税年度内在保加利亚停留183天及以上，或者主要经济利益在保加利亚的个人。主要经济利益指家庭住址、不动产或工作地点等。居民个人就其来源于境内外的所得，缴纳个人所得税。非居民个人仅就其来源于境内的所得，缴纳个人所得税。

1. 计税收入

雇佣收入指在保加利亚进行就业活动而取得的金钱或实物福利所得。下列收入不计入应税收入：雇员收到的与商务旅行有关的每日津贴；有原始凭证证明的与商务旅行有关的差旅和住宿费用；雇主提供的已纳税的社会福利等。雇主提供给员工的股份或期权，员工使用公司资产，均作为雇佣收入征税。

经营收入是指来自专业服务和商业活动的收入，如从事经营活动产生的收入、版权使用费、农业收入、林业收入、其他经营活动的收入。经营收入，根据活动类型固定扣减总收入的 25%、40% 或 60%，然后作为经营收入缴纳个人所得税。但企业家计税时，可以扣除业务的实际费用。

利息收入，适用税率为 10%。税收居民取得的存款利息收入，缴纳 8% 的预提税。支付给居民个人的管理收入（包括董事费），应作为就业收入征税。

来自欧盟成员国和挪威的非居民个人，可以通过提交年度纳税申报表，按照居民个人进行税前扣除。

其他收入纳税规定：确定居民的应税租金收入时，将按照收入的 10% 固定扣除。向低税区（避税地）的居民支付权利费、损害和赔偿金，预扣税为 10%。从保加利亚实体取得的股息和清算收益，视为保加利亚来源的应税收入。保加利亚居民个人取得外国来源的股息收入，在保加利亚应课税 5%。

出售股票和其他金融资产产生的所得应纳税。通过保加利亚或欧盟/欧洲经济区股票交易所买卖的证券，其出售收益免税。出售股权的资本收入减除资本亏损后的净资本利得，应征税。用实物进行投资时不征税，但若后来出售股份时，净利得应征税。

保加利亚和欧盟/欧洲经济区的居民，出售持有满 3 年的一处主要住宅产生的利得，免税；出售持有满 5 年的最多两处其他房地产的利得，也免税。房地产出售利得纳税时，固定扣减不动产处置应纳税所得额（销售价格减去购买价格）的 10%。

下列收入属于免税收入：奖学金收入、强制性社会保障计划的养老金、赡养费和某些保险金等。

2. 税收扣除

个人只有在没有任何未清偿公共债务且在法律允许的情况下，保加利亚和欧盟/欧洲经济区的税收居民，才可以要求扣除。

捐赠扣除，对保加利亚和欧盟/欧洲经济区慈善机构和其他福利机构的捐赠，最多可抵扣年度税基的 5%。向儿童医疗和辅助生殖机构的捐赠，最多可扣除 50%。

子女扣除，每个子女每年扣除 200 列弗，最多扣除三个未成年子女。还可以扣除 2000 列弗的残疾儿童照顾费。

住房贷款利息扣除，满足以下所有条件，已婚夫妇的首套房的贷款利息，每年可以扣除 10 万列弗：签订抵押协议时纳税人或其配偶不超过 35 岁；抵押贷款合同在结婚之日后签订；需抵押的房产是家庭拥有的唯一房产。

强制性的社会保障和健康保险缴费，个人向保加利亚和欧盟/欧洲经济区体系缴纳的强制性社会保障和健康保险费，可以税前扣除。

自愿性社会保障缴费，个人自愿性养老金缴费，可以扣除的最高额为税基的 10%。个人缴纳的自愿性健康和人寿保险费，可以申请扣除税基的 10%。

无现金付款扣除，若个人收入的 100% 存入自己的银行账户，并通过无现金方式支付了至少 80%，则可以扣除应缴税额的 1%（但不超过 500 列弗）。

3. 个人所得税税率

除股息收入（税率 5%）和独资企业家的收入（税率 15%）外，所得税税率统一为 10%。

4. 遗产和赠与税

保加利亚对位于境内的所有财产征收遗产税。保加利亚公民拥有的位于境外的财产也应缴纳遗产税。纳税人为配偶、父母以及祖父母、直系后代以外的承受人。遗产税税率：遗产份额超过 25 万列弗的兄弟姐妹及其子女，税率为 0.4% 至 0.8%；遗产份额超过 25 万列弗的其他继承人，税率为 3.3% 至 6.6%。

三、保加利亚的其他税收政策

地方政府对土地和建筑物等不动产每年征收一次财产税，税率 0.01%~0.45%。对不动产和汽车的转让，征收财产转移税，税率 0.1%~3%。对企业支付的保险费征收保险税，税率 2%，由保险公司或保险代理人代征保险税。但人寿保险、再保险、国际运输保险、飞机保险和船舶保险免税。游客在宾馆或其他提供住宿场所住宿，每晚征收 0.2~3 列弗的旅游税。公司发生下列费用，一次性征税 10%：业务代理费、向雇员提供实物福利和私人使用公司资产等。

在境内从事工作活动的个人必须缴纳保加利亚强制性社会保障。养老保险：雇主缴纳 8.22%，雇员缴纳 6.58%；疾病和生育保险：雇主缴纳 2.1%，雇员缴纳 1.4%；意外及职业病保险：雇主缴纳 0.4%~1.1%，雇员无须缴纳；1960 年

1月1日或之后出生的个人需缴纳附加强制性社会保险：雇主缴纳2.8%，雇员缴纳2.2%；失业保险：雇主缴纳0.6%，雇员缴纳0.4%；健康保险：雇主缴纳4.8%，雇员缴纳3.2%。每月的社会保障基数上限为2600列弗。根据劳动合同在保加利亚工作的雇员受上述社会保障基金以及养老金的保护。

根据欧盟法规883/2004或双边社会保障协议规定，可以申请免交社会保障金。保加利亚已经与以下国家签署了双边社会保障协议：阿尔巴尼亚、韩国、俄罗斯、波斯尼亚和黑塞哥维那、科索沃、利比亚、塞尔维亚、巴西、马其顿、突尼斯、加拿大、摩尔多瓦、土耳其、克罗地亚、黑山、乌克兰、以色列和摩洛哥。

四、保加利亚的涉外税收政策

居民公司收到的股利不计入应纳税所得额，但特殊目的投资公司和非欧盟与非欧洲经济区外国实体分配股利除外。境外分公司利润缴纳保加利亚公司所得税。保加利亚公司在境外相似经济体已纳税，实行分国别限额抵免。保加利亚没有受控外国公司规定。

纳税人向保加利亚境外转移资产或转移经营业务，以及停止成为保加利亚纳税人，需要对潜在的资本利得申报纳税。

保加利亚公司对欧盟或欧洲经济区以外国家支付股利，以及对欧盟或欧洲经济区国家支付隐蔽利润（如已经税前扣除的超过规定的贷款利息），均征收预提税5%。对欧盟或欧洲经济区国家支付股利，免征预提税（不适用于没有经济实质的避税安排）。对外支付利息和特许权使用费，预提税10%，执行欧盟指令，对欧盟成员国支付利息和特许权预提税，免征预提税条件：持股25%以上，持股期2年以上。对外支付资本利得和技术服务费（包括安装、组装有形资产、咨询费和市场推广费在内），预提税10%。享受税收协定的低税率，需要至少提前60天向税务机关申报清算程序。

保加利亚已经签订了69个税收协定。税收协定中，股息预提税为0的有马耳他和卡塔尔；股权达到规定比例时，股息预提税为0的：有奥地利、巴林、爱沙尼亚、科威特、立陶宛、挪威、阿联酋、英国和美国；股息预提税为5%的有：克罗地亚、黎巴嫩、罗马尼亚和新加坡；持股达到规定比例时，股息预提税为5%的有：阿尔巴尼亚、亚美尼亚、塞浦路斯、丹麦、法国、德国、爱尔兰、韩国、拉脱维亚、卢森堡、摩尔多瓦、荷兰、北马其顿、斯洛文尼亚、南非、西班牙、乌克兰、塞尔维亚和黑山。税收协定中利息预提税为0的有：丹麦、芬兰、法国、意大利、马耳他、荷兰、西班牙和瑞典；协定中利息预提税在5%及以下的有：奥地利、巴林、克罗地亚、爱沙尼亚、德国、伊朗、爱尔兰、科威特、拉脱维亚、挪威、卡塔尔、罗马尼亚、新加坡、斯洛文尼亚、南非、瑞士、阿联酋和英国。

保加利亚共和国国内法规定，对外支付股利预提税5%，依据孰低原则，税收协定中股息预提税高于5%的，应执行5%。保加利亚是欧盟成员国，对欧盟成员国支付股利、利息和特许权使用费，执行欧盟指令，免征预提税。故与欧盟成员国的协定税率基本上不用。

中国与保加利亚协定：股息和利息预提税均为10%（实际上，从中国向保加利亚支付股息预提税10%，从保加利亚向中国支付股利预提税5%），机器设备租金预提税7%，其他特许权使用费预提税10%。分公司利润汇回，不征税。持股10%以上，可以间接抵免，双方均有税收饶让。

第二节　克罗地亚的税收政策

克罗地亚（Croatia）主要税种有公司所得税、个人所得税、增值税、消费税、关税、不动产转移税和社会保障税等。

一、克罗地亚的流转税政策

克罗地亚的流转税政策，这里主要介绍克罗地亚的增值税政策和消费税政策。

（一）克罗地亚的增值税政策

克罗地亚增值税的征税范围包括纳税人在境内销售商品和提供服务、进口商品和接受境外服务、从欧盟成员国购进货物和服务。从事上述经济活动的实体或个人，为增值税纳税人。

上年应税销售额未超过 4 万欧元，可申请小型企业特别计划。加入该计划后经营业务无须缴纳增值税，当然，也不能扣除进项增值税。

1. 增值税的税率

克罗地亚增值税基本税率25%，低税率13%适用于住宿服务及其代理服务，食用油和各种肉类，儿童食品和用品，客运服务，供水（不包括瓶装水），供电，垃圾处理，报纸和杂志（附有广告或视频或音乐），农业种子、秧苗、化肥、饲料等，农产品，作家、作曲家和艺术家服务及相关版税；低税率5%适用于面包、牛奶等基本食品，药品、医疗产品和整形设备，书籍和杂志（无广告，无音频视频），门票等；0 税率适用于出口商品及相关服务，出口到欧盟成员国的商品及相关服务。

免税项目包括邮政服务、医疗服务、健康服务、社会服务、公益服务、金融服务、保险服务、不动产交易等。纳税人可以选择对免税商品征税。纳税人还可以选择将房地产和土地（建筑用地除外）应纳税额转让给其他有充足进行税额抵扣的纳税人，但该选择权必须当期立即行使。

2. 增值税计税的主要内容

应交增值税为销项税额抵扣进项税额后的余额。一般来说，销售商品或提供服务后即为纳税时点，开出发票的，发票开出后当月应纳增值税。若未向购货方或接受服务方开具发票，则交付商品或提供服务当月的最后一天为纳税时点。纳税人通常必须为所有应税行为开具发票，包括向其他应税人、非应税人的法人，出口货物，出售到欧盟共同体内部等。某些免税金融服务和某些其他物资可以不开具发票。公司可以代表供应商自开发票，此时发票上必须标有"自行开具发票"字样。应用现金会计制度的纳税人，发票必须标记为"现金会计制度"。发票开具方可以选择开具电子发票，但要购买方同意接受（即电子发票不是强制性的，是可以选择的）。

租赁资产的增值税处理依据租赁协议具体情况，分为融资租赁和经营租赁。在克罗地亚，融资租赁视为货物供应，经营租赁视为提供服务。出口商品或向欧盟成员国内供应商品不征收克罗地亚增值税。对于出口，需要海关当局正式认证的出口文件（海关申报单）的副本。在欧盟内部出售商品，发票开出后应缴纳增值税。如果没有及时开具供货发票，则应在次月的第15天支付增值税。但若满足特定要求，欧盟内部的商品供应可免征增值税，例如，确保货物已离开克罗地亚境内，同时应提供带有购买者增值税标识号的发票以及相应的运输文件。

允许抵扣的进项税是为了经营目的而购进的商品和服务，包括从境内购进的商品和服务的增值税，进口环节支付的增值税，从欧盟成员国购进货物自我评定的增值税，三方交易货物购置的增值税和接受境外服务预扣的增值税。自2018 年 1 月 1 日起，进口机器和设备金额超过 133 300 欧元的，作为资本货物进口，并且其进项税额当期全额抵扣。

纳税人在筹备期内购进商品或服务，如能满足扣除进项税的其他要求，则可以扣除与准备活动相关的进项增值税。如果纳税人已经实施特殊计划，则可以在增值税登记之日依据发票扣除进项增值税。如果提供商品和服务后，发生折扣或无法收回的应收款，可以对税基进行更正，但应书面通知购买方更正其进项增值税。

不允许抵扣的进项税是指用于非经营目的的商品和服务（如企业家私人购买的商品）。此外，下列支出项目，其进项税也不允许抵扣：乘用车（除驾驶员座位外不超过八个座位）购买和租赁相关成本的 50%，该规则不适用于驾驶员培训、车辆测试、安全服务等；为商业娱乐目的购买商品或服务，如住宿、礼品、假期、运动或娱乐的款项，以及汽车、船只、飞机、避暑别墅等的租金款项。

资本货物指根据会计标准记账为长期资产的货物。一般资本货物的进项税在购买或生产货物的当年允许扣除，但购买或租赁个人交通工具的进项税可抵扣 50%。如果适用于扣除进项增值税的条件在 5 年内（房地产 10 年内）发生变化，则进项税金额将在变更后的期间内予以更正。

如果纳税期内进项税金额超过销售商品应税金额，则进项税可以结转下期抵扣或进行退税申报。纳税人在提交增值税申报表后 30 天内可以申请退税，或在税务审计开始后 90 天内申请退税。若税务机关未及时退税，则须支付 6.82% 的延付利息。

既未在克罗地亚建立，也未在境内进行增值税注册的企业，在境内所产生的增值税，可以申请退税。在欧盟成立的企业可以向其所在国的税务机关申请退税。非欧盟成员国企业可以根据第 13 号欧盟增值税指令要求退款，克罗地亚对非欧盟国家的申请人提出的退款要求适用互惠条件。对于非欧盟企业，退款申请的截止日期是纳税年度结束后的 6 月 30 日。申请表必须用克罗地亚语或英语填写。在欧盟成立的企业必须依标准化格式以电子形式向本国税务机关提交在其他成员国产生的增值税退税。退款申请的截止日期是纳税年度结束后的 9 月 30 日。

3. 增值税的税收征管

克罗地亚企业前一个纳税年度或当前纳税年度应税销售额达到 30 万库纳（约合 4 万欧元），必须进行增值税注册登记。适用于小型企业特别计划的应税人可以自愿注册增值税。自愿注册后，企业家必须保持三年增值税纳税人身份。应税销售额超过规定标准的应纳税人，必须提交增值税注册申请通知税务机关，成为增值税纳税人。

未在克罗地亚设立企业但有以下情形，则必须在克罗地亚进行增值税注册：向欧盟成员国销售商品、从欧盟成员国购入商品、超出规定标准（36000 欧元）的电商销售、向个人提供服务、外国企业向境内提供服务、出口商品。

未在规定时间内进行增值税注册登记，对公司罚款 135 欧元~26300 欧元，对公司法人代表罚款 66 欧元~5300 欧元。

未在克罗地亚注册增值税的外国实体（来自欧盟成员国的除外）可以指定税务代理人。在克罗地亚成立或拥有永久地址，并且不是外国公司的分支机构或固定机构，均可被指定为税务代理人。

自 2019 年 1 月 1 日起，在克罗地亚未进行增值税注册的外国企业，向克罗地亚提供服务，由克罗地亚接收方计算扣缴增值税。

克罗地亚对某些国内业务，也实行扣缴增值税制度。以下活动均属于国内付款方扣缴增值税范围：建筑工程、出售废料、工业和非工业废物、回收废物和部分加工的废物、不动产的供应（强制性销售）、温室气体排放单位的转让、钢和铁混合产品（电枢）。

自 2019 年 1 月 1 日起，总部设在克罗地亚而为欧盟其他成员国的非应税个人提供电子服务，起征点为 1 万欧元。如果提供的电子服务低于该门槛，且供应地为克罗地亚，则纳税人不应在其他欧盟成员国注册。

在欧盟建立业务或拥有固定机构的欧盟供应商可以注册克罗地亚增值税纳税人。如果欧盟供应商在欧盟拥有一个以上的固定企业，则该纳税人可以选择其拥有固定企业的任何成员国进行增值税注册。该注册行为在 3 年内具有约束力。

已注册增值税的纳税人，如果未达到前一年的起征点，则可以在 1 月 15 日前向克罗地亚税务机关提交注销登记的书面申请。已获得克罗地亚增值税 ID 编号并停业的外国纳税人，应在 8 天内将停止经营活动的情况通知克罗地亚税务机关。当纳税人未在欧盟开展业务活动超过一个日历年时，税务机关可以依职权取消增值税 ID 号。

所有纳税人的上一日历年供应量不超过 395 000 欧元，可以采用现金制核算。选择现金制会计的纳税人在付款以前无法凭票抵扣进项增值税。

克罗地亚的增值税申报表按月或季度申报纳税。对于逾期未提交增值税申报表，逾期缴纳增值税以及增值税申报错误等违法行为，罚款约 135 欧元至 66 670 欧元。对公司内负责间接税的个人征收 66 欧元至 6670 欧元的利息。逾期未缴的增值税，将按 7.88% 的年利率收取利息。逃税额超过 2 万库纳（约合 2600 欧元）的刑事犯罪，可处 6 个月至 5 年的有期徒刑。若刑事犯罪造成重大损害，则监禁的期限可能为 1 至 10 年。

克罗地亚作为欧盟成员国，对于欧盟成员国之间的交易，需要进行欧盟内部交易统计申报。申报截止日期是报告期后的下个月的 15 日，2019 年报告的入境门槛为 293 333 欧元，而出境阈值为 16 万欧元。

（二）消费税政策

在普遍征收增值税的基础上，克罗地亚对某些商品在生产和进口环节征收消费税，对选定的某些商品征收特别税。消费税和特别税大多实行从量征收。

消费税的征税范围包括烟草制品、啤酒和烈酒、成品油、电力、天然气和焦炭。消费税税率如下。

烟草制品：

香烟：定额税 310 库纳/千支；比例税为零售价的 34%，但不低于 696 库纳/千支。

雪茄和小雪茄：600 库纳/千支；细切烟草，600 库纳/千克；其他烟草，600 库纳/千克。

啤酒和烈酒：

啤酒：40 库纳/百升；酒精含量为 15% 或更高，800 库纳/百升；酒精含量低于 15%，500 库纳/百升；酒精：5300 库纳/百升；

成品油：100 库纳~4500 库纳/千升；

电力：商业用途，3.75 库纳/兆瓦时；非商业用途，7.5 库纳/兆瓦时。

天然气：商业供暖，4.05 库纳/兆瓦时；非商业用途加热，8.10 库纳/兆瓦时。

焦炭：2.30 库纳/吉焦。

特别税对咖啡和各种饮料、摩托车等商品征收，税率如下：咖啡：6 库纳~20 库纳/千克；饮料：40 库纳~400 库纳/千克；摩托车：购买价的 5%~21%。

二、克罗地亚的所得税政策

克罗地亚的所得税政策，这里主要介绍克罗地亚的公司所得税政策和个人所得税政策。

（一）克罗地亚的公司所得税政策

居民公司指在克罗地亚境内注册的公司，或者虽然在境外注册但实际管理控制中心在克罗地亚的公司。居民公司应就其来源于境内外的所得纳税，非居民公司就其来源于境内的所得纳税。在境内没有法律实体的投资基金，无须缴纳公司所得税。公司所得税税率 18%，实现收入在 750 万库纳以下的小公司，适用低税率 12%。分公司与法人适用同一税率，分公司利润汇出不征税。地方政府征收名称不同的地方所得税，最多 2000 库纳。

资本利得与经营所得适用同一原则、同一税率征税。股利收入不计入应税所得。经营亏损后转 5 年，不得前转。若发生并购重组交易使得股权变动超过 50%，则亏损弥补期限停止。克罗地亚无集团申报规定。

在会计利润基础上，调整某些项目后为应纳税所得额。调减项目包括：股利和已税利润；收回已经注销的应收款形成的收入（以前期间已经纳税了）；以前期间结转过来的税法允许抵扣的折旧额；特定法律条款给予纳税人的免税优惠；以前期间没有抵扣且允许抵扣的费用等。调增项目包括：超过税法规定提取的折旧额（允许向以后期间结转）；不允许抵扣的关联方借款利息及罚息；实际发生业务招待费的 50%；私人汽车费用的 50%；存货盘亏；超过上年收入 2% 的捐赠；税务审计费用；与经营活动无关的其他费用。

存货结转可依据先进先出法和加权平均法，期末存货计价依据成本与市价孰低法计价，成本低于市价的差额允许在当期税前扣除。纳税年度终了后的 60 日尚未收回的应收款，若在年终汇算清缴截止日的 15 天前仍未收回，则允许在纳税申报时扣除。此外，每位借款人不超过 5000 库纳的应收款，可以税前扣除。税法折旧额依据直线法计算，每年最高折旧率规定为：建筑物和船舶为 10%，私人车辆为 40%，无形资产、机器设备、运输车辆为 50%，计算机软件和硬件、电话为 100%，其他固定资产为 20%。

克罗地亚的转让定价规则适用于境内税收居民与非税收居民的关联交易，对于不符合正常交易原则的关联交易，税务机关有权进行调整。若境内税收居民之间一方享受税收优惠或者有结转弥补的亏损，则税务机关也将对其不符合正常交易原则的转让定价进行纳税调整。为了避免税务稽查进行纳税调整，公司可以申请预约定价。资本弱化规则适用于关联方（持股 25% 以上）贷款和关联方担保贷款，要求关联方债务权益比例为 4∶1。税前扣除利息的最高利率为财政部门规定的利率，2019 年允许的最高利率为 3.96%。

纳税年度是日历年度，年终所得税汇算截止时间为次年的 4 月 30 日。纳税人需要按月预缴税款，预缴税款为上年实际纳税额的 1/12。若预缴税额超过应纳税额，则可以申请退税。

（二）克罗地亚的个人所得税政策

居民个人指在克罗地亚具有永久住所或临时住所的个人。居民个人就其来源于境内外的所得，缴纳个人所得税。非居民个人指在克罗地亚没有永久住所或临时住所但有来源于境内所得的个人。非居民个人仅就其来源于境内的所得，缴纳个人所得税。具有永久住所或临时住所指个人拥有一个居所（无须实际居住在居所）可连续使用 183 天。若外国人在克罗地亚停留了至少 183 天（不限于一个日历年度），则会被视为在克罗地亚拥有临时居住地。

1. 计税收入

在克罗地亚，个人所得税的计税收入包括雇佣收入、经营收入、资本利得、财产收入、保险收入和其他收入。

雇佣收入指雇主依据雇佣关系提供的现金或实物收入，但雇主向雇员支付的下列款项，不超过规定限额的，免税：自愿退休金保险费、商务旅行费用报销、每日津贴、圣诞节奖金、遣散费和类似款项。

经营收入指从事经营活动承担风险而取得的收入。原则上，所有归属于企业的收入，包括来自出售企业使用的财产的收益，都应缴纳所得税。

资本收益指拥有资本资产而取得的收入。从银行储蓄、证券、投资基金和贷款获得的利息收入需缴纳 12% 的预提税（另加城市税）。下列利息收入免税：罚款利息、根据法院裁决的利息、银行存款利息每年最高 0.5%、债券利息、人寿保险和自愿养老金基金利息。股息和利润分红需缴纳 12% 的预提税（加上城市税），但股票股利免税。

在 2016 年或之后购买的金融资产出售所产生的资本收益，需缴纳 12%（另加城市税）。变现的资本收益可减除当年变现资本亏损。但若持有金融资产 2 年以上，则资本收益无须缴税。

财产收入指财产租赁收入或财产使用收入。租赁不动产和动产所得的收入，减除 30% 后的净收入，按 12%（另加城市税）税率征税。财产权利和财产处置的净收入，应按 24% 的税率征税（另加城市税）。但符合下列条件之一的房地产，其出售产生的资本利得不征税：持有两年以上；房主或家属将其用于住宿。如果个人在 5 年内出售了三处以上的房地产或财产权利，则出售收入应按 24% 的税率征税（另加城市税）。

保险赔偿收入通常不征税。但若保险费支出允许税前扣除或为免税保险，则相当于保险费支出额等额的保险赔偿收入，按 12% 的税率征税（另加城市税）。

个人取得不属于上述五类收入的，均属于其他收入，如董事费收入。其他收入不得扣除任何费用，按 24% 的税率征税（另加城市税）。若个人未对其他收入申报而后被税务审计查出，则对其他收入按 54%（另加城市税）的税率征税；领取养老金超过年度限额，按照其他收入征税 36%（另加城市税）。

2. 税收扣除

计税个人所得税时可以税前扣除的项目，主要有以下几个方面。

居民和非居民纳税人可申请每月 3800 库纳的基本津贴。居民纳税人还可以减除：配偶或直系亲属抚养费 1750 库纳（受抚养人年收入不应超过 15000 库纳，但不要求与抚养人同住）；子女抚养费：第一个子女 1750 库纳，第二个子女 3500 库纳，第三个子女 3500 库纳，第四名及以上 6250 库纳；受抚养的残障人士 1000 库纳或 3750 库纳。

欧盟成员国的非居民纳税人（若总收入的 90% 以上来源于克罗地亚）也可以申请上述税前减免。

个人在确定应税收入时可以减除缴纳强制性社会缴费，但因工作所产生的个人开支不可扣除。捐赠扣除最高为上年收入的 2% 且为在克罗地亚境内的捐赠。

经营活动收入的减除额为所有与营业相关的费用，经营者个人生活开支不得扣除。商务娱乐费用和商务车费用均可扣除实际费用的 50%。每日津贴和差旅费不得超过税法规定的限额。

3. 个人所得税税率

就业收入和其他收入适用两级超额累进税率：年收入 21 万库纳以下部分，税率 24%；年收入超过 21 万库纳部分，税率 36%。

此外，以个人所得税为基础附加征收城市税，税率 0%~18% 不等。城市税属于地方税，萨格勒布税率最高，为 18%。

计算应税所得额时，若为亏损，可以后转 5 年。对于非居民纳税人，只允许结转克罗地亚境内的亏损。

克罗地亚个人所得税通常实行源泉扣税。对于直接从国外获得的收入（适用于直接从国外获得的任何收入，如股息、外国养老金和其他收入），应在收到收入后的 30 天内进行申报和缴纳税款。克罗地亚年度纳税申报时间为次年 2 月底。根据 2017 年引入的新规则，仅就就业收入和其他收入进行评估。从事经营活动的个人，由税务机关确定预缴税款，按月缴纳。年度终了，税务机关进行评估后予以补税或退还。

4. 遗产和赠与税

遗产和赠与税的征收范围包括对动产和不动产，如现金、应收款和证券。遗产和赠与税税率为财产过户时公允市场价值的 4%。某些财产过户是免税的，具体情况取决于受让人与赠与人之间的关系以及财产的类型。如果动产的公允市场价值低于 5 万库纳，或过户时需要缴纳增值税，则免交遗产和赠与税。

5. 财富税

克罗地亚不对净资产征收财产税。但对某些类型的财产征收税款，包括度假屋（每年每平方米最高税额 15 库纳）、汽车（每年最高税额 1500 库纳）、摩托车（每年最高税额 1200 库纳）、船只和游艇（每年最高税额 5000 库纳）。

三、克罗地亚的其他税收政策

克罗地亚对以各种方式取得不动产的行为，征收不动产转移税 4%。克罗地亚对雇主强制征收商会捐款，依据公司规模确定，数额为 42 库纳~3973 库纳。

克罗地亚社会保障税由以下几项构成：养老保险全部由雇主负担，比例为20%；健康保险 15%，失业保险 1.7%，工伤保险 0.5%，共计 17.2% 全部由雇员负担。此外，需要以其他收入为依据再缴纳健康保险，雇主负担 7.5%，雇员负担 10%。雇主还有义务缴纳残疾人贡献 2%~6%，商会贡献每月 42 库纳~3973 库纳。

在克罗地亚缴纳社会保障金的雇员有权享受：该雇员及其家属的健康保险、残疾和职业病保险、失业津贴、退休金和其他福利。

为了减轻双重社会保障税的负担并确保福利覆盖范围，克罗地亚已与以下司法管辖区签订了全面协议：澳大利亚、加拿大魁北克省、波斯尼亚和黑塞哥维那、马其顿、塞尔维亚、黑山、土耳其。欧盟成员国适用社会保障体系协调条例中的特殊规定（欧盟条例 883/2004），这些规则也适用于冰岛、列支敦士登、挪威和瑞士。

四、克罗地亚的涉外税收政策

居民公司取得境外分公司利润和股利收入不征税。居民公司取得境外其他收入，缴纳克罗地亚公司所得税。对境外已纳税，实行限额抵免。受控外国公司既包括境外法人，也包括境外常设机构，只要是收入在境外不征税，或者在欧盟成员国单独持股或与关联方共同持股 50% 以上，且经营地所得征税与克罗地亚有差异。受控外国公司的下列收入需计入应纳税所得额：利息和其他金融资产收入；特许权及其他智力资产收入；股利、利润和股票处置收入；金融租赁收入；保险收入、银行贷款收入及其他金融收入；有失公允的关联方交易收入等。

纳税人向克罗地亚境外转移资产或转移经营业务，以及停止成为克罗地亚纳税人，需要对潜在的资本利得申报纳税。

对外支付股利，预提税 12%。对欧盟成员国支付股利免征预提税条件：持股 10% 以上，持股期 2 年以上。分公司利润汇回，不征税。对外支付利息和特许权使用费，预提税均为 15%。对欧盟成员国支付利息和特许权使用费，免征预提税条件：持股 25% 以上，连续持股 2 年以上；收款方是受益所有人。对外支付流动资金贷款、非关联方担保贷款和其他金融机构贷款的利息，免征预提税。对外支付其他各种费用，预提税均为 15%。

克罗地亚已经签订了 62 个税收协定。在克罗地亚签订的协定中，股息预提税为 0 的有科威特、毛里求斯、阿曼和卡塔尔；持股达到规定比例时股息预提税为 0 的有：亚美尼亚、奥地利、法国、荷兰、西班牙；股息预提税为 5% 的有：保加利亚、中国、捷克、格鲁吉亚、马耳他、罗马尼亚、斯洛文尼亚、阿联酋。利息预提税为 0 的有：捷克、芬兰、法国、德国、匈牙利、爱尔兰、科威特、马耳他、毛里求斯、荷兰、挪威、卡塔尔、南非、西班牙、瑞典。利息预提税为 5% 的有：奥地利、保加利亚、丹麦、格鲁吉亚、伊朗、韩国、科索沃、摩尔多瓦、阿曼、斯洛文尼亚、瑞士、阿联酋、英国等。克罗地亚是欧盟成员国，对欧盟成员国支付股利、利息和特许权使用费，执行欧盟指令，免征预提税。故与欧盟成员国的协定税率基本上不用。

中国与克罗地亚协定：股息预提税 5%，分公司利润汇回不征税。利息和特许权使用费预提税均为 10%。持股 10% 以上，可以间接抵免，无税收饶让。

第三节　捷克的税收政策

捷克（Czech）主要税种有公司所得税、个人所得税、增值税、消费税、关税、能源税、不动产税和社会保障税等。

一、捷克的流转税政策

捷克的流转税政策，这里主要介绍捷克的增值税政策和消费税政策。

（一）捷克的增值税政策

捷克对在境内销售商品和提供服务、转让房地产，进口商品和接受境外服务，从欧盟成员国购入商品和服务，均征收增值税。自 2015 年 1 月 1 日起，欧盟增值税供应地规则适用于数字服务，向欧盟消费者提供的数字服务应在捷克缴纳增值税。从事上述业务的实体和个人，均为增值税纳税人。

捷克增值税登记有两种类型：增值税付款人和增值税识别人。专门提供免税商品的企业（无权扣除进项增值税），无须注册增值税。

在捷克成立并从事经营活动的纳税人，下列情况必须注册为增值税付税人：在过去连续十二个月的营业额累计达到 100 万克朗的纳税人，必须在次月 15 日之前注册增值税付税人，营业额包括境内应税销售额和免税销售额，通常不包括出售长期资产；纳税人在捷克境内提供服务，境外固定机构向境内进行远程销售，纳税人必须在供应商品第 15 天之前注册增值税付税人；纳税人从事某些其他特定交易，例如根据持续经营协议纳税人转让从增值税付款人那里获取财产，或者因并购解散公司而成为后继公司。

纳税人在捷克成立且不是付税人，下列情况必须注册为增值税识别人：从其他欧盟成员国购买商品，这也适用于非应税法人；接受境外服务需要预扣增值税，必须在接受服务 15 天之前进行注册；接受欧盟成员国企业服务，包括安装工程、电力工程和天然气工程，必须提前 15 天进行注册；捷克企业在其他欧盟成员国提供服务，必须提前 15 天进行注册。

紧密联系的法人实体可以注册为增值税集团，进行增值税合并申报。但只有在捷克建立的法人才可以加入增值税集团。集团申报必须在 10 月 31 日之前提交注册申请，集团注册才能于次年 1 月 1 日生效。未在捷克成立但在捷克提供商品或服务，必须注册为增值税纳税人。无论是在捷克设立还是未在捷克设立的应税人，如果在捷克提供信贷供应，都可以自愿注册增值税。

1. 增值税的税率

捷克增值税基本税率为 21%，另有低税率 15%、10% 和 0%。

低税率 15% 的税率适用于：食品、医疗器械和设备、医疗服务和护理服务、非酒精饮料、污水处理、公共交通、水上客运和空中客运、健身服务、儿童汽车安全座椅、文化服务和体育服务、殡仪服务、转移服务。

10% 的税率适用于：书籍和杂志、药物、兽医用药、儿童食品、家居清洁服务、自行车维修、鞋类和服装维修、家庭护理、美发服务、生啤酒。

0% 的税率适用于：出口货物、向欧盟成员国出售货物、国际客运、与进出口货物相关的运输和服务。

免税商品和服务：基本邮政服务、保险服务、金融服务、房地产转让（持有 5 年以上）或非建筑用地、房地产租赁、教育服务、博彩和赌博、医疗保健、社会福利。

2. 增值税计税的主要内容

增值税纳税义务发生时间为提供应税供应和收到货款的较先者。通常认为，货物供应在货物交付之日为纳税时间；服务提供在提供服务的日期或税务文件签发的日期较早者为纳税时间。

进口货物，以放行自由流通货物的日期或者货物脱离关税暂免征税制度的日期为纳税时间。进口增值税应由增值税纳税义务人在增值税纳税申报表中申报。进口增值税由税务机关而不是海关进行管理。进口方必须以适当的税率自行评定增值税，自行评税亦被视为进项税。

扣缴增值税，也称反向收费服务，适用于欧盟指令 2006/112 / EC 或 56 条规定的服务，包括安装、供应天然气和电力供应。非居民公司在捷克提供安装工程、天然气工程和电力工程等，支付工程款的单位需要预扣增值税。某些本地交易也需要预扣增值税，如建筑服务，适用于超过 100 万克朗的交易。

预收货款的交易，在收款时需要开出增值税发票，因此，当期需要交纳增值税。但若预收款未指定具体商品或包括多种商品，则当期不需要交纳，发货期间交纳税款。向欧盟成员国提供商品和服务，属于免交增值税业务。租赁资产的纳税时间取决于双方商定的租赁类型和合同文件。融资租赁，客户有义务购买资产，则供应时间就是将资产移交给客户的日期。经营租赁应按商定的每月或按季度分期付款额支付增值税。

销项税是对供应商品收取的增值税。增值税纳税人通常从销项税中扣除进项税，进项税包括对在境内提供商品和服务收取的增值税，从欧盟购买商品和进口商品在进口环节的增值税，非居民向境内提供服务预扣的增值税。增值税支付者应使用有效的税收文件证明其有权抵扣增值税。

允许抵扣的增值税指购买经营目的的商品和服务的进项税，如乘用车的购置和维护费用、租车费、汽车燃料费、书籍费、会议费、广告费、住宿费、手机费。不允许抵扣的增值税指购买非经营目的的商品和服务的进项税，如企业家购买私人用品。此外，某些业务支出项目也是不允许抵扣的进项税，如购置成本超过 500 克朗的礼品的进项税、商业娱乐、非商业支出、专门用于免税项目的商品和服务。

资本货物指使用期限较长的资本支出项目,其进项税允许在购买时所属纳税期间中扣除。如果在调整期间(一般 5 年,房地产 10 年)内资本货物的用途发生变化,则必须调整允许抵扣的进项税额。在捷克,资本货物调整适用于以下资产:价值高于 4 万克朗的长期有形资产;价值高于 6 万克朗的长期无形资产;土地(除非作为商品入账);固定资产改良增值;融资租赁出租的资产或土地。

如果应纳税期间内进项税超过销项税,则纳税人提交增值税申报表时可要求退还增值税。税务机关应在申报截止日期后的 30 天内退还。

在企业筹建期间,增值税纳税人开业前连续 12 个日历月内购进用于经营目的的商品,其进行税额允许抵扣销项税。捷克增值税不采用现金收付制。因企业破产,无法收回的应收款在销售时所支付的增值税,企业可以减少销项税。

既不在捷克设立,也没有在捷克注册增值税的企业所产生的增值税,捷克增值税当局会退还。对于在欧盟成立的企业,根据欧盟指令 2008/9/EC 进行退款。对于在欧盟以外建立的企业,根据欧盟第 13 号指令进行退款,但第 13 号指令退款是基于互惠原则。

3. 增值税的税收征管

捷克增值税纳税人必须提供所有应税商品和免税的增值税商品的增值税发票,购货人凭借此票可抵扣进项税。发票签发日不晚于纳税时点前的 15 天。捷克增值税法允许按照欧盟指令 2010/45 /EU 开具电子发票。

出口商品的供应不征收捷克增值税,但必须在出口供应时附有货物已离开欧盟的海关声明,并保留证据。要获得免税资格,增值税付款人必须声明为出口商,并且必须在海关申报单上注明。

出售给其他欧盟成员国纳税人的商品不收取捷克增值税,必须满足以下条件:捷克增值税支付方必须证明商品是由本单位、客户或第三者交付给另一个欧盟成员国的;客户必须在其他欧盟成员国注册了增值税;购买商品必须在其他欧盟成员国征收增值税。

捷克的增值税申报表通常按月提交。若上一日历年的营业额未达到 1000 万克朗,则应选择季度提交增值税申报表。新注册的增值税缴纳人、不可靠的增值税缴纳人和增值税集团申报不符合季度申报资格。增值税申报表必须在纳税期限结束后的 25 天内提交。捷克没有年度增值税返还。

未按期提交增值税申报表,每天需加收 0.05% 的增值税罚款。罚款上限为应缴增值税额的 5%,且不超过 30 万克朗。截止日期后的前五个工作日是免费的。根据税务机关的调查,少申报应缴税款或多抵扣税款,则按应交税额的 20% 处罚。如果违反增值税注册、报告、记录、提供证据或文件的义务,则处以 50 万克朗的罚款。此外,因未能以电子方式提交增值税申报表或电子商务(EC)销售清单,罚款为 2000 克朗。

欧盟增值税申报统计:增值税纳税人与欧盟成员国企业销售或购买价值达到 800 万克朗,则捷克增值税纳税人必须填写统计报告。从欧盟企业进货和向欧盟企业销售,均需要单独的报告。欧盟增值税申报为下月 10 号。逾期提交,申报遗失或不正确的,可处以最高 100 万克朗的罚款。

(二)捷克的消费税政策

捷克消费税在生产或进口环节征收,征税范围包括烟草和烟草制品、葡萄酒、酒类半成品、烈酒和纯乙醇、蜂蜜、燃料和成品油。

二、捷克的所得税政策

捷克的所得税政策,这里主要介绍捷克的公司所得税政策和个人所得税政策。

(一)捷克的公司所得税政策

居民公司指在捷克境内注册的公司,或在境外注册但在境内有实际管理机构的公司。居民公司应就其来源于境内外的所得纳税,非居民公司就其来源于境内的所得纳税。公司所得税税率 19%,分公司与法人公司适用同一税率,自 2018 年起,外国分公司可以要求核定应税所得额,分公司利润汇出不征税。投资基金公司享受低税率 5%,养老基金享受 0 税率。

资本利得视同经营所得纳税。非居民(欧盟或欧洲经济区非居民除外)取得下列资本收益视为来源于捷克的收入,在捷克纳税:向捷克纳税人或常设机构出售在捷克注册的权利或投资工具,出售捷克公司的股份。

投资所得适用 5% 的税率缴纳公司所得税,居民公司取得境外股利收入,适用15%税率缴纳公司所得税，经营亏损后转5年，不得前转。如果公司股权变动超过25%或者股权变更对企业经营有实质性影响，则亏损弥补期限丧失。捷克无集团申报规定。

在会计利润基础上调整应纳税所得额时，下列项目不允许税前扣除，应调增应纳税所得额：娱乐费用、替关联方支付的款项、政府机关征收的滞纳金和罚金、向员工支付的实物福利、资产的毁损等。

存货依据实际成本计价，存货减值不允许税前扣除。自2014年起，逾期18个月未收回的应收款，允许其账面金额的50%在税前扣除。逾期30个月未收回的应收款，允许其账面金额的100%在税前扣除。

税法允许的资产折旧额，可以依据直线法计算，也可以采用加速折旧法计算。两种计算方法的折旧年限一致。固定资产税法折旧的相关规定，如表3-1所示。

表3-1 固定资产税法折旧规定

	固定资产类型	最低折旧年限	直线法折旧率	加速折旧法折旧率
1	办公机具和机械	3	第1年20%，以后年份40%	第1年3%，以后年份4%
2	客车、公交车、飞机、拖拉机、卡车、家具和指定生产机械	5	第1年11%，以后年份22.5%	第1年5%，以后年份6%
3	重型机械	10	第1年5.5%，以后年份10.5%	第1年10%，以后年份11%
4	木制建筑、管道、生产能源的厂房、矿山附近建筑	20	第1年2.15%，以后年份5.15%	第1年20%，以后年份21%
5	一般建筑	30	第1年1.4%，以后年份3.4%	第1年30%，以后年份31%
6	酒店、商店和办公楼等特定建筑	50	第1年1.02%，以后年份2.02%	第1年50%，以后年份51%

无形资产的最低摊销年限为：视听作品18个月，软件36个月，基础费用

60 个月，其他无形资产 72 个月。研究开发费用在正常税前扣除的基础上，再加计扣除 110%。

捷克税法规定，满足下列条件，实行参股免征公司所得税、资本利得税和预提税：捷克公司或者欧盟成员国公司持股 10% 以上且持股期在 12 个月以上；子公司是捷克或欧盟成员国的居民公司；母子公司均符合欧盟母子公司指令要求的法律形式；母子公司均不享受免税政策，即母子公司的公司所得税税率大于 0。满足上述条件的瑞士、挪威和冰岛公司，也实行参股免税。捷克居民公司收到税收协定国子公司分配的股利和转让股权的资本利得，参股免税条件：双方均为有限责任公司，在股利分配年份所得税名义税率不低于 12%；持股 10% 以上且持股期超过 12 个月。

捷克投资促进政策适用于制造业、技术中心、商业支持服务中心（如共享服务、软件开发、高科技维修和数据中心等）。投资促进优惠包括：减免公司所得税 10 年、给予就业补助金、雇员培训和再培训补助金，战略投资的资本性支出的现金返还、免征房地产税等。税收优惠的最高额可以达到总投资成本的 25%。

制造业投资享受优惠的条件：有形资产和无形资产方面的长期投资额不少于 1 亿克朗，在特定地区投资可以降低至 5000 万克朗；投资额的 50% 可以是以公允价值计价的符合条件的生产机器设备；符合条件的无形资产应为从非关联方取得的且以公允价值计价；投资必须具有较高的附加值，与当地 80% 的员工签订了工资不少于地区平均工资的雇佣协议，且还需满足其他要求（接收大学毕业生不少于 10%，与大学或研究机构签订了研发合同；研究开发人员不少于 2%；研发使用的机器设备不低于总成本的 10%）。

技术中心投资享受优惠的条件：在有形资产和无形资产上的长期投资不少于 1000 万克朗；机器设备的投资额不少于 50%；机器设备价格符合正常交易原则且在两年内生产，并且以前不得进行税收折旧；至少创造 20 个新的就业岗位。

商业支持服务中心投资享受优惠的条件：共享服务中心提供的服务应覆盖至少三个国家（包括捷克在内）；数据中心和软件开发中心至少需要创造 20 个新的工作岗位；高科技维修中心至少需要创造 50 个新的工作岗位；共享服务中心至少需要创造 70 个新的工作岗位。

公司可以选择日历年度或财务年度作为纳税年度,若选择财务年度作为纳税年度,必须事先向税务机关报告。汇算清缴截止期为纳税年度结束后3个月,进行法定审计的公司,汇算清缴截止期自动顺延3个月。上年度纳税额超过15万克朗的公司,需要按照上年纳税额的25%分季度预缴税款,预缴税款日期分别为3月、6月、9月和12月的15日。预缴税款和实际应纳税额的差额需要在年终所得税汇算时结清。上年度纳税额在3万克朗~15万克朗的公司,需要按照上年纳税额的40%在6月和12月的15日预缴。上年度纳税额在3万克朗及以下的公司,无须预缴税款,只需要年终一次性汇算清缴。未按时申报和未按时纳税,会招致处罚。若纳税人多缴了税款,在纳税人提出申请后的30日内予以退还。

(二) 捷克的个人所得税政策

居民个人指在捷克拥有住宅(有家)的个人,或者一个日历年度内在捷克停留183天及以上的个人。居民个人就其来源于境内外的所得,缴纳个人所得税。非居民个人仅就其来源于境内的所得缴纳个人所得税。除不能享受某些减免税外,非居民来源于捷克境内的收入,同捷克居民个人一样,适用同样的方法和税率纳税。连续12个月内在境内就业不超过183天的非居民个人,其就业收入若由在捷克没有常设机构的外国实体支付的,则免税。

1. 计税收入

就业收入不仅包括薪水、工资、奖金和其他类似收入与大多数实物福利,还包括支付给董事和股东的工作费用。就业收入的税基等于雇员的总收入加上雇主负担的强制性社会保障和健康保险部分的总和。由外国雇主派往境内工作且由境外支付工资,但在捷克居民个人或法人实体的指导下工作,视为由捷克境内雇佣,其就业收入需要每月预扣工资税。

经营收入指从事业务活动和专业服务的收入减除允许扣除的经营费用后的净额。经营收入应按照税率中规定的税率与其他收入一起征税。

投资收入指来自个人投资的各项收入,包括利息收入、股息收入和合伙人利润等,均缴纳15%的最终预提税。来源于非税收协定国的非居民个人取得利息、股息和利润,应缴纳最终预扣提税35%,来源于税收协定国的非居民取得利息、股息和利润,适用协定税率。居民个人从国外获得的股息和利息收入,也应在境内申报个人所得税。

来自不动产和动产的租赁收入在年度纳税申报表中与其他类型的收入一起按规定税率征税。

出售财产的资本收益作为普通收入征税，但若满足持有期限，则出售房地产或个人财产的资本收益免税。最短持有期限规定：汽车为 12 个月，主要住所为 2 年，其他不动产为 5 年。在一个日历年内股票出售总收入不超过 10 万克朗，则股票出售利得免税。证券持有时间超过三年，则证券销售收入免税。出售资产损失只能抵销同类资产出售产生的收益。

2. 税收扣除

捷克的税收居民可以从其年度收入中扣除以下项目：年度免征额 24840 克朗，与纳税人同住的配偶免征额 24840 克朗（配偶的年收入在 68000 克朗以下），部分残疾免征额 2520 克朗，完全残疾免征额 5040 克朗。子女抚养免征额：第一个子女 15204 克朗，第二个子女 19404 克朗，第三个子女及更多子女，每个子女免征额均为 24204 克朗。上述免征额适用于捷克的税收居民和总收入 90%以上来源于欧盟成员国的居民。来源于其他国家的非税收居民，只适用年度免征额。

经营活动的成本和费用，允许从经营收入中扣除。但从事某些商业活动的纳税人可以选择按照总收入的一定百分比扣除，而不是扣除实际费用。农业、林业、渔业和手工业，扣除率 80%，限额为 80 万克朗；贸易许可收入，扣除率 60%，限额为 60 万克朗；知识产权（发明和版权），独资经营和其他商业收入，扣除率 40%，限额为 40 万克朗；租金，扣除率 30%，限额为 20 万克朗。经营活动和租赁活动产生的亏损，可以后转 5 年。

3. 个人所得税税率

居民和非居民的应税收入，应按 15%的统一税率征税。非居民取得的专业服务费、特许权使用费、董事费、管理或咨询费等，应缴纳 15%的预提税。非居民的租金收入应缴纳 5%的最终预提税，对动产的其他租金收入征收 15%的最终预提税。若为税收协定国的非居民个人，适用协定税率。年度就业收入和经营收入的净额超过月平均工资 48 倍，需要交纳 7%的团结附加费。

4. 遗产和赠与税

从 2014 年开始，捷克将遗产税和赠与税纳入个人所得税，也就是说，相同的规则适用于礼物的征税，免除对遗产征税。捷克居民个人的全球礼物应缴税，而非居民个人仅需对来源于捷克的礼物缴税。但下列礼物免税：从直系亲属、配偶、未成年亲戚（例如兄弟姐妹）、配偶的直系亲属、子女的配偶、侄女、叔叔和姨妈等亲属处收到的礼物；从共同居住超过一年的居住者处收到的礼物；上述任何人分配给信托基金的受益人财产；偶尔收到的礼物（每年不超过 15000 克朗）。

三、捷克的其他税收政策

捷克征收能源税，征税对象包括天然气和其他气体、固体燃料、向最终用户输送电力。捷克针对土地和建筑物征收不动产税，税率依据不动产坐落地点和用途的不同而不同。不动产转移税的税率为 4%，向不动产购买方征收。捷克针对商用车辆依据发动机容量和型号征收公路税。

捷克的社会保障税包括四部分：养老保险、健康保险、大病保险和失业保险。养老保险，雇主负担 21.5%，雇员负担 6.5%；健康保险，雇主负担 9%，雇员负担 4.3%；大病保险和失业保险均由雇主负担，分别为 2.3% 和 1.2%，雇员不负担。总计雇主负担 34%，雇员负担 10.8%。社会保障缴款的最高基数为月平均工资的 48 倍。超出上限的收入无须缴纳社会保障金，但当年个人拥有多个雇主的情况除外。在这种情况下，最高评估基础分别适用于每个雇主，而员工仍需遵守一个最高评估基础。

作为欧盟成员国，捷克共和国受《欧盟社会保障条例》（当前适用于欧洲经济区国家和瑞士）和其他欧盟法律的约束。此外，为了防止双重社会保障税并确保福利覆盖，捷克已与澳大利亚、波斯尼亚和黑塞哥维那、加拿大、智利、印度、以色列、日本、韩国、马其顿、摩尔多瓦、黑山、加拿大魁北克省、俄罗斯、塞尔维亚、土耳其、乌克兰、美国签订了社会保障协议。

四、捷克的涉外税收政策

居民公司应就其来源于境内外的所得纳税，境外分公司利润纳税，境外股利收入有参股免税。境外已纳税依据税收协定抵免，若税收协定中没有抵税条款或者来源于非税收协定国，则境外已纳税列为费用，在税前扣除。自 2019 年

4月1日起，捷克实施了受控外国公司规定。该规定将捷克公司控股的境外公司的消极收入征税。受控外国公司指设立在实际税负低于捷克所得税税率50%，捷克税收居民直接或间接控股50%以上且没有实质经营业务的公司。

2020年1月1日起，捷克实施严格的反避税相关法律，执行BEPS行动计划，反混合错配，依据实质重于形式原则征税。捷克的转让定价指南比较严格，要求境内外的关联交易均符合正常交易原则，可谈签预约定价。关联方包括直接或间接持股达到25%及以上的法人和个人。在捷克，关联交易经常遭受税务稽查，对不符合正常交易原则的关联定价，会受到纳税调整和处罚。在信息披露方面要求遵循国别报告和强制报告原则。

资本弱化规则适用于境内外关联方贷款和背对背贷款，不包括关联方担保贷款。税前扣除受资本弱化规则限制的融资费用包括利息及其相关费用。利润分享贷款利息不允许税前扣除。债务权益比例为4∶1（金融公司6∶1）。自2019年起，允许税前扣除的利息费用需要满足条件：息税前利润的30%（调整利息、税金、折旧费和摊销费用后），且不超过8000万克朗。下列利息费用，不允许税前扣除：不符合资本弱化规则的利息；贷款人免税的利息和不计入应税所得额的利息；向控股公司支付的利息；与经营利润无关的利息。

对居民公司支付股利，预提税15%，并实行参股免税（持股10%以上，持股期1年以上）。对居民公司支付利息和特许权使用费，不征收预提税。对欧盟成员国、欧洲经济区和税收协定国支付股利、利息和特许权使用费，预提税均为15%；对其他非欧成员国、非欧洲经济区和非税收协定国支付股利、利息和特许权使用费，预提税35%。

执行欧盟母子公司指令，向欧盟成员国支付股利，免征预提税；对税收协定国也免征预提税。条件均为：母公司持股10%以上，且持股期1年以上。如出现下列情况，则不适用免税：母公司或子公司享受免税政策或适用0税率政策；分配股利公司能将股利税前扣除。

执行欧盟指令，向欧盟成员国支付利息和特许权使用费，免征预提税条件：母公司持股25%以上或同被母公司持股25%，且利息或特许权的受益人不是捷克的常设机构。

捷克已经签订了86个税收协定。在捷克签订的税收协定中：持股达到规定比例时股息预提税为0的有：奥地利、塞浦路斯、丹麦、法国、科威特、列支敦士登、卢森堡、马来西亚、荷兰、挪威、瑞士、阿联酋；股息预提税为5%的有：巴林、波斯尼亚和黑塞哥维纳、克罗地亚、中国香港、伊朗、韩国、黎巴嫩、马耳他、波兰、沙特阿拉伯、新加坡、塔吉克斯坦等；持股达到规定比例时股息预提税为5%的有包括中国在内的32个国家或地区。利息预提税为0的有：奥地利、巴林、波斯尼亚和黑塞哥维纳、克罗地亚、塞浦路斯、丹麦、芬兰、法国、德国、中国香港、匈牙利、冰岛、爱尔兰、意大利、科威特、黎巴嫩、列支敦士登、卢森堡、马耳他、荷兰、北马其顿、挪威、俄罗斯、沙特阿拉伯、新加坡、斯洛伐克、南非、西班牙、瑞典、瑞士、阿联酋、英国、美国等国家或地区。利息预提税为5%的有：阿尔巴尼亚、巴巴多斯、白俄罗斯、伊朗、韩国、摩尔多瓦、波兰、斯洛文尼亚、乌克兰、乌兹别克斯坦等国家。捷克是欧盟成员国，对欧盟成员国支付股利、利息和特许权使用费，执行欧盟指令，免征预提税。故与欧盟成员国的协定税率基本上不用。

中国与捷克协定：持股25%以上时，股息预提税为5%，否则，股息预提税10%；利息预提税7.5%，特许权使用费预提税为10%。分公司利润汇回，不征税。持股20%以上，可以间接抵免，无税收饶让。

第四节　爱沙尼亚的税收政策

爱沙尼亚（Estonia）主要税种有公司所得税、个人所得税、增值税、消费税、关税、土地税、社会税、社会保障税、大货车税、博彩税、印花税、广告税、街道税、汽车税、娱乐税、饲养动物税等。

一、爱沙尼亚的流转税政策

爱沙尼亚的流转税政策，这里主要介绍爱沙尼亚的增值税政策和消费税政策。

（一）爱沙尼亚的增值税政策

爱沙尼亚对在境内销售商品和提供服务、从欧盟成员国购进货物和服务、进口商品和接受境外服务，均征收增值税。在爱沙尼亚开展经济业务过程中提供商品或服务的实体和个人，均为增值税的纳税人，包括外国公司的分支机构或常设机构在内。电商服务也属于增值税征税范围。

年度应税销售额或服务额超过 4 万欧元的，必须进行增值税注册登记。在欧盟成员国企业从事远距离销售，应税价值超过 35 000 欧元，则应在爱沙尼亚注册登记。纳税年度内从欧盟成员国购置应税价值超过 1 万欧元，则应在爱沙尼亚注册登记。达不到规定标准的纳税人，也可以自愿注册登记为增值税纳税人。母公司及其子公司可以申请注册为增值税集团，合并申报增值税。在爱沙尼亚没有设立企业且在境内提供应税商品或服务的，则不论其应税价值如何，都必须注册增值税。非欧盟成员国企业在爱沙尼亚境内提供应税业务，必须指定税务代理人，该税务代理人必须是爱沙尼亚的法人实体，或者在爱沙尼亚注册的外国实体的分支机构，且被税务机关认可。

扣缴增值税适用于接受境外服务且对方未在爱沙尼亚注册登记的情况。扣缴的增值税可以在申报中作为进项税抵免。在爱沙尼亚境内销售不动产、废金属、某些金属产品和黄金等，也需扣缴增值税。只从事免税业务的，无须进行增值税注册登记。

不再符合增值税登记资格的纳税人必须注销登记。如果纳税人的应税营业额低于年度登记限额，也可以要求注销，取消注册不是强制性的。税务机关可以从增值税登记册中删除未从事商业活动的应税人。

1. 增值税的税率

爱沙尼亚增值税税率有 20%、9% 和 0% 三档。

标准税率 20% 适用于所有商品或服务供应，除非特定情况适用低税率、零税率或免税。

9% 税率适用于医疗设备和残疾人专用商品、书籍（不包括教科书和工作簿）、期刊、住宿服务（不包括随服务发生的销售商品或除早餐外的其他服务）。

0% 税率适用于出口商品、向欧盟成员国出售商品、向境外提供服务、海上运输及其相关业务、空中运输及其相关业务、向位于爱沙尼亚的国际军事总部提供货物或提供服务、向北约成员国的武装部队提供货物或服务。

免税项目适用于医疗保健服务、金融服务、保险和再保险服务、教育服务、邮政服务、彩票和游戏、教育相关材料和房地产交易。

如果纳税人在提供应税活动的期间以前通知税务机关，则下列交易可以选择免征增值税（至少连续两年适用）：出租不动产（住宅除外），不动产交易（住宅除外），黄金投资，金融服务，包括存款、借贷业务、发行和管理非现金支付手段、担保、证券投资、与证券发行和销售有关的交易和行为、货币经纪和投资基金管理。

自 2018 年 5 月 1 日起，温室气体排放配额的转让视为证券，需要缴纳 20% 的增值税。保险服务和再保险服务是免税服务。从 2018 年 10 月 1 日起，任何计划建设的土地都需缴纳增值税。

2. 增值税计税的主要内容

增值税的纳税时间为商品和服务供应的时间，即货物交付或提供服务的时间与收到货款时间之中较早的。凡年营业额不超过 20 万欧元的纳税人，均可采用现金制进行增值税核算，不采用权责发生制核算。进口货物的纳税时间为货物清关的时间。

向欧盟成员国内企业出售货物，在欧盟购买方收到货物或者卖方开具发票后的次月 15 日内为纳税时间。爱沙尼亚企业接受境外应税劳务，需要进行增值税自我评估，并扣缴增值税。扣缴的增值税作为进项税额。扣缴增值税也适用于纳税人之间的某些国内交易，涉及与不动产、金属废料、黄金、冷轧或冷轧成品、烟道、排气、吸气和排水管。扣缴税款的纳税时间是提供服务的时间或付款时间中较早的时间。

爱沙尼亚进项税抵扣规定：纳税人经营活动中购进商品和服务，其进项税可以抵扣销项税。允许抵扣的进项税包括从爱沙尼亚境内购进货物和服务的增值税、进口货物已付或应付的增值税、境内企业接受境外服务扣缴的增值税。进项税抵扣必须有税务发票或海关文件支持。进口货物依据报关票据扣除进项税，发票可以是纸质发票，也可以是电子发票。

购进商品和服务用于非经营目的，其进项税不允许抵扣（如企业家购买私人用品）。此外，某些项目的进项税也不允许抵扣，如企业和员工娱乐支出、经营中使用家庭电话的费用等。但下列项目的进项税，若与经营活动有关，则可以抵扣进项税，如商务旅行的酒店住宿费、价值低于 10 欧元的商务礼品、停车费、移动电话费、旅行费用；公司汽车及其相关的维护费用，包括燃料和维修费用。但限于汽车仅为经营目的且连续使用两年以上，进项税 100% 扣除。若公司汽车在两年内也用于非经营目的，进项税的 50% 应退还给税务机关。若汽车仅为个人使用，可以扣除 50% 的进项税，且一年后可以申请转为完全经营用途。

企业购买资本性资产，虽然其使用期限为多年，但其进项税在购买资产的纳税年度中抵扣。但若在规定时间内（不动产适用 10 年，其他固定资产适用 5 年）改变用途用于非经营活动，则应调整已经抵扣的进项税。纳税人在筹建期间购入的以后用于经营目的的货物，则允许纳税人开业后抵扣进项税。纳税人注销坏账没有增值税减免。

月份终了，如果可扣除的进项税金额超过同期销项税金额，其差额可享受增值税抵免。纳税人可以选择使用增值税抵免来抵消其他纳税义务或罚款，也可以要求退款。退款在截止日期后 60 天内支付。

在爱沙尼亚既未建立企业，也未进行增值税注册登记的企业所产生的增值税，可以退税。退还增值税的条件：纳税人必须在其居住国缴纳增值税；爱沙尼亚的纳税人可以在商品进口、商品购置或服务获得时扣除增值税。欧盟成员国的企业申请退税条件：纳税人必须在居住国缴纳增值税；在商品进口、商品购买或服务接受方面，增值税按相同条件退还给其居住国的企业；当年的可退还增值税额至少为 50 欧元，超过三个月但少于一个日历年度，可退还的增值税额为 400 欧元。申请人必须在下一年的 9 月 30 日之前通过居住国的税务机关以电子方式提交给爱沙尼亚税务机关。

3. 增值税的税收征管

纳税人在境内提供商品、提供服务、出口商品，均需开具增值税发票，但零售交易一般不会需要发票。购买方凭借增值税发票才能抵进项税。自 2013 年起，可以开具电子发票。爱沙尼亚对商品出口不征收增值税，但必须有足够的证据证明货物已离开爱沙尼亚，如海关出口报关单、发票、付款证明等。提供零税率服务证据包括书面服务协议或书面意向书、发票和付款证明。

爱沙尼亚的纳税人必须每月进行增值税纳税申报，纳税申报和缴纳税款的最后时限是次月 20 日，且以欧元支付。发票信息必须在增值税申报表附录中披露：转让货物或提供服务适用的增值税税率（20% 或 9%）；在纳税期间，一个交易伙伴的发票总额（不包括增值税）至少为 1000 欧元。外国纳税人应以电子方式进行纳税申报，按季度向税务机关申报向爱沙尼亚提供的服务。申报和缴纳增值税的截止日期是季度之后的次月 20 日。

未按时足额缴纳增值税，按日支付 0.06% 的利息，并最高加罚 3200 欧元。

此外，还应以罚款为基数缴纳公司所得税，并不得在所得税前扣除。

爱沙尼亚的纳税人，若向欧盟成员国销售达到 13 万欧元或进货达到 23 万欧元，则必须填报欧盟统计报告，每月向欧盟进行申报，且必须在次月 14 日前提交。未按时上报或上报有误，将会受到处罚。

（二）爱沙尼亚的消费税政策

爱沙尼亚对烟、酒、电力、包装材料、汽车燃料在生产和进口商品征收消费税。

二、爱沙尼亚的所得税政策

爱沙尼亚的所得税政策，这里主要介绍爱沙尼亚的公司所得税政策和个人所得税政策。

（一）爱沙尼亚的公司所得税政策

居民公司指依据爱沙尼亚法律注册的公司，在爱沙尼亚有办公机构的欧洲公共有限公司和欧洲合作协会被视为爱沙尼亚税收居民。在爱沙尼亚没有常设机构的公司为非居民公司。爱沙尼亚只对分配利润征税，包括经营利润、资本利得、股利、利息和特许权使用费等消极收入在内，不进行利润分配，均不征税。该纳税规定适用于税收居民和在爱沙尼亚登记的常设机构。利润分配环节包括股利分配和视同分配，如转让定价调整、与经营无关的费用支出和付款、附加福利、赠与、捐赠和其他类似费用。依据分配利润全额征税，2019 年起，正常利润（相当于近 3 年平均股利部分）分配适用低税率 14%，超过正常利润分配部分适用税率 20%。居民公司应就其来源于境内外的收入，缴纳利润分配税，非居民公司仅就其来源于爱沙尼亚境内的所得纳税。分公司与法人公司适用同一规则征税，即分公司实际分配利润和视同分配利润，需要缴纳利润分配税。

公司进行利润分配时，需要就其利润分配前总额（通过分配利润除以 0.86 或者 0.8 得出计税基础）缴纳利润分配税，用下列来源的利润进行分配，则免征利润分配税（即参股免税）：来源于爱沙尼亚、欧盟成员国、欧洲经济区国家和瑞士的居民公司，且爱沙尼亚公司持股 10% 以上；来源于爱沙尼亚公司在欧盟成员国、欧洲经济区国家和瑞士的常设机构；来源于境外其他国家的税后股利（爱沙尼亚公司持股 10%以上）；来源于境外其他国家的常设机构（已纳其他国家所得税）。

借款费用达到 300 万欧元且达到了息税前利润（调整利息、税金、折旧和摊销后）的 30%，也需要征税。利润超过 75 万欧元或营业收入超过 7.5 万欧元的受控外国公司，也适用上述征税原则。超额借款费用和受控外国公司的应纳税额应在下一纳税年度的 9 月 10 日前缴纳。

资本利得同经营利润一样在分配时纳税。非居民公司从爱沙尼亚境内取得资本利得，征收预提税 20%。非居民出售股票或证券的资本利得免税，但若非居民连续 2 年持有公司股票、合同投资基金或其他资产池 10%以上，或者直接或间接持有房地产公司股份 50%以上，则所获资本利得征税。一家公司注销在爱沙尼亚的居民身份或停止其在境内的业务活动，则按公允价值计量的资本利得征税。

因分配股利的公司就分配总额缴纳了股利分配税，故支付股利时一般无须缴纳预提税，但若支付公司缴纳了 14%的利润分配税，则支付给个人股东的股利需要征收 7%的预提税。收到股利的公司一般无须纳税，但若减少投资额大于投资成本，或者股份赎回和清算收益的金额超过出资成本，则需要纳税。

支付利息一般不征收预提税，但向居民个人支付利息，征收 20%的预提税。向非居民投资基金所有权人支付利息，若该基金持有房地产公司 50%以上股权且该所有权人持有基金公司 10%以上股份，则征收 20%的预提税。

公司所得税的纳税年度是日历年度，纳税申报期是次月 10 日。集团内借款需要按季度向税务机关报告借款金额、借款本息余额、变更借款期限或其他重要条款等。

（二）爱沙尼亚的个人所得税政策

在爱沙尼亚具有永久居住地，或者连续 12 个月内在爱沙尼亚至少居住 183 天的个人，被视为税收居民。居民个人就其来源于境内外的所得缴纳个人所得税。非居民个人是在爱沙尼亚无永久居住地且连续 12 个月内在爱沙尼亚居住不超过 183 天的个人。非居民个人仅就其来源于境内的所得，缴纳个人所得税。

1. 计税收入

在爱沙尼亚，个人所得税征税范围包括所有来源的收入：薪金、工资、退休金、奖学金、补助金、资本利得、彩票奖金、董事费、保险赔偿金、养老金（补充或自愿性养老金）、租金、特许权使用费、贷款和融资租赁等产生的利息收入。

雇佣收入指雇主依据雇佣关系提供的现金或实物收入；包括工资、奖金等，为雇员提供的子女教育津贴，也计入收入总额。按规定获得的出差补贴和住宿费用；雇主支付的生育补贴；由于雇主裁员获得的再就业培训费；雇主支付的工伤、健康损伤等补偿，不征个人所得税。

个人经营收入是指以个人名义或注册为个人独资经济实体进行经营，自营职业或创业活动所得的收入。自2018年起，未注册为独资经济实体的个人，月营业收入不超过2.5万欧元的部分，按20%税率征税；超过2.5万欧元的部分，按40%征税。

投资收益主要包括股息收入、利息收入等。居民个人从居民企业收到的股息免税；但2018年开始，根据特殊三年分配法案，从低税率居民公司获得的股息，计入个人所得税征税范围。从非居民公司获得的股息征收个人所得税，但若该股息对应的利润已经在本国或在国外缴纳了所得税，则不再征税。

财产收入包括居民收取的租金收入和特许权使用费收入，按20%税率计算个人所得税，按租赁协议出租房屋的，税务机关将租金的20%视为成本，按租金的80%作为计税依据。

资本利得是指拥有资本资产而取得的收入。出售商业资产和出售证券取得的所得、贷款和融资租赁所得等，按20%征收个人所得税。居民取得以下资本收益不征税：个人取得的动产转让所得；在所有制改革过程中产生的归还土地和资产转让所得；转让普通住宅（超过2年）和土地（面积不超过2公顷）；转让别墅（持有超过2年且面积不超过0.25公顷）的所得。

雇主提供的股票期权在授予认股权时不征税，但转让股票期权或行使股票期权获得的收入征收个人所得税。授予与行权之间超过三年的，免征个人所得税。从居民或非居民企业领取非货币收益（如股票）时，不征税，在转让股票时按资本收益征收个人所得税。保险赔偿收入属于征税范围，但因特殊保险合同而获得保险收益和因受到犯罪分子伤害而获得的赔偿款，免征个人所得税。董事费收入、博彩收入等其他收入，不扣除任何费用，按20%征收个人所得税。

爱沙尼亚对居民的以下所得不征收个人所得税：继承的财产；直接收到其

他个人、政府、居民法人的礼物，或收到非居民个人通过居民赠送的礼物；公司或非营利组织的合并、分立、改制，或投资基金合并形成的交换所得；通过非货币投资获得或增加的公司股票；投资基金转换成投资获得的收入；个人的动产转让所得；依据政府法令转让财产而取得的补偿收入；在合法博彩机构取得的赌博所得；公司改革过程中返还的投资财产。

2. 税收扣除

爱沙尼亚居民以及来自欧洲经济区（EEA）成员国的居民（个人的 75% 应税收入来自爱沙尼亚并在爱沙尼亚申报个人所得税），可税前扣除项目如下：

提供给 EEA 成员国享受税收优惠政策的非营利组织的礼物；强制性事业保险、强制性养老金等社会保险；教育培训费用，包括对 26 岁以下的个人及家属的教育培训费、未成年人接受正规教育的学费等；向 EEA 成员国贷款机构支付的房贷利息。

在一个纳税年度内，可扣除的捐赠礼品、住房贷款利息和教育培训费用总限额为 1200 欧元或者不超过年度应纳税所得额的 50%。住房贷款利息扣除限额为 300 欧元。

基本免税额：自 2018 年开始，年收入不超过 14400 欧元的，免征额为 6000 欧元；如果超过 14400 欧元的，按（6000-6000/10800）×（收入额-14400）计算；如果年收入超过 25200 欧元的，不再享受基本免税额。此外，子女免税扣除额为每个子女 1848 欧元（自第二个孩子开始）。

如果爱沙尼亚居民收入的 75% 来自国外，则该境外收入在境内免税，此时不适用上述扣除标准。则按境内外收入所占比例计算税前基本免税额。EEA 的居民，若其应税收入的 75% 以上来自爱沙尼亚，则按境内外收入所占比例计算税前基本免税额。若其来自爱沙尼亚的应税收入不足 75%，也可按其境内应纳税收入比例申请基本免税额。

已登记注册的经营实体，可以从其经营活动收入中扣除与经营活动有关的直接费用，包括培训费用、资产处置损失（不包括证券交易损失）。如果费用仅部分直接与经营活动有关，则仅扣除直接相关的费用。业务招待费用（为客户提供的必要餐饮、住宿、交通费用）按最高不超过调整后应税收入的 2% 扣除。

3. 个人所得税税率

个人所得税统一税率为 20%。利息、工资、薪金及赡养费（抚养费）、向低税率地区非居民法人提供服务取得的收入、居民取得特许权使用费、租金，税率均为20%；向居民企业取得的服务收入、非本地运动员和艺术家从本国取得收入、取得补充和自愿资助的退休金收入，税率均为10%；从居民企业收到的股息免税；但自2018年开始，从较低税率的居民公司获得的股息或利润分配，按7%的低税率征税。

4. 遗产和赠与税

爱沙尼亚不征收遗产税和赠与税，但从非居民实体处获得的赠与，应按20%的税率征收个人所得税。

三、爱沙尼亚的其他税收政策

爱沙尼亚每年征收一次土地税，税率0.1%~2.5%，纳税时间是每年的3月31日和10月1日。爱沙尼亚没有不动产转移税，但转让不动产征收一定的费用。大货车税针对载运重型货物的车辆征收，每季度每辆大货车纳税额不超过232.6欧元。此外，爱沙尼亚还征收博彩税和印花税。地方税有广告税、街道税、汽车税、娱乐税、饲养动物税等。

爱沙尼亚社会保险仅针对企业征收，税率为33%（20%为公共养老金，13%为公共医疗保险）。失业保险金，雇主按工资总额的0.8%征收，雇员按工资总额的1.6%征收；强制养老保险金按工资总额的2%向雇员征收（1983年后出生的强制征收）。

从事经营业务的人员必须按经营净收入的33%缴纳社会保险，但最高计税依据不高于该纳税年度的社会平均最低工资额的10倍（2018年最高限额为6万欧元）。

四、爱沙尼亚的涉外税收政策

居民公司取得境外已纳税利润再分配时，满足下列条件的，不再缴纳利润分配税：居民公司取得欧洲经济区国家或瑞士的利润，或者在境外已纳税的利润；收到利润的居民公司持有境外公司10%以上股份；经营业务实际存在而不是避税架构设计。境内常设机构收到欧洲经济区国家或瑞士的利润，以及收到其他国家已纳税利润，也免征爱沙尼亚税收。在任何国家的境外已纳税，均可以在利润分配时抵免利润分配税。

爱沙尼亚没有受控外国公司规定，没有资本弱化规则，但有一般反避税规定。自2020年起，纳税人将资产转移到境外或者注销爱沙尼亚税收居民身份，则需要依据公允价值进行清算，对其资本利得征税20%。自2020年起，爱沙尼亚实施了反混合错配规则，该规则消除双边不征税情况，不承认某些情况下的免税协定。爱沙尼亚有转让定价规则，要求关联方交易遵循正常交易原则，否则，进行纳税调整。关联方指有共同利益或重大影响的各方。转让定价规则既适用于境内居民公司与境外非居民公司，也适用于境内非居民法律实体和常设机构。下列情况必须提交转让定价资料：实体的员工超过250人（包括关联方在内）；运营特定行业的实体；实体上年营业额（包括关联方营业额）超过5000万欧元；上年合并净资产在4300万欧元以上；交易一方是低税管辖权区域的税收居民。合并报表的营业额在7.5亿欧元以上的跨国企业，需要在12月31日前提交国别报告。

居民公司向境内外支付股利，均不征收预提税。向非居民支付利息，一般不征收预提税（只对超过正常市场利率那部分征收预提税）。向非居民支付特许权使用费，征收10%的预提税，但对欧盟公司和瑞士公司实行免税（满足特定条件）。对外支付租金，预提税20%。对外支付服务费，预提税10%。对个人支付款项，预提税均为20%。

爱沙尼亚已经签订了58个税收协定。爱沙尼亚对外支付股利和利息均不征收预提税。爱沙尼亚是欧盟成员国，对欧盟成员国支付股利、利息和特许权使用费，执行欧盟指令，免征预提税。

中国与爱沙尼亚协定：持股25%以上，股息预提税5%，否则，股息预提税10%，利息预提税10%（因爱沙尼亚对外支付股息和利息不征税，实质上协定的预提税只适用从中国向爱沙尼亚支付股息和利息）。特许权使用费预提税10%。分公司利润汇回不征税。持股20%以上，可以间接抵免，无税收饶让。

第五节　希腊的税收政策

希腊（Greece）主要税种有公司所得税、个人所得税、增值税、消费税、遗产和赠与税、社会保障税、社会团结税、印花税、贡献税、统一不动产税、不动产转移税、资本增值税等，希腊是以间接税为主的国家，外汇管制。

一、希腊的流转税政策

希腊的流转税政策，这里主要介绍希腊的增值税政策和消费税政策。

（一）希腊的增值税政策

希腊对在境内销售商品和提供服务，从欧盟成员国购进货物和服务，进口商品和接受境外服务，均征收增值税。增值税征收地区不包括圣山。在希腊从事经营活动过程中提供商品或服务的实体和个人，均为增值税的纳税人。

外国公司和未设立公司而在希腊从事下列业务的企业，必须在希腊进行增值税注册登记：在希腊境内销售商品；从欧盟成员国购进货物；进口货物；向境内进行远程销售（即电商销售）；向境内提供服务（未签订购买方扣缴税款协议）。未及时注册增值税会被处罚 100 欧元。

外国企业获得希腊增值税登记号后才能在境内进行应税行为。非欧盟成员国的外国企业必须指定一个税务代理人并授权其处理相关问题。该税务代理人应为希腊居民，如法人实体或会计师。增值税代理人必须遵守合规程序，并对其所代理的外国企业承担纳税连带责任。欧盟企业无须任命税务代理人即可在希腊注册增值税。

1. 增值税的税率

希腊增值税税率有 24%、13%、6% 和 0% 四档。基本税率为 24%，低税率 13% 适用于住宿服务、向宾馆提供新鲜食物、出租帐篷等；低税率 6% 适用于药品、书报杂志、剧院门票等。0 税率适用于向欧盟外出口商品和服务，向欧盟成员国出口商品和服务。免税项目包括邮政服务、金融服务、保险服务、医疗服务、保健服务、某些条件下出售和租赁不动产等。受难民危机影响的莱斯沃斯岛、希俄斯岛、萨摩斯岛、科斯岛和莱罗斯岛，其增值税税率降低 30%，即16%，低税率则为 9% 和 4%。

在出租人向税务部门提出具体要求后，经出租人和承租人同意，房地产的商业租赁可以选择缴纳增值税，而不是印花税。

2. 增值税计税的主要内容

增值税的纳税时间规定如下：商品的纳税时间是将商品交给购买者。对于需要安装的货物，纳税时间为完成安装服务的时间。提供服务的纳税时间为服务完成的时间。但若先开发票，上述情况均以开具发票的时间为纳税时间。进口货物，纳税时间为报关进口的时间。从欧盟成员国购入货物，纳税时间为将商品交还买方的时间。如果供应商承担运输义务，则纳税时间是运输开始时间。

对于年营业额不超过 200 万欧元的企业，增值税会计可以选择实行现金制，企业在纳税年度开始之前向税务机关提出申请后即能激活。实行现金会计后，只对收款部分缴纳销项增值税，只有实际付款部分，才能抵扣进项税额。向欧盟成员国提供商品，应在开具发票后，最迟在供货后的次月 15 日支付增值税。

资产租赁被视为租赁服务，纳税时间是支付租赁费的时间。若租赁协议期满，承租人取得了资产的所有权，则将其视为货物的供应，纳税时间为出售的时间。

企业外购商品和服务用于经营活动，其所支付的增值税可以从销项税额中抵扣。允许抵扣的进项税包括从境内购进商品和服务支付的增值税，进口商品支付的增值税，从欧盟成员国购入商品的增值税，反向征税服务（即代扣代缴增值税）进行自我评估的增值税。进项税额抵扣必须有税务发票或海关文件作为证明。下列项目，若与经营活动相关，则允许抵扣进项税：书籍，会议费，面包车和卡车的租赁、购买、维护，面包车和卡车的燃料，移动电话，公用事业费等。

外购商品和服务用于非经营活动（如用于企业家个人家庭使用），其进项税额不允许抵扣。有些费用支出，其进项税额也不允许抵扣，包括酒店住宿，价值超过 10 欧元的商务礼品，汽车租赁、购买和维护，汽车燃料，商业娱乐，家庭电话费，出租车，公共交通，食品，饮料和烟草等。

企业购入用于经营活动的资本性资产，其进项税额允许在当期全额扣除。但若 5 年之内纳税人的销售收入部分免税，则应对资本性资产的已抵扣进项税进行调减。

纳税人当月进项税额大于销项税额，可以结转下期抵扣，也可以申请退税。一般来说，税务审计不是申请退税的先决条件，但某些情况下，财政部会对要求退税的纳税人进行纳税审计。申请退税额不超过 1 万欧元的，不需要税务审计。企业发生坏账，一般不能调减增值税额，但作为例外，若客户遭受国内立法规定清算程序，则收到法院命令，理论上可以在征得税务机关批准后为供应商提供救济，减少增值税。但这种例外很少在实践中应用。

对既未在希腊建立，也未在希腊注册增值税的欧盟企业所产生的增值税，根据欧盟指令 2006/112/EC 和 2008/9/EC（称为"欧盟第八指令"）进行退税。希腊尚未根据欧盟第 13 号指令（第 86/560/EEC 号指令）的条款向欧盟以外的企业退还增值税，但挪威和瑞士的企业除外。挪威、瑞士或欧盟的企业可以要求希腊退还增值税，其金额与希腊纳税人相同。退款申请若获得批准，则应在回复期限到期后的 10 个工作日内退款。否则，向申请人支付延期退款利息。

3. 增值税的税收征管

增值税纳税人通常应为所有应税交易（包括出口和向欧盟成员国供货）提供增值税发票。对于零售交易，应开具零售收据。根据欧盟第 8 号指令，有效的原始增值税发票是抵扣进项税或退款的证据，即发票内容应符合希腊法律的要求，才有资格作为抵扣进项税额的有效证据。增值税贷项凭证可以用于销货退回和折让而减少的增值税。贷项通知单可与原始增值税发票交叉印证。在某些情况下收取增值税有误，可以仅针对增值税金额开具信用发票。

出口商品或向欧盟成员国提供商品，不收取增值税。但需要真实证据证明货物已离开希腊。可接受的证据包括：对于出口，需要出口文件副本，供应商为出口商、运输商签发的提货单，销售发票和银行付款证明；对于欧盟成员国内供应，需要提供一系列商业文件，如发货单、提货单和付款证明。

自 2015 年 1 月 1 日起，向非应税客户提供电信、广播和电子服务适用新规则。在希腊成立的企业可以开具纸质发票或电子发票。开具电子发票，可以多种方式保护原产地的真实性和内容的完整性。

希腊增值税申报规定：如果纳税人采用复式会计账簿，则按月申报增值税；如果纳税人采用单项会计账簿，则按季度申报增值税。申报和缴纳增值税的截止日是下月的最后一个营业日。若纳税人当期应交增值税总额超过 100 欧元且能及时提交申报表，纳税人可以选择分两期等额缴纳应交增值税。第一期应在提交申报表当月的最后一个工作日之前完成，第二期应在下月最后一个工作日之前完成。如果纳税人已中止业务活动并已向税务部门申报中止业务，且没有增值税返还，增值税申报表必须通过希腊财政部的电子系统以电子方式提交。希腊没有增值税集团申报规定。

纳税人申请并注册为"特殊制度下的小型企业"后，上一个纳税年度内不含增值税的营业额不超过1万欧元的，免于增值税申报和缴纳义务。1万欧元的门槛不包括处置资本资产或提供免税商品或服务。新注册的公司也可以申请特殊计划，应用此特殊制度，需要向税务局注册处提交相关声明。

未按时进行增值税申报或申报有误，将会受到处罚：逾期未缴纳增值税处以100欧元~500欧元的程序违规罚款。如果未能开具发票，或者开具或接受发票不正确，则处以相关差额的50%的罚款。如果提交的增值税申报表不正确或未提交增值税申报表，则应处以50%的罚款。如果未进行注册的情况下开始经营业务，则应处以营业过程中应纳税额的50%的罚款。上述行为，还应按日征收0.73%的欠款利息。

希腊纳税人在欧盟内部的交易额或购买额超过某些阈值，则应填写欧盟增值税统计报告。对于2018年，购进货物或服务达到15万欧元，销售货物或服务达到9万欧元，则必须每月通过希腊统计局的网站以电子方式申报，截止日期是年度结束后次月的最后一个工作日。申报错误会产生100欧元的罚款。

（二）希腊的消费税政策

希腊对烟、酒、成品油、天然气、电力和咖啡在生产和进口环节征收消费税。

二、希腊的所得税政策

希腊的所得税政策，这里主要介绍希腊的公司所得税政策和个人所得税政策。

（一）希腊的公司所得税政策

居民公司指在希腊依法成立的公司、在希腊有注册地点的公司，以及实际管理机构在希腊的公司。居民公司就来源于境内外所得纳税，非居民公司仅就其来源于境内的所得纳税。公司所得税24%，分公司与法人公司适用同一税率。船运公司从量征收船舶吨税。

资本利得视同经营所得一并纳税，但自2020年1月1日起，持股达到10%以上且持股期在2年以上，出售股权的资本利得免税；出售上市公司股票，仍然征收0.2%的交易税。在境内无常设机构的非居民出售股权利得，不纳税。股利收入有参股免税：股利收入来自同一集团内部，收款人持股10%以上且持股期超过24个月，股利支付者非来自避税地。经营亏损后转5年，不可以前转，股权变动超过33%且50%以上的业务发生变更，则停止后转。希腊没有集团合并申报规定。

确定应税所得额时，允许从总收入中扣除的费用必须是与经营活动相关的费用，且符合正常交易原则。税法中没有限定使用哪种存货计价方法，由企业自行选择。一旦选择某种计价方法，至少保持4年不变。按照应收账款期限长短计提的坏账准备，准予扣除。逾期超过12个月的应收账款不到1000欧元的，可以计提100%的坏账准备；应收账款在1000欧元以上的，逾期12个月~18个月，可以计提50%的坏账准备；逾期18个月~24个月，可以计提75%的坏账准备；逾期24个月以上的，可以计提100%的坏账准备。自2020年起，单一债权人的应收账款达到300欧元的，每一纳税年度计提坏账准备不得超过5%。

企业应申报固定资产折旧率：建筑物、设施、非工业装置、仓库和特殊车辆，4%；采矿用地和采石场，5%；飞机、火车和轮船等公共交通工具，5%；机械设备（除个人电脑和软件外），10%；个人交通工具，16%；货物运输设备，12%；无形资产和特许权使用费，10%；电脑和软件，20%；用于科技研究的设备40%；其他固定资产，10%。价值在1500欧元以下的固定资产，可以在开始使用时一次性税前扣除。

公司所得税的纳税年度是日历年度，每月按照会计利润预缴所得税，次年6月30日前进行年终汇算清缴。没有按时报税，处罚100欧元~500欧元。少纳税款达到应纳税额的5%~20%，按照少纳税额的10%进行处罚；少纳税款达到应纳税额的20%~50%，按照少纳税额的25%进行处罚；少纳税款达到应纳税额的50%以上，按照少纳税额的50%进行处罚。除上述处罚外，对于迟缴纳税款还按月加征0.75%的利息。未按时征收预提税的，征收50%的罚款。

（二）希腊的个人所得税政策

居民个人就其来源于境内外的所得，缴纳个人所得税。非居民个人仅就其来源于境内的所得，缴纳个人所得税。居民个人是指在希腊有住所，或无住所但一年内在希腊实际居住时间超过 183 天的个人。非居民个人是指在希腊无住所且一年内实际居住未超过 183 天的个人。

1. 计税收入

在希腊，个人所得税的计税收入主要包括雇佣收入和退休金收入、经营收入、资本收入和资本利得。

雇佣收入和退休金收入，雇主向雇员以现金或实物定期支付的薪金、工资、津贴、退休养老金、股票薪酬和其他形式等，均纳入个人所得税征税范围。公司提供给雇员使用的汽车、贷款、住房、股票等均应计征个人所得税。此外，雇员及亲属从公司获得的福利超过 300 欧元的，应纳入计税范围。跨国派遣员工而支付的其他款项，包括国际服务、生活津贴、教育费用、绩效奖金、员工税收补偿、其他定期发放的津贴等，均属于个人所得税征收范围。董事费收入也被视为受雇佣的就业收入。雇员取得的遣散费不超过 6 万欧元时，免征个人所得税。

雇主为员工及家庭成员支付的健康、就医等医疗保险或人寿保险费视为员工免税收入，但每年每位员工限额 1500 欧元。雇员在工作期间产生的开支，如能够证明实际发生且与经营业务相关，则不计入应纳税所得额。

经营收入指从事经营活动承担风险而取得的收入，按 33% 税率征收。

资本收入是指拥有资本资产而取得的收入。股息最终预提税税率为 15%，根据 OECD 指南，企业所有分配的利润，不论何种形式，均视为股息；利息的最终预提税率为 15%；特许权使用费的最终预提税税率为 20%。不动产所得是指不动产出租、自用等取得的现金或实物所得。个人转让上市雅典证券交易所或国外的证券交易所的股票所获利得，应缴纳 0.2% 的交易税。

资本利得是指资本资产转让形成的收益，按 15% 税率征收。一般情况下，转让上市股票或其他证券的，免征个人所得税。但 2014 年 1 月 1 日以后，转让者持有公司 0.5% 以上的股权，其转让利得适用税率 15%。出售证券造成的损失可以后转 5 年，并可抵销同一收入类别利润。

雇主提供的股票期权和限制性股票，授予时不征税，在实际行权收到收益时，按实际交易价格减授予时价值计算出应纳税所得额。

2. 税收扣除

计算个人所得税时可以税前扣除的项目，主要有以下几个方面。

除自由职业者外，工资收入、养老金收入和个人农业收入均可享受以下减除政策：如果年收入低于 2 万欧元，没有抚养子女的税前扣除额为 1900 欧元；一个子女 1950 欧元；两个子女 2000 欧元；三个及以上子女为 2100 欧元。如果收入超过 2 万欧元，则每超过 1000 欧元增加税收抵免 10 欧元。与纳税人同住的残障人士可享受 200 欧元的抵免额。

经营收入可税前扣除费用需要符合的条件：发生的费用是公司的正常经营过程中支出的；是在真实交易中发生的，交易价格公允；记录在会计账簿中且有据可查。

个人向希腊、欧盟、欧洲经济区、欧洲自贸促进协会的慈善机构、非营利组织捐赠，可按捐赠额的 10% 税前抵扣，但最高不超过个人应纳税所得额的 5%。

3. 个人所得税税率

工资收入、养老金收入、自由职业者收入、个人农业收入和个人独资企业，按 4 级超额累进税率计税，如表 3-2 所示。

表 3-2　希腊个人所得税累进税率

级次	年收入	税率
1	不超过 2 万欧元的部分	20%
2	2 万欧元~3 万欧元	29%
3	3 万欧元~4 万欧元	37%
4	超过 4 万欧元的部分	45%

雇员取得公司支付的遣散费采取累进税率，不超过 6 万欧元的，税率 0；超过 6 万欧元且不超过 10 万欧元，税率 10%；超过 10 万欧元且不超过 15 万欧元，税率 20%；超过 15 万欧元的，税率 30%。

保险金适用税率：每期固定支付的保险金，税率 15%；一次性支付保险金在 4 万欧元及以下的，税率 10%；一次性支付超过 4 万欧元的，税率 20%。

个人的经营收入的所得税税率为33%。

资本收入税率，股息、利息征收预提税15%，特许权使用费预提税20%；不动产个人所得税税率为三级超额累进税率，不超过1.2万欧元的部分，税率15%；1.2万欧元至2.3万欧元的部分，税率35%；超过3.5万欧元的部分，税率45%。

希腊个人所得税通常实行源泉扣税。年满18岁的纳税人必须以电子方式向税务机关申报应税收入和免税收入，年度纳税申报截止日为下年度6月30日。纳税金额和退税金额的最终确定，按照应纳税总额减去预缴税款、已在源头缴纳的税款、境外所得抵免额计算。

4. 遗产和赠与税

无论所有权如何，继承位于希腊的所有财产以及希腊公民位于国外的动产，均应缴纳遗产税。希腊公民及外国人向居住在希腊的个人捐赠位于希腊所有财产或国外动产，均应缴纳赠与税。在希腊境外居住10年以上的税务居民，自2010年4月23日开始，其在国外的动产免征遗产税。

遗产和赠与税的税率分为10%、20%和40%三档，适用税率高低取决于受益人与死者或捐赠者的关系，无亲属关系或远亲关系的税率高于近亲关系的税率。

希腊已经与德国、意大利、西班牙和美国签订了遗产税条约，防止双重征税。

5. 社会团结税

社会团结税是针对年收入超过1.2万欧元的个人征收的特别税，以个人收入净额为计税基础，实行2%、5%、9%和10%的四级超额累进税率。社会团结税按月扣缴，按年度在个人所得税申报表上申报。盲人、丧失80%及以上行动力的残疾人、长期失业者，免于征收社会团结税。

三、希腊的其他税收政策

统一不动产税由不动产所有者缴纳，按每平方米2欧元~13欧元从量征收。此外，从价征收附加税，自用不动产附加税0.1%，非自用不动产附加税0.55%。不动产所有权转移征收3%的不动产转移税。非居民财产的租金征收

3.6%的印花税，贷款和利息征收 2.4%的印花税。资本增加征收 1%的贡献税。

希腊社会保障税涵盖了养老保险、医疗保险和残疾津贴；根据雇员的月工资总额缴纳，雇主按 25.06%缴纳，雇员按 16%缴纳。此外，希腊的社会保险缴纳限额是 5860.80 欧元。

四、希腊的涉外税收政策

居民公司境外收入应计入应税所得额，缴纳公司所得税。但若股利收入来自非避税地的同一集团内部，收款人持股 10%以上且持股期超过 24 个月，则股利收入免税。对境外已纳税实行限额抵免。境外亏损不得冲减境内利润，除非发生在欧盟成员国或欧洲经济区国家的亏损。有受控外国公司规定。受控外国公司指由希腊居民直接或间接持股 50%以上，外国公司位于非合作地区或税收优惠地区（不包括欧盟内和欧共体内国家），外国公司收入的 30%以上来源于消极收入。

自 2019 年起，希腊税法中引入"实质课税原则"，如果某项安排没有实质业务而是基于避税目的，则不能享受相关税收优惠。希腊在转让定价指南中明确关联方指直接或间接持股另一方 33%以上股份，也包括直接或间接控制或实施重大影响的第三方。转让定价指南要求关联方交易遵循正常交易原则，按期提交国别关联报告，允许谈签预约定价。

资本弱化规则没有债务权益比例规定，但要求利息扣除不得超过息税前利润的 30%，利息在 300 万欧元以下不受限制。支付给非银行机构的利息，只要不高于希腊银行贷款利率部分，允许在税前扣除。借款用于基础设施建设且来源于欧盟成员国的借款，以及财务公司的借款，不受资本弱化规则限制。

希腊预提税规定：股利预提税 5%，利息预提税 15%，特许权使用费、技术费、管理费、咨询费及相关服务费，预提税均为 20%，但对境内外法人支付技术费、管理费、咨询费及相关服务费，不征收预提税。支付各种合同款，预提税 3%。

向欧盟成员国公司支付股利免征预提税条件：法人持股 10%以上且连续持股超过 2 年。向欧盟成员国公司支付利息和特许权使用费免征预提税条件：法人持股 25%以上且连续持股超过 2 年。若连续持股不足 2 年，由希腊税收居民提供相当于预提税数额的保证金，也可以免征预提税。

希腊已经签订了 58 个税收协定。在希腊签订的协定中，股息预提税为 0%的有：保加利亚、塞浦路斯、捷克、斯洛伐克、丹麦、芬兰、法国、德国、匈牙利等；持股达到规定比例时，股息预提税为 0 的有：奥地利、比利时、克罗地亚、爱沙尼亚、爱尔兰、意大利、科威特、拉脱维亚、立陶宛、卢森堡、马耳他、荷兰、波兰、葡萄牙、罗马尼亚、斯洛文尼亚、西班牙、瑞典、瑞士、英国、美国等。利息预提税为 0 的有英国、美国（0 税率适用于美国收款人控股在 50%以下）；利息预提税为 5%的有：阿尔巴尼亚、爱尔兰、科威特、卡塔尔、沙特阿拉伯、阿联酋等国。希腊是欧盟成员国，对欧盟成员国支付股利、利息和特许权使用费执行欧盟指令，免征预提税。故同欧盟成员国的协定税率用不上。

中国与希腊协定：持股 25%以上，股息预提税 5%，否则为 10%；利息和特许权使用费预提税均为 10%。分公司利润汇回，不征税。无间接抵免，无税收饶让。

第六节　匈牙利的税收政策

匈牙利（Hungary）主要税种有公司所得税、个人所得税、增值税、消费税、关税、地方经营税、房产税、土地税、印花税、社会保障税、金融机构特别税和环境保护税等。

一、匈牙利的流转税政策

匈牙利的流转税政策，这里主要介绍匈牙利的增值税政策和消费税政策。

（一）匈牙利的增值税政策

匈牙利对境内销售商品或提供服务、进口商品、从欧盟成员国购入商品和服务、接受境外服务等均征收增值税。购入新的运输工具和向欧盟成员国远程销售适用特殊规则。从事上述业务的实体和个人，均为增值税的纳税人。自 2015 年 1 月 1 日起，向欧盟成员国提供电信、广播和电子商务等服务，在具有永久地址或通常居住的成员国征税。

纳税人在前一个纳税年度的营业额不超过 1200 万福林，可以申请免缴增值税。豁免申请必须在前一个纳税年度结束之前提出。如果预计新业务营业额不超过每年 800 万福林，可要求豁免注册。该豁免请求必须在注册时提出。被授予免税资格后，虽然不缴纳、不抵扣、不申报，但企业仍必须注册增值税。

符合关联方资格且在匈牙利设有固定机构的集团成员公司，可以选择合并申报增值税。选择合并申报意味着在成员企业之间供应不属于增值税的征税范围，集团外的供应均应缴纳增值税。成员企业必须向税务机关提交联合增值税申报表。

在匈牙利提供商品或服务，既未成立企业也没有固定机构的外国企业，则必须注册增值税：包括向欧盟成员国提供商品或服务；从欧盟成员国购入货物或服务；进口商品；提供商品和服务不适用扣缴增值税的；远程电商销售。

反向征税制度通常适用于外国企业向应缴增值税的纳税人提供服务需要交纳的增值税，即接受服务方需要扣缴供应方应交纳的增值税。如果适用反向征税，则无须成立公司即可在匈牙利进行增值税注册。

反向征税制度也适用于境内纳税人之间的以下交易：根据建筑合同转让不动产；与不动产有关的某些服务；某些废料的供应；销售不动产可以选择反向征税；作为担保提供的货物供应；温室气体排放权交易；纳税人在清算或破产程序中提供的价值超过 10 万福林的商品和服务；谷物和金属的供应；员工租赁服务；学校合作社提供的服务。

在欧盟以外成立的企业必须任命居民税务代理人来代理企业在匈牙利进行增值税注册。税务代理人与其代表的企业共同承担增值税债务和义务。在欧盟成立的企业无须任命税务代理人，但在某些情况下，欧盟企业可能会选择任命税务代理人。

未注册为增值税纳税人，则会遭受 50 万福林的处罚。未在税务机关规定的期限内注册，则罚款加倍。自愿增值税登记适用于向非应税人员提供商品或服务（远程销售）。其他欧盟成员国的居民而不是匈牙利的居民，应税人有权选择是否在匈牙利进行增值税注册，并就供应品支付匈牙利增值税。但若交易总对价超过 3.5 万欧元，则不适用自愿注册，而是必须注册匈牙利增值税纳税人。

1. 增值税的税率

匈牙利增值税税率有 27%、18%、5% 和 0 税率四种。标准税率 27% 适用于一般销售商品和提供服务；低税率 18% 适用于基本食品、酒店服务、音乐和舞会的门票等；低税率 5% 适用于新住宅出售，药品和医疗产品，书报杂志，区域供热服务，某些表演活动和某些动物产品，禽肉、鸡蛋和牛奶，大型动物肉类。从 2018 年 1 月 1 日起，互联网服务、餐饮、非酒精饮料的增值税税率从 18% 下调至 5%。0 税率适用于向欧盟成员国出口产品和提供服务，向境外非欧盟成员国出口产品和提供服务，出口相关运输。

免税项目包括医疗服务、民间工艺美术、体育服务、教育服务、金融服务、证券出售、保险服务、邮政服务。下列项目可以选择免税，一旦选择，五年内享受免税；五年之后，可以在前一年的 12 月 31 日之前向税务机关提交再次选择免征增值税：不动产短期和长期租赁、不动产的出售和土地出售（仅用于商业地产或商业和住宅共用地产）。

2. 增值税计税的主要内容

增值税的纳税时间，一般来说为货物的供应时间或开具发票时间。对于预付款业务，收到预付款时为纳税时间。当纳税人之间适用反向征税机制时，在欧盟成员国购置货物或供应商品时，则预付款不应被视为纳税时间。匈牙利纳税人从其他欧盟成员国或第三国购买的服务采用预付款方式，则视为不含增值税金额并必须自行代扣代缴增值税。

从欧盟成员国购买货物，纳税时间为开具发票的日期，或供应发生的次月 15 日，以较早者为准。从欧盟成员国购买服务，纳税时间是提供服务的日期。欧盟货物供应的纳税时间为开出发票的日期或供应货物的次月 15 日，以较早者为准。向欧盟成员国提供服务，纳税时间为提供服务的日期。进口货物的纳税时间为接受海关申报之日。反向征税服务的纳税时间是收到发票和支付对价较早的时间。

开放式融资租赁交易（在租赁合同结束时买方可决定是否要取得租赁资产的所有权），每笔分期付款都应开具增值税发票，以开具发票为纳税时间。封闭式融资租赁交易（提前约定，买方在支付最后一期款项后自动取得资产所有权），以资产交付的日期为纳税时间，即包括增值税在内的总值必须一次性开具发票，分期付款不需要单独开具发票。

可以采用现金制会计课税的情况：符合小企业纳税人资格；在匈牙利有固定机构或有永久地址或住所；纳税年度预期交易额和实际交易额均不超过 1.25 亿福林（约合 40 万欧元）。上述符合纳税时点的交易，均应计算销项税，即销售商品和提供服务所对应的增值税。

允许抵扣的进项税是为应税经营目的购进货物和服务所支付的增值税，包括从境内购进货物和服务的增值税，进口货物征收的增值税，从境外购进服务和某些国内交易实行反向征税所自评的增值税。进项税抵扣必须附有有效的增值税发票，且在当期抵扣。进项税超过当期销项税的，可以结转下期抵扣纳税人境内其他纳税义务，或者申请退回到纳税人的银行账户。如果仅与应税业务用途有关，下列项目的进项税允许抵扣：运输，购买、租赁或租用车辆，与商业活动相关的书籍，会议费，广告费，住宿费，展览费。

不允许抵扣的进项税指购进货物或服务用于非经营目的（如用于私人用途的货物）或免税交易（如用于提供金融服务的资产）。此外，有些项目的业务支出也不允许抵扣：非企业支出，购买私人汽车，乘用车租赁费的 50%（不论实际是否为商业用途），出租车服务，50% 的汽车维修服务费用，30% 的电信服务等。

资本货物虽然使用年限较长，但购买资本货物的进项税允许在购买货物的纳税年度中扣除。如果资本货物在纳税年度内部分用于免税项目，则按比例计算出应税项目对应的进项税额允许抵扣，免税项目对应的进项税额不允许抵扣。如果免税项目部分发生变化且与特定资本资产的差额超过 1 万福林，则必须调整抵扣资本货物的进项税额。在匈牙利，土地和建筑物的调整期为 20 年，有形资本资产的调整期为 5 年。

如果每月可抵扣的进项税额超过该期间应付的销项税额，则超额进项税可以留下期抵扣。纳税人按年度提交增值税申报表，留抵进项税在 5 万福林以上，可以申请退还进项税；纳税人按季度提交增值税申报表，留抵进项税在 25 万福林以上，可以申请退还进项税；纳税人按月提交增值税申请表，留抵进项税在 100 万福林以上，可以申请退还进项税。

纳税人在筹建期间购进商品和服务，能够证明用于未来经济活动的，就可以在纳税人第一次增值税申报表中扣除筹建期间的进项税。在匈牙利，核销坏账无法收回增值税。

匈牙利对既未在境内建立，也未在境内注册增值税的欧盟企业所产生的增值税进行退税。此外，挪威、瑞士和列支敦士登的企业可以要求匈牙利退还增值税。退税申请截止日期是纳税年度结束后的 9 月 30 日。退税申请可以提交给所在国税务局，也可以提交给匈牙利税务局。匈牙利法律规定在批准之日起 75 天内付款，否则有权要求税务机关支付延期利息。

3. 增值税的税收征管

纳税人必须根据匈牙利发票规定为所有应课税商品和服务开具增值税发票，包括出口和欧盟成员国内供货。如果供应商不是在境内设立的公司且供应受制于回扣机制或供应地点在欧盟以外，则匈牙利的发票标准不适用。尽管匈牙利的增值税法允许按照欧盟指令 2010/45/EU 开具电子发票，但匈牙利税法和惯例有严格限制。

发票应在供应商品或提供服务后的 15 日内开具，欧盟内部的供应，开具发票不得晚于次月的第 15 天。若以现金或现金等价物支付，则供应商有义务立即开具发票。增值税贷项凭证可以用于销货退回和折让而减少的增值税。贷项通知单可与原始增值税发票交叉印证。贷方通知单还必须注明签发日期，更正的原因和数值以及因更正而产生的任何新项目。

出口商品和向欧盟供货不征收增值税，但必须附有货物已离开匈牙利的证据。对于出口商品，需要有出口海关批准的单一行政文件或其他出口声明的副本；对于欧盟内供货，需要有运输文件或其他可靠的证据。

一般来说，匈牙利纳税人需要按季度提交纳税申报表。但下列三类纳税人需要按月提交纳税申报表：①在成立后的前两个纳税年度内新注册为增值税纳税人；②纳税人的应交增值税额或应退增值税额存在争议的金额超过 100 万福林；③集团申报。

未获得欧盟增值税标识号的纳税人，若应交税或应退税不超过 25 万福林，可以按年进行增值税申报，但也可以选择按季度申报。

按月和按季申报增值税必须在次月 20 日之前申报并交纳。按年申报增值税应在下一年的 2 月 15 日之前申报并交纳。应交增值税额必须以福林支付。如果匈牙利纳税人同欧盟进行交易或需要在匈牙利提交国内摘要报告，则必须以电子方式提交所有纳税申报表。

逾期提交增值税申报表、欧盟内部申报表、概括性陈述或国内摘要报告的，最高罚款 50 万福林。对于其他错误（如不遵守发票规则、增值税申报单缺失或不正确，或国内摘要报告有误），罚款金额最高也是 50 万福林。逾期交纳增值税，按照匈牙利国家银行最优惠利率的两倍乘以 1/365，按天征收滞纳金。如果税务审计发现确有未交增值税，则罚款为应纳税款的 50%，并加收滞纳金。如果纳税人能够证明违约有理由，则不征收滞纳金。此外，税务机关可以根据确定的具体情况，减少或取消违约金。从 2016 年 1 月 1 日起，严重不遵守税法的"高风险纳税人"将受到更高的罚款，而比较遵守税法的"受信任的纳税人"将受到较低的罚款。

匈牙利纳税人与其他欧盟国家进行贸易，必须填写欧盟内部统计报告。对于 2019 年，从欧盟成员国进口货物到达 1.7 亿福林，向欧盟成员国提供货物达到 1 亿福林，匈牙利纳税人应在次月 15 日之前，通过匈牙利统计局的网站以电子方式进行报告归档。如若未及时提交欧盟内部报告，则最高征收 200 万福林的违约金。纳税人还必须针对商品和服务提交简要说明，包括欧盟销售清单和欧盟采购清单。迟交、丢失或不准确的统计报告等，均会受到处罚。

（二）匈牙利的消费税政策

匈牙利对汽油、酒精、烟草、啤酒、葡萄酒和香槟等在生产和进口环节征收消费税。

二、匈牙利的所得税政策

匈牙利的所得税政策，这里主要介绍匈牙利的公司所得税政策和个人所得税政策。

（一）匈牙利的公司所得税政策

居民公司指在匈牙利境内注册或实际管理机构在匈牙利的公司。居民公司应就其来源于境内外的所得纳税，非居民公司就其来源于匈牙利境内的所得纳税。自 2017 年 1 月 1 日起，公司所得税税率 9%，在匈牙利可以选择核定最低纳税额，以总收入的 2% 为纳税基数，乘以税率 9% 即为最低纳税额。若公司有从关联方借款，则最低纳税额税基提高 50%，即按总收入的 3% 计算。分公司与法人适用同一税率，分公司利润汇出，不征税。

资本利得视同经营所得征税，但已备案的股权和已备案的无形资产产生的资本利得，免税。已备案股权指持股 10% 以上，连续持股期 1 年以上，且参股后 75 天内到管理机构登记备案的股权。已备案的无形资产指处置时已经持有无形资产一年以上且取得无形资产 60 天内已在管理机构登记备案的无形资产。取得认可的证券市场上市公司的资本利得，免税。

匈牙利公司所收到利息和特许权等收入，均缴纳公司所得税。匈牙利对特许权使用费只允许税前扣除 50%，且不超过应税所得额的 50%。经营亏损后转 5 年，且每年只能抵免应税所得额的 50%，若公司股权发生重大变动（非关联方并购、业务范围发生较大变化等），则停止后转。自 2019 年起，集团公司内持股 75% 以上的关联方可以合并申报公司所得税。合并申报时，组成集团前或组成集团后某一公司的亏损抵免其他成员的应税利润时，最大抵免额为其他成员应税利润的 50%。

匈牙利应税所得额以会计利润为基础进行纳税调整。会计利润依据匈牙利会计准则核算，某些行业或企业可以依据国际会计准则核算利润。税法折旧额依据以下折旧率计算：餐厅和宾馆折旧率为 3%，工业和商业建筑物折旧率为 2%~6%，租赁建筑物折旧率 5%，汽车折旧率为 20%，工厂机器设备折旧率为 14.5%，自动化设备、环保设备和医疗设备折旧率为 33%，计算机、知识产权和电影制作设备折旧率为 50%。

公司所得税的纳税年度是日历年度，公司也可以选择更契合自身业务性质与母公司一致的时间为纳税年度，若选择非日历年度为纳税年度，应在决定后的 15 日内向税务机关报告。年度汇算清缴的最后期限是次年的 5 月 31 日。上年公司所得税超过 500 万福林的公司，依据上年纳税额分 12 个月预付本年度所得税，其他公司依据上年纳税额按季度预付所得税。

公司所得税的优惠政策有：

（1）对无形资产转让收入减半征税，但减半金额不得超过税前利润的 50%；研究开发费在正常抵扣的基础上，加计扣除 100%，而且包括境内外的研究开发支出，以及从境内关联方和境外非关联方的购入。与境内科研院所合作的项目，因对方已经扣除，故加计扣除额限于 5000 万福林。依据欧盟法律，满足以下条件，研发支出还可以享受 12 年的税收扣除：研发投资 30 亿福林以上或在不发达地区投资 10 亿福林以上；抵免的前 4 年内，公司的平均人数不低于投资前 3 年的平均人数；投资用于购买新资产、扩大现有资产、投资使得最终产品或生产工序有实质性改变。研发投资税收扣除可以冲减应税所得额的 80%，相当于将 9% 的税率降低至 1.8%。享受该优惠需要满足条件：大公司享受该优惠需要投资 60 亿福林以上，若为创造就业机会投资应在 30 亿福林以上。中小型企业享受该优惠需要投资 3 亿福林以上和 4 亿福林以上。在自由创业区投资的公司享受该优惠需要投资 1 亿福林以上。在食品卫生、环境保护、基础研究和应用研究、电影制作领域，需要投资 1 亿福林以上才能享受优惠。公司必须在投资前向财政部提交免税申请，并自我评估扣除金额。若投资相关成本和费用超过 1 亿欧元，则必须获得财政部许可。纳税人必须在投资开始运作之日起 90 天内报告其投资的完成日期。

（2）为提高能源效率进行投资和更新的税收减免。纳税人为降低能耗而进行的投资或更新，可以获得投资成本 45% 的税收减免，根据投资地区不同，最高可达 1500 万欧元。小企业可增加 20% 的免税额。中型企业可增加 10% 的免税额。税收减免适用期限为 6 年，资产至少运营 5 年，纳税人需要持有关当局签发的符合节能投资条件的证明。

（3）投资创业公司的税收减免。投资于初创公司的纳税人，在投资的前 4 年内可按照投资额的 3 倍金额冲减税前利润。每年每个初创公司税前利润最多可减少 2000 万福林。

（4）促进劳动力流动的税收减免。为了促进劳动力流动，职工宿舍购买、改造、维修和租赁等方面的支出可以冲减税前利润。

（5）电影税收减免。投资人可以从应纳税额中扣除出资额，但不得超过电影制作费用的 30%。该优惠适用于在境内进行电影制作的匈牙利公司。

（6）体育税收减免。捐赠给足球、手球、篮球、水球、冰球和排球等体育方面的各种协会、基金会等组织，在纳税人没有拖欠政府债务的前提下，捐赠额可以抵减应纳税额，但不得超过捐赠人应纳税额的 70%。当年不够抵免的，可以后转 8 年。

（7）新电影和体育税收减免。根据新规定，纳税人可以将其应纳税额的 80% 指定捐赠给特定组织。税务机关收到纳税人的税款后，将指定的金额汇给受益人。

（二）匈牙利的个人所得税政策

匈牙利的税收居民，包括具有匈牙利国籍的公民、一年内在匈牙利停留超过 183 天的欧洲经济区（EEA）国民、具有永久居留身份的第三国（非匈牙利和非 EEA）国民或具有永久居留许可的无国籍人士、仅在匈牙利拥有固定住所的外国人、主要经济利益在匈牙利的个人。虽然拥有匈牙利和其他国家的双重国籍，但在匈牙利无固定住所且停留未超过 183 天，不属于税收居民。居民个人就其来源于境内外的所得，缴纳个人所得税。非居民个人仅就其来源于境内的所得，缴纳个人所得税。

1. 计税收入

雇佣收入指雇主依据雇佣关系提供的现金或实物收入。雇主向雇员提供的下列款项免税：规定限额的教育补贴、实物健康福利等、必要的雇员差旅费、向外籍雇工提供的符合条件的租金和住房补贴。通常，雇主提供的福利应纳入征税范围，2011 年 1 月 1 日，原"实物福利"项目替换为"特定福利"和"附加福利"两个项目，按公司发放福利的内部优惠价格（非公允价值）的 1.18 倍作为税基，税率为 15%，则个人所得税按实际有效税率为 17.7%（内部优惠价格 1.18 倍乘以 15%）缴纳。另外，特定福利如个人的电话费、餐饮费，还需按税率 19.5% 缴健康税；附加福利如娱乐卡等，按有效税率 16.52%（内部优惠价格的 1.18 倍乘以 14% 的健康税税率）缴健康税。在匈牙利工作的非居民就取得的工资、薪金和其他报酬，也需要在匈牙利缴纳个人所得税。董事费收入视为雇佣收入征税。依据匈牙利签订的双边税收协定，匈牙利居民个人从协议国的居民企业取得董事费，可在协议国征税。

经营收入指由个人独立经营活动取得的收入，如经营私营企业、从事农业生产等。

投资收益是指来自匈牙利的股息、利息等，需缴纳 15% 的最终预提税。特许权使用费在扣除必要费用后按 15% 计征个人所得税。财产收入指财产租赁收入或使用收入，出租房地产所得，可以扣除折旧费。

与雇佣有关的股票期权在行权时征税。匈牙利居民公司的员工直接从国外获得股票期权，则按行权日股票市价扣除取得成本、交易成本后作为计税基础，按 15% 的税率缴纳个人所得税。来源于国外的股票期权收入，也需按 19.5% 缴纳健康税。匈牙利的雇主也可以代员工承担健康税。若股票期权收入是由匈牙利公司支付的，则该公司需预扣员工的个人所得税和社会保障税。

资本利得是指转让资本形成的收入，以转让收入扣除成本和交易费用的金额为税基，按 15%税率征收。在受监管的资本市场进行交易产生的损失，可与此类资本市场的其他交易产生的收益相抵消，此类交易包括：①匈牙利国家银行监管的交易；②在 EEA 成员国或与匈牙利签订税收协定的国家进行交易，并且匈牙利国家银行已经与交易国金融监管机构签订了信息互换协议。

其他收入是指在匈牙利税法中列明的某些特定收入，如从私人退休基金获得的应收收入（不包括养老金），从与匈牙利未签订避免双重征税协定的低税率国家获得的利息、股息或其他资本利得。

2. 税收抵免和扣除

计算个人所得税时可以税前扣除的项目，主要有以下几个方面。

家庭税收津贴主要指抚养费的税前扣除。自 2018 年 1 月 1 日起，有一个受抚养人的家庭每月扣除 1 万福林，有两个受抚养人的家庭每月扣除 1.75 万福林，两个及以上的受抚养人的家庭每月扣除 3.3 万福林。从怀孕的第 91 天起，可将胎儿视为受抚养人。税收津贴额度可在配偶或同居者之间共享。

个人从事独立经营活动的营业活动成本，可按经营收入的 10%进行扣除，也可以按税法认可的有明确记录且实际发生的费用进行扣除。

3. 个人所得税税率

个人所得税税率统一为 15%，非居民参照居民的税率计征个人所得税。

自 2017 年起，居民必须申报自己的全球收入，已婚夫妇分别申报纳税；从外国雇主取得收入的外籍人士必须在季度结束后的下月 12 天内按实际收入预交税款。匈牙利按日历年征税，年度申报截止期限为次年的 5 月 20 日。若因客观原因无法按时申报，则可提出申请，延期至 11 月 20 日提交申报表。

4. 遗产和赠与税

匈牙利对本国居民不征收遗产税，对外国居民和非居民在匈牙利境内的资产，最高按 18%的税率征收遗产和赠与税。直系亲属之间的资产转移无须缴纳遗产和赠与税。

三、匈牙利的其他税收政策

匈牙利的社会保障税包括健康税、养老金和失业保险。无论国籍如何，只要根据雇佣合同在匈牙利工作的个人必须缴纳社会保障税。但未在匈牙利注册的外国雇主雇佣第三国国民（非匈牙利、非 EEA 成员国和非达成全面协议的国家国民）可免交社会保障税。

如果非居民公司在匈牙利向境外工作的员工支付工资，或该员工在匈牙利受非居民公司雇佣，则该非居民公司应通过其在匈牙利的分支机构履行缴纳义务。如果无分支机构，非居民公司应该注册为居民公司，否则，该个人将承担全部的缴纳义务。

社会保障税按工资总额的一定比例缴纳，雇主缴纳 17.5%，雇员缴纳18.5%。此外，对资本利得、证券利息、股息按 14%税率缴纳健康税。如果一个纳税年度内，雇员医疗保险和健康税总额达到了 45 万福林，则 14%的健康税不再缴纳。

房产税最高每平方米 1100 福林，或者依据房产价值的 3.6%计税。土地税最高每平方米 200 福林，或者依据土地价值的 3%计税。印花税针对动产、不动产的转让、赠与等行为征收，住宅赠与 9%，其他赠与 18%。对各种车辆征收注册税，开采矿业需获得开采特许，并缴纳开采费。地方政府征收不高于 2%的地方经营税，临时经营活动每天最高 5000 福林。地方财产税，依据占地面积计税，最高每平方米 1100 福林，或者依据建筑物的价值计算，最高税率 3.6%。匈牙利还有金融机构特别税和环境保护税（对电力和电子产品征收）。

四、匈牙利的涉外税收政策

匈牙利公司收到境内外股利，免征公司所得税，但受控外国公司除外。受控外国公司指由匈牙利税收居民直接或间接持股 50%以上，或者拥有实际利益50%以上，境外公司所在地所得税税率是匈牙利税率的一半以下。受控外国公司的股利不适用免税政策，应计入境内税收居民的应税所得额。在匈牙利与各国签订的税收协定中，大多境外收入免征公司所得税。若税收协定中没有免税条款，则对境外已纳税实行限额抵免。匈牙利执行 BEPS 行动计划，严格限制混合错配行为。交叉持股等税务安排必须向税务机关报告。

匈牙利的转让定价指南比较严格，要求境内外的关联交易均符合正常交易原则，所有关联方均进行关联申报，可谈签预约定价。自 2019 年起，资本弱化规则以限制税前利息扣除取代了债务权益比例规定，允许扣除的净利息费用为息税前利润（调整利息、税收、折旧费和摊销等）的30%，且不超过300万欧元。

匈牙利国内法规定，对非居民公司支付股利、利息、特许权使用费和服务费，均不征收预提税。对非居民个人支付股利、利息和特许权使用费，预提税均为15%。非税收居民处置匈牙利公司股权不征税，但处置匈牙利不动产控股公司股权，征收9%的公司所得税（除非双边税收协定规定免税）。匈牙利不动产控股公司指符合下列条件之一的公司：账面价值的75%以上由匈牙利境内的不动产构成；集团公司账面价值的75%以上由境内不动产公司或者其关联公司构成。自2020年起，纳税人将境内常设机构、实际管理机构、注册的办公地点和经济活动转移至境外，按照公允价值计价对其资本利得征收预提税。若将其转移至欧盟成员国或欧洲经济区国家，资本利得可以分5年纳税。

匈牙利已经签订了83个税收协定。在匈牙利签订的税收协定中，向匈牙利支付股利预提税为0的有：伊朗、科威特、阿联酋；持股达到规定比例时，股息预提税为0的有：巴林、丹麦、格鲁吉亚、科索沃、列支敦士登、卢森堡、卡塔尔、圣马力诺、瑞士、英国等；向匈牙利支付股利预提税为5%的只有沙特阿拉伯；持股达到规定比例时，股息预提税为5%的有：阿尔巴尼亚、亚美尼亚、白俄罗斯、加拿大、克罗地亚、塞浦路斯、捷克、爱沙尼亚、芬兰、法国、中国香港、冰岛、爱尔兰、以色列、哈萨克斯坦、拉脱维亚、立陶宛、马耳他、墨西哥、摩尔多瓦、蒙古、黑山、荷兰、北马其顿、罗马尼亚、塞尔维亚、新加坡、斯洛伐克、斯洛文尼亚、南非、韩国、西班牙、瑞典、土库曼斯坦、乌克兰、美国等。从其他国家向匈牙利支付利息预提税为0的有：阿尔巴尼亚、奥地利、巴林、波黑、克罗地亚、捷克、丹麦、芬兰、法国、格鲁吉亚、德国、冰岛、爱尔兰、以色列、意大利、科索沃、科威特、列支敦士登、卢森堡、荷兰、北马其顿、挪威、阿曼、卡塔尔、俄罗斯、圣马力诺、沙特阿拉伯、斯洛伐克、南非、韩国、西班牙、瑞典、瑞士、阿联酋、英国、美国等国；从其他国家向匈牙利支付利息预提税为5%的有：白俄罗斯、中国香港、罗马尼亚、新加坡、斯洛伐克等。匈牙利是欧盟成员国，执行欧盟指令，欧盟成员国向匈牙利支付股利、利息和特许权使用费均免征预提税。故同欧盟成员国的协定税率用不上。

中国与匈牙利协定：股息、利息和特许权使用费预提税均为10%（实际上只适用于从中国向匈牙利支付股息、利息和特许权使用费），公司利润汇回，不征税。持股 10% 以上，可以间接抵免，无税收饶让。

第七节　拉脱维亚的税收政策

拉脱维亚（Iatvia）主要税种有公司所得税、个人所得税、增值税、消费税、关税、财产税、印花税、自然资源税、车辆使用税、经营用车税、博彩税、电力税和社会保障税等。

一、拉脱维亚的流转税政策

拉脱维亚的流转税政策，这里主要介绍拉脱维亚的增值税政策和消费税政策。

（一）拉脱维亚的增值税政策

拉脱维亚增值税的征税范围包括销售商品（包括向欧盟成员国出售商品和出口商品），提供服务，从欧盟成员国进口商品，从境外进口商品，非增值税纳税人从欧盟进口车辆，向欧盟成员国提供车辆，自用资产商品和服务，实行反向征税制度（即购买方扣缴增值税），向非纳税人实行远程销售（即电商销售）。从事上述行为的个人、企业和集团，均为增值税的纳税人。境外企业对消费者提供的数字服务、电信服务或广播服务，无论供应商是在欧盟内部，还是在欧盟外部，只要向拉脱维亚境内客户供应，就需要交纳拉脱维亚增值税。

在拉脱维亚，连续 12 个月营业额超过 4 万欧元的企业，应该进行增值税注册。如果企业超过了增值税注册最低限额，则必须在次月 15 日内注册增值税。此外，无论营业额是多少，企业均可以自愿进行增值税注册。

拉脱维亚企业向其他欧盟成员国的纳税人提供服务，必须进行强制性增值税登记，如果该服务被视为在该另一成员国中提供，此时，服务的接受者必须根据反向征税机制来核算增值税。纳税年度内从欧盟成员国购货超过 1 万欧元，必须注册为增值税纳税人。签订了建筑服务合同或参与了公共私人合伙项目，在进行服务之前，应先向国家税务局注册为增值税纳税人。

在拉脱维亚，下列情况下，可以进行集团注册，进行合并申报增值税：①在过去 12 个月中，至少有一个成员的增值税应纳税交易额达到 35 万欧元；②集团的每个成员都必须分别注册增值税；③每个企业只能属于一个增值税纳税集团组；④集团成员可以是同一集团的公司，也可以是外国法人在境内的分公司；⑤建立集团组的成员必须签订有效合同；⑥集团组的成员必须有可以联系的法定地址；⑦集团组各成员承担连带责任。在满足某些条件下，集团组可以实行增值税分摊。

外国企业在拉脱维亚未设立常设机构但在境内提供应缴纳增值税的商品或服务，则必须注册增值税。未设立常设机构的外国企业进行增值税注册需要提交以下文件：符合有关规定的完整申请表；注册证书的副本；企业在拉脱维亚的地址。提交申请的人必须是在公司中具有签名权的人或申请人的授权人。提交申请的人还必须出示护照或身份证作为身份证明。

外国企业可以签订书面合同任命增值税财务代表，即税务代理人。税务代理人可以代理外国企业履行以下交易：进口货物及随后向欧盟成员国提供货物；货物的进口及随后在国内销售；在拉脱维亚收到货物、存储货物，进而出口这些货物；收到欧盟成员国货物、存储货物，进而将货物出口。增值税财务代表必须出示授权书，并负责支付其所代表的非居民纳税人的增值税负债，且必须每月提交增值税电子申报表。

外国企业在拉脱维亚未设立常设机构但从欧盟成员国或其他国家购进商品或服务，一般情况下需要实行反向征税制度，即由购买方扣缴增值税。

某些国内业务，也实行反向征税制度，如木材产品及相关服务，废料及相关服务，建筑服务和建筑相关服务，手机、计算机硬件和集成电路，谷物和工业作物，原始贵金属，金属制品，电子电器等业务。

1. 增值税的税率

拉脱维亚增值税税率有 21%、12%、5% 和 0 四档。标准税率 21% 适用于所有商品或服务供应，除非有特殊规定适用低税率、零税率或免税。低税率 12% 适用于药品、医疗器械、婴儿专用产品、大众媒体及其订阅、特别为学校和大学打印的文献、向居民供暖、向自然人供应木材和燃料、住宿服务和公共交通服务等；低税率 5% 自 2020 年 12 月 31 日起执行，适用于新鲜水果、浆果和蔬菜的食品供应，包括洗涤、去皮、去壳、切割和包装但未经烹煮或以其他方式制备。0税率适用于出口商品及相关服务、国际运输、向欧盟成员国出售商品和境外旅游服务。免税项目包括教育服务和文化服务、医疗服务、金融服务、保险和再保险服务、邮政服务、健康服务和福利服务、博彩和赌博，出售二手房可以选择免税。

2. 增值税计税的主要内容

增值税的纳税时间具体分为以下几种情况：在本地供应商品或提供服务，向欧盟成员国提供商品和服务，纳税时间为货物的交付时间、服务提供时间，或者开具增值税发票的时间；收到预付货款并开具发票的，开具发票的时间为纳税时间（但与欧盟成员国交易除外）。对于符合欧盟指令2008/8/EC的新供应地规则的服务供应，在执行服务或收到预付款时应缴纳增值税。增值税发票通常必须在销售货物或提供服务15天内发出。如果交易是在长时间内连续进行的，增值税发票的签发期限不超过12个月，具体情况取决于交易类型。

从欧盟成员国购进货物，在收到货物支付货款或收到增值税发票时为增值税的纳税时间。如果月末开具税务发票，则必须在购置货物次月进行增值税纳税申报时包括这项增值税。

进口货物的纳税时间为海关放行货物流通的时间。进口增值税可以作为货物进项增值税，抵扣销项增值税。根据拉脱维亚增值税法，如果满足以下条件，可以采用反向征税机制征税，该原则应用于固定资产的进口：货物进口商是增值税纳税人，进口用于经营活动的固定资产，且已获得税务机关的特别授权/许可；货物进口商是代表另一个欧盟或非欧盟国家的增值税纳税人的税务代表，并已获得税务机关的特别授权/许可。

在拉脱维亚，企业可以自愿实行现金核算。使用现金会计，一般年营业额不超过10万欧元，特定行业营业额可以高达50万欧元，如农民。此外，如果纳税人在上一个纳税期间的交易总价值在10万欧元至200万欧元之间，则住宅房屋维护和管理服务可以自愿实行现金会计。

采用预付款项结算，所提供的商品或提供的服务应纳增值税，应在预付款所属期间申报并交纳增值税。向共同体内公司提供货物实行零税率，此时必须具有境外成员国客户的有效增值税标识号，并提供货物已实际离开拉脱维亚领土的证据。纳税人在成员国之间转移货物，则视为纳税人在欧盟内供应。租赁经营是一种服务的提供。金融租赁（在租赁期结束时将动产的所有权转移给承租人的动产租赁）被视为商品供应。

纳税人在商业经营中提供的商品和服务收取的增值税，可以抵扣其经营活动中购进商品和服务的进项税额。其差额为当期应纳增值税。

纳税人可以扣除的进项增值税，是为经营目的而购进商品和服务支付的增值税。允许抵扣的增值税包括境内购进商品和服务支付的增值税，进口货物支付的增值税，以及从欧盟成员国购进货物的增值税，外国人提供的反向征税服务以及国内反向征税服务。上述进项税额抵扣必须凭借有效的增值税发票予以证明。

可抵扣进项税指购买商品和服务用于经营活动，包括面包车和卡车的购买、租赁和租用；面包车和卡车的燃料；购买、租赁和租用汽车，包括燃料和维护费用：100%扣除，包括汽车的乘客座位少于8个并已注册为货车，专门用于经营活动的汽车；50%扣除，包括汽车的乘客座位少于8个且价值低于5万欧元（不含增值税）的非豪华车；购买、租赁和租用豪华车，包括燃料和维修费用能证明豪华车完全用于经营活动可100%抵扣；如果豪华车不能完全用于经营活动，抵扣0%；停车场、手机、广告、书籍、出租车服务，均可以抵扣。

不可扣除的进项增值税指购买商品和服务用于非经营活动，如企业家私人使用而购买的商品。某些业务支出项目若与应税业务无关，则其进项增值税不可扣除，如酒店住宿（若为非商业支出）；商务礼品（若带有公司标识的礼品，进项税可抵扣40%）；出租车服务（若为非商业支出）；商业和员工娱乐支出等。

资本货物的受益期是跨年度的，在房地产或固定资产的建设、生产或购买阶段，允许按照正常规则扣除进项税额。以后年度，根据企业提供的应税供应品比率的增加或减少调整进项税额。在拉脱维亚，资本货物调整年数：不动产，10年；生产性固定资产超过7万欧元（不含增值税），5年。调整适用于建筑、生产或购置年度后的每一年，仅占进项税总额的一小部分（不动产为1/10，固定资产为1/5）。如果比例在纳税年度内没有变化，则不进行调整。

企业在筹建期间购进的商品或服务用于以后的经营项目，则在注册为增值税纳税人之后最多15个月内购买商品或服务的进项增值税，允许抵扣。满足特定条件下，纳税人可以收回与坏账有关的增值税，但每年只进行一次。

企业进行纳税申报后，如果进项税额大于销项税额，税务机关在收到增值税申报表 30 天内将多缴的增值税结转至下一个纳税期。出现以下情况时，则税务机关将退还多付的增值税：纳税人的零税率交易和在境外具有供应地的交易的总额占 90% 以上；多付的增值税金额超过 1500 欧元，零税率交易、低税率交易和有境外供应地点的交易总额占 20% 以上；固定资产产生的超额增值税在 150 欧元以上，且纳税人要求退还增值税超额部分；多付的增值税金额超过 1500 欧元，是由于购买废金属、电子产品（例如，手机、计算机硬件、集成电路、游戏机）、谷物和工业作物而产生的；多付的增值税金额超过 5000 欧元，提供建筑服务、原始贵金属、贵金属合金和贵金属复合金属、金属产品或家用电器。

拉脱维亚对既未在境内建立，也未在境内注册增值税的欧盟成员国企业所产生的增值税进行退税。退税申请截止日期是纳税年度结束后的 9 月 30 日。纳税年度内申请人申请退税金额必须超过 50 欧元，并且申请退税所属期限在 3 个月至一年之间的金额必须超过 400 欧元。

3. 增值税的税收征管

拉脱维亚对增值税发票的开具要求是：纳税人必须在应税行为发生后或收到预付款后的 15 天内对境内提供商品和服务以及出口商品开具增值税发票。在购买方进项税抵扣发票丢失情况下，增值税贷方通知单可作为抵扣凭据。拉脱维亚允许使用电子发票。

货物出口和向欧盟成员国提供货物适用零税率，因此，必须附有证据证明货物离境，即海关盖章的出口文件或国际运输文件，例如 CMR（《国际公路货物运输合同公约》公路运输中签发的运输单据）或提货单。

在拉脱维亚，依据应税交易额大小和交易类型不同，纳税人可以按月或按季度进行增值税申报。如果上一个纳税年度或本纳税年度的应纳税交易额超过 4 万欧元，或者纳税人向欧盟成员国提供商品或服务，则必须按月进行增值税申报。如果上一个纳税年度纳税人的应纳税交易额不超过 4 万欧元，并且纳税人未向欧盟成员国提供商品或服务，则必须按季度进行增值税申报。增值税申报期限为次月 20 号，纳税申报必须通过电子申报系统提交。

拉脱维亚对小型企业，农民，旅行社，二手货、艺术品、收藏品和古董的经销商，拍卖、黄金投资和电子服务等提供特殊申报。

小型企业自愿实行特别制度，但需要符合下列标准之一：上一纳税年度的应税交易额不超过 10 万欧元；在进行增值税注册时，预计在纳税年度内不会超过 10 万欧元的应税交易。该特别制度规定，小企业以及生产农产品的纳税人，可以在收到商品或服务款项的纳税期内再缴纳增值税。但是，进项增值税只能在取得支付款项的发票期间内扣除。此外，如果交易总金额不超过 200 万欧元，超过 10 万欧元交易门槛的住宅房屋维护和管理服务供应商也可以申请此计划。

拉脱维亚增值税法为生产农产品但未注册为纳税人提供特别统一税率 14%，但不能扣除进项增值税。因此，进项增值税是成本的一部分。

在以下情况下，纳税人必须进行年度增值税申报表：纳税年度的应税交易和非应税交易的比例有变化；根据增值税法中列出的要求调整应交税款或进项税额；执行/提供了金融服务；根据包装规定，对可重复使用的包装采用了存放系统。年度申报必须在次年 5 月 1 日之前提交申报并缴纳税额。

对于未提交增值税申报表的纳税人，行政处罚为 70 欧元至 700 欧元不等。此外，税务机关可以将纳税人从增值税纳税人登记册中剔除。未申报增值税的纳税人，必须补缴未申报的增值税，并按未缴税额最高处以 30% 的罚款，以及每天 0.05% 的滞纳金。未按时缴纳增值税的处罚为每天收取 0.05% 的增值税滞纳金。

拉脱维亚纳税人与其他欧盟成员国进行贸易，必须填写欧盟内部统计报告。共同体内购买额达到 20 万欧元，需要填报 1A 表；共同体内购买额达到 300 万欧元填报 1B 表；共同体内供应金额达到 10 万欧元，需要填报 2A 表；共同体内供应金额达到 450 万欧元，需要填报 2B 表。欧盟内部统计报告需要按月申报。对于迟报或不正确的申报会受到处罚。

(二) 拉脱维亚消费税政策

拉脱维亚对酒精、啤酒、烟草制品、石油和石油产品、天然气和某些软饮料，在生产和进口环节征收消费税。

消费税税率如下。

酒精：根据酒精种类，每百升 64 欧元至 1400 欧元。

啤酒：绝对酒精含量每百升 4.50 欧元，但每百升啤酒不低于 8.20 欧元。

烟草制品：每千支雪茄或小雪茄 73 欧元。长度小于 80 毫米的香烟，每千支 67 欧元加上最高零售价的 25%，但不低于每千支香烟 99 欧元；长度在 80 毫米至 110 毫米之间的每千支香烟 134 欧元加上最高零售价的 25%，但不低于每千支香烟 198 欧元；长度在 111 毫米至 140 毫米之间的香烟，每千支香烟 201 欧元加上最高零售价的 25%，但每千支香烟不低于 297 欧元。长度超过 140 毫米的香烟，每千支香烟 268 欧元加上最高零售价的 25%，但每千支香烟不低于 396 欧元。烟丝每千克 62 欧元。其他烟草 62 欧元。

石油和石油产品：根据产品类型，每千升最高达 594 欧元。

天然气：用作加热燃料。每兆瓦小时 1.65 欧元；用作一般燃料，每兆瓦小时 9.64 欧元，

某些软饮料：每百升 7.40 欧元。

二、拉脱维亚的所得税政策

拉脱维亚的所得税政策，这里主要介绍拉脱维亚的公司所得税政策和个人所得税政策。

（一）拉脱维亚的公司所得税政策

居民公司指依拉脱维亚法律在境内注册的公司，或者依照外国法律成立但必须在拉脱维亚登记的外国分公司或常设机构。其他公司均为非居民公司。居民公司应就其来源于境内外的所得纳税，非居民公司仅就其来源于境内的所得纳税。公司所得税在实际分配利润或视同分配利润时缴纳。视同分配利润包括：非营业费用，可疑应收款项，超额利息支付额，对关联方贷款，不符合正常交易价格的关联方交易调整额，清算分配额，重组过程中转移的资产价值，境内常设机构将资产转移至境外减少的税基，混合错配金额等。公司所得税税率 20%，税基为分配金额除以 0.8。

资本利得视同经营所得同样规则征税，持股期达到 3 年的资本利得有优惠。在拉脱维亚有常设机构的非税收居民取得的资本利得不再征收预提税。在拉脱维亚没有常设机构的非税收居民取得不动产出售利得，以及出售富有不动产公司（不动产在 50% 以上）的股权利得，征收 3% 的预提税。欧盟成员国和税收协定国的公司出售不动产或出售富有不动产公司股权的利得，也可以选择征收 20% 的公司所得税。

经营亏损无限期后转，但股权变动超过 50% 时，停止后转。无合并申报规定。公司所得税纳税年度是日历年度，纳税人应于次月 20 日前申报并缴纳

税款。

(二) 拉脱维亚的个人所得税政策

居民个人指在拉脱维亚有备案登记的居住地，或在拉脱维亚停留 183 天及以上，或是拉脱维亚的公民并在国外工作的个人。除以上情况的个人为非居民纳税人。居民个人就其来源于境内外的所得，缴纳个人所得税。非居民个人仅就其来源于境内的所得，缴纳个人所得税。

1. 计税收入

雇佣收入是指雇主依据雇佣关系提供的现金或实物收入，适用三级超额累进税率。附加福利属于雇佣收入，包括雇主无偿提供的住宿和免费使用汽车等。雇主为员工提供的私人使用的汽车，除非雇主已经为该车辆缴纳了税款，否则使用者应缴纳个人所得税；根据汽车发动机容量不同，税率在 29 欧元/辆至 62 欧元/辆之间。居民和非居民的董事费收入均按照雇佣收入征税，无论其来源是居民公司还是外国公司。雇主提供的股票期权的收入，满足以下条件可以免税：持有期限超过 36 个月；持有股票期权期间，该员工受雇于发行股票期权的公司 (或关联公司)；雇主公司如实向税务机关报送个人所得税法相关资料。若不符合上述条件，个人在行使股权期权时，需按照雇佣所得缴纳个人所得税。另外还需要缴纳社会保障税。计税基础为行权的市价减去获得期权的成本的差额。

经营收入指从事经营活动承担风险而取得的收入；应纳税所得额等于总收入减去准予扣除的费用。在特定领域从事经营活动的个人，如花卉、美容美发服务等，可选择按照 50 欧元至 100 欧元的固定金额纳税，而不按收入计算缴纳个人所得税和社会保险费。领取养老金的个人从事经营活动的，可按每年 17 欧元或每半年 9 欧元的优惠低税额缴纳个人所得税。

投资收益的具体项目包括：股息及与股息有关的收入、利息及与利息有关的收入、私人养老基金捐赠的收入、寿险合同收入及累积的资金、投资者授权管理金融工具带来的收入、投资账户的收入。对于居民和非居民投资收益 (资本利得除外) 按 20%税率计征个人所得税。

租金收入，若在规定期限内向税务机关登记且该业务未发生大量的经营费用支出，则按 10%的税率征收个人所得税。博彩收入，若一个纳税年度内博彩收入超过 3000 欧元，则按与雇佣收入相同的累进税率计征个人所得税。

投资外国实体产生的收入，在低税率国家投资实体取得的所得，不论是否分配给投资者，均征收个人所得税。资本利得适用税率20%，按照资产处置价格减购置价格之差计算税基。在公司清算时，资本利得为清算收入与投资成本之差。转让以下项目属于资本利得，应按规定缴纳个人所得税：股份、对合伙企业的投资及其他金融工具，投资基金和其他可转让公司债券，债务证券如公司本票、定期存单和短期债务工具及其他货币工具等，房地产（特殊情况除外），公司实体，知识产权，黄金等贵金属投资，货币交易所或货物交易所的交易标的等。

房地产销售符合以下条件之一的，免税：①个人持有房地产超60个月，并且房地产出售前至少12个月是户主的居住地；②持有该房产超过60个月，并且是个人拥有的唯一房地产；③个人仅拥有土地登记册上的房地产，该房地产出售后12个月内重新购置功能相似的房地产。

2. 税收扣除

个人在纳税申报时可扣除个人负担的社会保障税。如果个人在欧盟（EU）或欧洲经济区（EEA）成员国缴纳了社会保障税，在这些国家缴纳个人所得税时未扣除已经缴纳的社会保障税，则在拉脱维亚缴纳个人所得税时还可以扣除。

个人可以税前扣除的费用主要包括：私人养老基金和人寿保险的投保费用及累积缴费额，但其扣除金额不得超过当年应纳税所得额的10%且每年不超过4000欧元。医疗保险或意外事故保险费用和非累积人寿保险的投保费用，这些保险的扣除限额为年度应纳税所得额的10%且每年不超过426.86欧元。医疗费用、专业教育费用、向慈善组织或政府进行的公益性捐赠，扣除限额为年度应纳税所得额的50%且每年不超过600欧元。

拉脱维亚个人所得税的免征额随着收入不同而不同，从每月0欧元到200欧元不等。对于月收入不足440欧元的个人，免税额为200欧元；月收入440欧元至1000欧元的，免税额会进一步降低；月收入超过1000欧元的，免税额为0。

抚养费扣除，父母抚养的每个孩子每月可扣除200欧元。可税前扣除抚养费的抚养对象不包括失业者、父母、祖父母和其他家庭成员，除非这些人是残疾且没有领取国家养老金。从2018年7月1日开始，符合以下条件之一的，200欧元的免税额可以适用于失业配偶：①有一个3岁以下的受抚养子女；②有三个及以上的 18 岁或 24 岁以下的孩子，其中至少一个孩子小于 7 岁，这些孩子正在接受基础、专业、高等或特殊教育；③有 5 个 18 岁或 24 岁以下的孩子，并且这些孩子都在接受专业、高等或特殊教育。

税收抵免，在国外缴纳的个人所得税可以抵免在拉脱维亚境内缴纳的税款，抵免限额为依据境内税法计算的应纳税额。如果拉脱维亚居民在欧盟、欧洲经济区或与拉脱维亚签订双重征税协定的国家或地区取得就业收入，在工作地已经缴纳了个人所得，则在拉脱维亚该收入无须申报纳税，因为税务机关会自动进行税务信息交换。但在其他国家工作的居民必须按规定进行纳税申报。

非居民不能税前扣除医疗和教育费用，但不包括欧盟、欧洲经济区成员国的居民（纳税年度从拉脱维亚取得占总收入超 75%）。

可税前扣除的个体经营费用包括材料、货物、燃料和能源的成本、薪金、租金、固定资产的修理和折旧以及其他成本。此外，获取知识产权发生的费用也可以税前扣除，但要符合扣除标准。个体经营亏损可以后转 3 年。

3. 个人所得税税率

雇佣收入和经营收入实行三级超额累进税率，如表 3-3 所示。

表 3-3　拉脱维亚雇佣所得累进税率

级次	月收入额（欧元）	年收入额（欧元）	税率
1	1667 以下	20004 以下	20%
2	1667.01~5233	20004.01~62800	23%
3	5233 以上	62800 以上	31.4%

注：拉脱维亚个人所得税级距每年随着物价指数调整，表中级距是 2020 年的数据。

拉脱维亚以日历年为纳税年度，雇主必须在发放薪金时代扣代缴个人所得税和社会保障税。每个纳税人都有一个单独的税号，纳税年度结束后，必须在下一年度的 3 月 1 日至 6 月 1 日之间提交年度纳税申报表；如果年收入超过 6.28 万欧元的，必须在下一年度的 4 月 1 日至 7 月 1 日之间提交年度纳税申报表。在纳税年度终了前，永久离开拉脱维亚的非居民，必须在停止收入的 30 天内提交年度纳税申报表。如果年度应纳税所得税额超过 640 欧元，则可在下一年度的 6 月 16 日、7 月 16 日和 8 月 16 日分三次等额支付。季度资本收益低于

1000 欧元的，可在下一年度的 1 月 15 日前提交资本收益纳税申报表；超过 1000 欧元的，应在季度结束后的下月 15 日前提交资本收益纳税申报表。

4. 遗产和赠与税

拉脱维亚不征收遗产和赠与税，非亲属之间赠与价值超过 1425 欧元的财物，需缴纳个人所得税。合法继承人收取的特许权使用费应缴纳个人所得税。主管机关可对进出海关的遗产计征关税，税率从 0.125% 至 7.5% 不等。

三、拉脱维亚的其他税收政策

拉脱维亚社会保障税由雇主和雇员分别按月工资的 24.09% 和 11% 缴纳。社会保障税计税收入基数是以 5.5 万欧元为限；但收入超出 5.5 万欧元的部分要征收团结税，税率与社会保障税的税率一致。在境内没有永久居住权，但连续 12 个月内在境内停留超过 183 天的非欧盟成员国公司雇佣的外国雇员，每季度按工资总额的 32.72% 支付一次社会保障税。

拉脱维亚财产税的征税对象包括土地、建筑物和工程建筑。税率 0.2% 至 3%。对未耕种的农田、破坏环境和危害人身安全的建筑物，按 3% 的税率征税。自然人拥有的不用于商业活动的工程建筑及附属物免征财产税。用于居住的房屋和公寓，房产价值低于 56915 欧元的，税率 0.2%；房产价值在 56915 欧元至 106715 欧元之间的，税率 0.4%；房产价值超过 106715 欧元，税率 0.6%。对于位于首都里加的不动产，若未进行不动产注册登记，则业主必须向市政府缴纳 1.5% 的财产税。

注册公司和取得各种许可等，需要缴纳印花税 1%~2%。开采自然资源的公司，需要缴纳自然资源税。自然资源税税率依据资源的具体情况而不同。公司取得车辆用于经营活动时缴纳经营用车税，以后每年缴纳一次车辆使用税。对博彩活动的组织者征收博彩税。对供电企业征收电力税。

四、拉脱维亚的涉外税收政策

居民公司应就其取得的境内外收入纳税，对境外已纳税，实行分国别限额抵免。拉脱维亚没有受控外国公司规定。

拉脱维亚的转让定价指南基于 OECD 转让定价规则，要求境内外的关联交易均符合正常交易原则，并进行关联申报。2018 年 1 月 1 日起，年度关联方跨境交易金额超过 500 万欧元且纳税人的净营业额超过 5000 万欧元，或者关联方年度跨境交易金额超过 1500 万欧元，纳税人必须在次年内向税务机关提交税基侵蚀和利润转移主文件和本地文件。转让定价信息披露必须与企业所得税申报表一起提交。如果预计年度关联交易超过 143 万欧元，允许谈签预约定价。

资本弱化规则适用于关联方贷款、关联方担保贷款和关联方融资租赁。资本弱化规则有两个条件：年度利息支出超过 300 万欧元的公司，利息支出不超过息税前利润的 30%；债务权益比例为 4：1（不包括银行和保险公司）。超过规定的利息支出不允许税前扣除。拉脱维亚境内、欧盟成员国和欧洲经济区国家，以及税收协定国等官方金融机构的借款不受资本弱化规则限制。

拉脱维亚对非居民支付股利、利息、特许权，均免征预提税。支付管理和服务费，预提税 10%；租金，预提税 5%；处置不动产的利得，预提税 2%。对黑名单地区支付股利、利息、特许权、管理费、租金、服务费、处置不动产的利得，预提税均为 20%。

拉脱维亚已经签订了 62 个税收协定。拉脱维亚对外支付股利、利息和特许权使用费等，均免征预提税。在拉脱维亚共和国与各国签订的税收协定中，持股达到规定比例时，向拉脱维亚支付股利预提税为 0 的有：塞浦路斯、中国香港、立陶宛、卡塔尔、塔吉克斯坦等；向拉脱维亚支付股利预提税为 5% 的有：北马其顿、阿联酋等；持股达到规定比例时，向拉脱维亚支付股利预提税为 5% 的有：阿尔巴尼亚、亚美尼亚、奥地利、阿塞拜疆、比利时、保加利亚、加拿大、中国、克罗地亚、捷克、丹麦、爱沙尼亚、芬兰、法国、格鲁吉亚、法国、希腊、匈牙利、冰岛、爱尔兰、以色列、意大利、塔吉克斯坦、韩国、吉尔吉斯斯坦、卢森堡、马耳他、墨西哥、黑山、荷兰、挪威、波兰、俄罗斯、塞尔维亚、新加坡、斯洛文尼亚、西班牙、瑞典、土库曼斯坦、乌克兰、英国、美国、越南等；向拉脱维亚支付利息预提税为 2.5% 的是阿联酋；利息预提税为 5% 的有：保加利亚、格鲁吉亚、科威特、北马其顿和卡塔尔等。拉脱维亚是欧盟成员国，执行欧盟指令，欧盟成员国向拉脱维亚支付股利、利息和特许权使用费均免征预提税。故同欧盟成员国的协定税率用不上。

中国与拉脱维亚协定：持股 25% 以上，股息预提税 5%，否则，股息预提税 10%。分公司利润汇回，不征税。利息和特许权使用费预提税均 10%。持股

10%以上，可以间接抵免，无税收饶让。因拉脱维亚对外支付股息、利息和特许权使用费均免税，实质上，协定的股息、利息和特许权使用费预提税只适用从中国向拉脱维亚支付款项。

第八节　波兰的税收政策

波兰（Poland）的现行主要税种包括公司所得税、个人所得税、增值税、消费税、关税、社会保障税、财产税、财产转移税、资本税、印花税和金融机构税等。

一、波兰的流转税政策

波兰的流转税政策，这里主要介绍波兰的增值税政策和消费税政策。

（一）波兰的增值税政策

波兰对境内销售商品或提供服务、适用反向征税的服务、进口和出口商品、从欧盟成员国购入商品和服务、在欧盟共同体内提供商品等均征收增值税。以下业务不属于增值税征税范围：不受法律保护的交易、企业出售、雇佣合同等。从事应征收增值税业务的个人和实体，均为增值税纳税人。

在前一纳税年度或预计下一年度，纳税人提供商品或服务的营业额超过20万兹罗提，必须进行增值税注册。如果纳税人是在日历年度开始后进行的经营，则增值税注册的门槛按比例适用于该年度的剩余时间。未达到20万兹罗提营业额标准的，可以申请免于增值税注册。完全从事免征增值税业务的纳税人可不进行增值税注册。即使是营业额未达到规定标准，纳税人均可自愿注册为增值税纳税人。

增值税注册门槛不适用于货物和服务的进口，也不适用于由购买方承担纳税义务，从欧盟共同体内获得的商品和服务。无论营业额大小，以下情况必须进行增值税注册：供应贵金属的企业，供应某些需征收消费税产品的企业，供应新交通工具的企业，供应建筑物或建筑用地的企业，提供法律、咨询和专业服务的企业，提供与珠宝相关服务的企业。此外，外国企业也不适用增值税注册门槛。集团中各关联方成员必须单独进行增值税注册，不允许集团作为一个整体进行增值税注册。

非欧盟企业在波兰注册增值税之前，必须任命波兰居民为税务代理人。税务代理人对委托人的欠税负有连带责任。不强制欧盟企业任命税务代理人，但企业也可自愿任命税务代理人。

反向征税制度通常适用于：在波兰无固定机构或经营场所的外国企业向波兰纳税人提供的服务、销售的货物，当地供应易受欺诈影响的货物（如铁合金、塑料废料、玻璃废弃物等）、某些设备（如交易净额超过 2000 兹罗提的手机、笔记本电脑等）。纳税人有义务提交适用于反向征税制度的货物和服务的概括性说明。2017 年 1 月 1 日起，反向征税制度适用于纳税人之间提供的建筑服务（例如住宅和围栏的建筑、混凝土浇筑、钢结构搭建等），买方应为增值税纳税人。

向注册为增值税纳税人的企业提供电子、电信和广播服务的，供应地以购买方所在地确定；为非增值税纳税人提供服务的，供应地由客户所在地、居住地或永久居住地确定。

既未成立企业也没有固定机构的外国企业，如果在波兰提供商品或服务，必须进行增值税注册。但如果外国企业从事以下服务，则不需要注册增值税：适用于反向征税制度，购买方需要对服务和货物进行核算和缴税的业务；提供某些零税率的服务（如在波兰海港提供的国际运输服务、为外国航空运输提供的空运交通管制服务及与货物进口有关的运输服务）。

1. 增值税的税率

波兰增值税税率有 23%、8%、5% 和 0 税率四种。标准税率 23% 适用于一般销售商品和提供服务；低税率 8% 适用于乐器，某些食品，书籍、报纸和杂志，地图，旅店服务，某些娱乐服务，客运服务，旅游服务，药品，供水，农业相关服务，其他被许可的与休养有关的服务，供应、建造、修理和重建社会保障房。低税率 5% 适用于未经加工的基本食品、农业和林业产品、书籍和某些杂志。0 税率适用于出口，欧盟内供应货物，提供某些帆船、国际运输及相关服务，提供给教育机构的计算机设备。

免税项目主要包括：金融服务（有例外情况），房地产供应（可选择征税），医疗服务，社会福利服务，公共邮政服务，教育，住宅租赁，文化和体育比赛，与科学相关的服务，牙科工程，博彩业。对可选择征税项目，如房地产的供应，纳税人可选择放弃免税，而缴纳增值税。

2. 增值税计税的主要内容

增值税的纳税时间，一般是货物交付或提供服务的时间。对于预付款业务，收到预付款时为纳税时间。进口货物的纳税时间为产生关税的时间；但进口加工、临时清关、海关监管下加工产品的，纳税时间为货物入关的时间。

欧盟内购买货物或供应货物的纳税时间为开具发票时间，最迟不超过业务发生的次月 15 日。提供进口服务，如果适用于反向征税制度，由服务接受方自我评估计算和缴纳增值税。在纳税义务发生的当月（或当季度）内，服务接受者可以将反向征收的增值税作为进项税进行扣除。

持续提供服务的，纳税时间为每年年末，直至该服务完成。如果提供的服务期限不超过一年，则纳税时间为该服务完成之时。如果双方就服务约定了清算或款项支付期限，则纳税时间为每个期间结束之时。

在波兰，最高营业额不超过 120 万欧元的企业，可采用现金制会计。租赁资产的纳税时间为开具发票时间。波兰对经批准出售或退回的货物，无特殊的纳税时间的规定。

允许抵扣的进项税是为经营活动而购进货物和服务所支付的增值税，包括从境内购进货物和服务的增值税，进口货物和从欧盟共同体内采购货物所征收的增值税，从境外购进服务和某些国内交易实行反向征税所自评的增值税。进项税抵扣必须附有有效的增值税发票，可抵扣金额在发票上详细注明且在当期抵扣。

如果仅与应税业务有关，下列项目的进项税允许抵扣：广告费，购买或租赁载重量大的客车、货车和卡车，上述车辆的燃料（如汽油、柴油、丙烷和丁烷），载重量低的乘用车（如果仅用于应税活动的，可按 100% 抵扣进项税，但同时用于应税活动和私人用途的，只能按 50% 抵扣），差旅费，会议费，商务礼品，咨询服务，用于经营业务的移动电话和家庭电话。

不允许抵扣的进项税指购进货物或服务用于非经营目的（如用于企业经营者私人用途的货物）。此外，有些项目的业务支出也不允许抵扣，如餐费、个人消费和酒店住宿等。

资本货物是指在企业中使用年限超过 1 年的资本性支出，购买资本货物的进项税允许在购买货物的纳税年度中扣除。如果资本货物在纳税年度内部分用于免税项目，则按比例计算出应税项目对应的进项税额允许抵扣，免税项目对应的进项税额不允许抵扣。如果在调整期内免税项目部分发生变化，或是资本货物用于非应税项目，或资本货物被注销的，则必须调整抵扣的进项税额。但购买的价值低于 1.5 万兹罗提的资本货物和无形资产，无须调整。在波兰，房地产的调整期限是 10 年，有形资本资产的调整期是 5 年。

一般情况下，如果每月可抵扣的进项税额超过该期间应付的销项税额，则超额进项税可以留下期抵扣。纳税人也可直接申请退税，退税期限为：增值税纳税申报表提交之日起 60 日内；纳税人在相关期限内未从事应税业务的，自增值税纳税申报表提交之日起 180 日内。纳税人在提出申请，并提交增值税纳税申报表所列示的发票等证据或提供担保的，满足一定条件的，退税期限将被缩短为 25 日和 60 日。

纳税人在筹建期间购进商品和服务，能够证明用于未来经济活动的，在一定条件下，可以作为进项税抵扣。增值税纳税人发生坏账核销并取得相关证明的，可以申请调整增值税。如果应收账款协议或发票规定的付款期满 150 天后，仍未收到款项的，可确认为发生坏账损失。

波兰对既未在境内设立且未在境内注册增值税的欧盟企业，根据欧盟 2008/09 号的规定办理退税。未在境内设立的非欧盟企业，根据欧盟第 13 号规定进行退税但需要满足条件：必须在设立时进行了增值税注册；不得在境内提供应税供应品（适应于反向征税制度的供应品除外）；该企业所在国应与波兰签订了税收互惠协定。增值税退税申请截止日期是纳税年度结束后的 9 月 30 日，申请退税的周期最短为一个季度，最长周期为 1 年。申请周期少于 1 年的，最低申请退税额为 400 欧元；按年度申请的，最低申请金额为 50 欧元。税务机关在收到退税申请后的 4 至 8 个月内办理退税，否则，纳税人有权要求税务机关支付延期利息。

3. 增值税的税收征管

纳税人必须根据波兰税法规定为所有应课税商品和服务开具增值税发票，包括：除免税交易以外的所有应税供应品、出口货物、欧盟共同体内供应、适应于反向征税制度的供应、三方交易（有中介参与的交易）和远程销售等。如果企业仅提供免税商品和免税服务，则不需要开具增值税发票。向不从事商业活动的个人销售货物，可以不开具增值税发票，除非个人要求开具发票。

如果发票出现以下情况之一的，需要开具贷项通知单（更正发票）：出现销售返利或折让，销售价格上调，发票的价格、税率、税额或其他要素出现错误。贷项通知单必须开具给原来持有增值税发票的人。在波兰，可根据欧盟指令 2010/45/EU 开具电子发票。

出口商品和向欧盟供货不征收增值税，但必须附有货物已离开波兰的证据。对于出口商品，需要有单一行政文件（SAD）或出口海关批准的其他出口声明的副本；对于欧盟内供货，需要有运输文件或其他可信的证据。

在波兰，增值税纳税申报表采用电子方式按月提交。纳税人应在纳税义务发生后的次月 25 日内，提交增值税纳税申报表并计算缴纳增值税。小规模纳税人可以按季度提交增值税纳税申报表。小规模纳税人是指年度应税价值不超出 120 万欧元（经纪公司不超过 4.5 万欧元）的纳税人。小规模纳税人适用于特定的纳税时间，在收到交易款项时才发生纳税义务。波兰不要求提交年度增值税纳税申报表。

增值税计算错误、逾期提交增值税申报表或逾期支付增值税，处罚规定如下：①逾期提交增值税纳税申报表的，如被认定为个人责任，该个人将被处以罚款，情节严重的将受到刑事处罚。②纳税人少报增值税应纳税额或多报进项税额的，按少报税额的 30%处以罚款。③少报应纳税额不超过 20%且及时改正并补足税款的，免于处罚。④开具虚假发票的，按虚开额的 100%处以重罚。⑤未交增值税的滞纳金，按波兰国家银行利率的 200%进行征收。

波兰纳税人与其他欧盟国家进行贸易，欧盟内供货超过 200 万兹罗提，或从欧盟内采购超过 300 万兹罗提，必须填写欧盟内部统计报告。如果纳税人营业额未超过规定门槛（欧盟内采购不超过 4200 万兹罗提或欧盟供货不超过 7600 万兹罗提的），则不需要填写内部统计报告。内部统计报告必须在次月 10 日内提交给海关备案。内部统计报告必须以电子方式提交，税款必须用兹罗提结算。逾期、遗漏或申报不准确的，将处以罚款。

在欧盟注册增值税纳税人的个人，如果在欧盟共同体内提供货物的供应和采购，并且提供服务时，被认为提供服务的地点为客户所在地的，则必须提供欧盟销售清单（ESLs）。无论交易额大小，只要发生交易就应该提交欧盟销售清单；无交易发生，则无须提交欧盟销售清单。欧盟销售清单应按月（或按季）

采用电子或纸质方式提交，提交截止日为次月的 25 日，如果采用纸质方式提交，必须在月（或季）的次月 15 日内完成。逾期、丢失或不准确地提交欧盟销售清单的，均会受到处罚。

（二）波兰的消费税政策

波兰对生产、销售、进口和共同体内部购买应税货物征收消费税，包括香烟、酒、能源产品（如成品油、煤炭、天然气）、客车和电力等。

消费税的计税方法可分为四种：计税基数的百分比，每单位数量，最高零售价的百分比，每单位数量和最高零售价的百分比。

消费税税率如下。

汽车汽油的消费税是每千升 1540 兹罗提。

乘用车的消费税税率：发动机容积不超过 2 升，3.1%；发动机容积超过 2 升，18.6%。

煤炭的消费税税率：每吨原煤 30.5 兹罗提，每吨褐煤 11 兹罗提，每吨焦炭 35.2 兹罗提。

除上述规定外，波兰的消费税法律规定有免税制度及 0 税率。在特定情况下，适用于特定货物，如用于燃料或加热以外目的的特定能源产品。

二、波兰的所得税政策

波兰的所得税政策，这里主要介绍波兰的公司所得税政策和个人所得税政策。

（一）波兰的公司所得税政策

居民公司指注册办公地点或管理机构在波兰的公司。居民公司就来源于境内外的所得纳税，非居民公司只就来源于波兰境内的所得纳税。公司所得税税率 19%，分公司与法人适用同一税率，分公司利润汇出不征税。自 2019 年起，实施创新箱计划，对研发收入产生的利润适用 5% 的税率。营业收入在 200 万欧元以下的小企业，适用 9% 的税率。

资本利得与经营所得分开计算，资本亏损只能抵减资本利得，不能抵减经营所得，但资本利得与经营所得适用同一税率 19%。资本亏损可以后转 5 年，但每一个纳税年度亏损抵免额不得超过所产生亏损的 50%。居民公司发放股利源泉扣缴 19% 的预提税，居民公司取得境内股利收入，不再计入应税所得额纳税。但若直接持股 10% 以上且持股期 2 年以上，居民公司获得的股利免征预提税。股票赎回不适用参股免税规定。不超过 500 万兹罗提的经营亏损，其 50% 可以在 5 年内的任何一年抵减。

母公司与其直接控股 75% 的子公司可以申请一个"资本组"进行集团申报。构成"资本组"的条件：①组内所有公司的平均资本不低于 500 万兹罗提；②资本组最短持续 3 年；③在税务机关注册备案且无拖欠税款；④集团整体利润率不低于 2%，且均为境内公司。

在计算应税所得额时，无形资产和特许权的成本超过息税前利润的 5% 部分，不允许税前扣除，但可以后转 5 年。固定资产折旧费采用直线法计算，允许税前扣除，特定情况下，也可以采用双倍余额递减法计算。税法规定的折旧年限为：建筑物 1.5～10 年，办公设备 14 年，办公家具和汽车 20 年，计算机 30 年，厂房和设备 4.5～20 年。无形资产摊销年限 1～5 年。研究开发费加计扣除 50%。

纳税年度必须是连续 12 个月，通常为日历年度。公司需要依据会计利润按月预缴公司所得税，次年 3 月 31 日前汇算清缴。未按时缴纳税款，需要缴纳利息和罚款。

（二）波兰的个人所得税政策

居民个人是指个人利益或经济利益（重要利益中心）在波兰，或在一个纳税年度内在波兰居住超过 183 天。居民个人就其来源于波兰境内外的所得，缴纳个人所得税。不符合居民个人条件的自然人为非居民个人。非居民个人仅就其来源于境内的所得，缴纳个人所得税。

1. 计税收入

雇佣收入，主要包括工资、奖金、加班工资、奖品、带薪休假应休未休的补偿、雇主为雇员支付的其他款项以及免费享受的福利，支付方式无论是现金还是实物，均应纳入所得税征税范围。

个人取得的雇佣收入税前扣除标准每年最多 85528 兹罗提。2018 年创新活动可税前扣除的适用范围包括开发计算机程序、研发、视听音像和新闻作品等。雇主为居民或外籍雇员的 18 岁及以下子女提供的教育津贴、向雇员提供的额外医疗费用，应缴纳个人所得税和社会保障税。雇主提供的股票期权，一般情况下在行权日征收个人所得税，按行权日公允价值与实际行权价格之差作为计税基础，税率为规定的累进税率。若雇员获得税收协定国家公司、欧盟（EU）和欧洲经济区（EEA）的成员国的股票期权，行权时可以免税。

个人经营所得的计税基础是从事自营活动的收入减去可扣除的费用差额。个人经营活动所得与其他收入一起按累进税率征税。特殊情况下，个体经营所得可按固定税率 19%征税。房地产租金收入一般按累进税率纳税，租金不超过10 万兹罗提的，按 8.5%征税；租金超过 10 万兹罗提的，按 12.5%征税。农业活动和林业活动所得，原则上不征税。

支付给居民的董事费收入与其他收入一起，按税法规定的税率征税。但支付给非居民的董事费，需要按 20%的税率计征预提税。

投资收益，包括在波兰取得利息收入、投资基金产生的收入、股息、个人银行存款利息，应按 19%的税率纳税。原则上，均实行源泉扣税。

资本利得，包括出售房地产、股票等形成的利得，按 19%征税。出售房地产取得收入减去购买价格和其他交易费用后的差额作为计税基础，按税率 19%计征个人所得税。在购置或建造房地产的下一年开始计算，持有满 5 年后出售的，免税；其他不动产从取得或建造的月末开始计算，持有满 6 个月再转让的，免税。在两年内将不动产转让所得用于购买另一不动产，相关交易不再征税。

2. 税收扣除

个人在计算所得税时，可以按要求扣除一些免税额。非居民可以扣除的免税额比较少。

免税所得主要包括：符合条件的社会保障收入，如殡葬补贴、社会福利；财产保险和人寿保险赔偿金；奖学金；25 岁以下子女的抚养费，儿童的护理和社会津贴；法院判决的赡养费，每月不高于 700 兹罗提的抚养费或赡养费；一定数额以下的游戏或彩票中奖。向慈善组织进行公益性捐赠，不超过年度应纳税所得额 6%的部分可在税前扣除。不超过 760 兹罗提的互联网接入费用，可在连续两年内扣除。

父母收入不超过规定数额的，两个以内的孩子，每个孩子每月可以扣除的抚养费为 92.67 兹罗提；第三个孩子，每月可扣除的抚养费增加到 166.67 兹罗提；第四个孩子开始，每增加一个孩子每月可扣除 225 兹罗提。

经营费用扣除指个体经营者可扣除纳税年度内与实际取得的个人独立性活动收入有关的合理的成本和费用。个体经营活动中某项应税项目发生的亏损只能用该项应税项目取得的所得进行弥补。亏损可以后转 5 年，每年实际弥补金额不得超过可弥补亏损的 50%。亏损不允许前转。

3. 个人所得税税率

波兰的个人所得税实行超额累进税率，具体情况如表 3-5 所示。

表 3-5　个人所得税超额累进税率表

应纳税所得额（兹罗提）	税率	速算扣除系数
不超过 8000	18%	1440
超过 8000 至 13000 的部分	18%	883.98×（征税基础−8000）÷5000
超过 13001 至 85528 的部分	18%	556.02
超过 85529 至 127000 的部分	32%	556.02×（征税基础−85528）÷41472
超过 127000 的部分	32%	0

波兰对个体经营所得有不同的征税方式，个体经营活动所得和其他收入一样，可按上述累进税率计征个人所得税。某些情况下，个体经营活动可选择采用 19% 的固定税率纳税。此外，若上年个体经营所得不超过 25 万兹罗提，可采用一次性征税方式，税率为 3% 至 20%。

非居民取得利息、版权、商标和专利等特许权使用费，应按 20% 缴纳最终预提税。

波兰以日历年为纳税年度，在下一年度 4 月 30 日前，纳税人必须提交纳税申报表，并汇算清缴。

4. 遗产和赠与税

继承或接受赠与位于波兰的财产或在波兰使用的财产，应缴纳遗产和赠与税。对于位于波兰境外的财产和财产权，如果被继承人或接受赠与人在继承或受赠时是波兰国民或波兰的长久居民，也需在波兰缴纳遗产和赠与税。若继承人和受赠人是非居民，且赠与人也为非居民且无波兰公民身份，即使财产位于波兰境内，也无须缴纳遗产和赠与税。

遗产和赠与税实行累进税率，从 3% 至 20% 不等，取决于接受者与捐赠者或被继承人之间的亲疏关系。特殊情况下，捐赠者或被继承人的近亲可以免交遗产和赠与税。

三、波兰的其他税收政策

波兰财产税针对土地和建筑物征收，从量计税。经营用地每平方米缴纳财产税 0.89 兹罗提，经营用房每平方米财产税 22.86 兹罗提。财产转移税针对将财产用于出售、抵押贷款和捐赠等不缴纳增值税的行为。办理授权委托书、政府颁发证书、授权许可，需要缴纳印花税。注册资本增加，需要缴纳资本税 0.5%，某些并购重组交易，免征资本税。波兰对银行、保险公司、贷款金融机构等，每年征收一次金融机构税。金融机构税税率 0.44%，银行以总资产扣除 40 亿兹罗提为计税依据；保险公司以总资产扣除 20 亿兹罗提为计税依据；贷款金融机构由总集团统一纳税，以总资产扣除 2000 亿兹罗提为计税依据。地方政府针对国内经营活动的各种凭证，征收经营活动税，税率 0.1%~2%。

社会保障税由雇主和雇员共同承担，以雇员工资总额为基数，按以下税率计征：退休保险 19.52%，雇主和雇员各负担一半；伤残保险，雇主负担 6.5%，雇员负担 1.5%；疾病保险 2.45%，由雇员自己负担；根据雇主业务类型不同，负担的工伤保险为 0.67% 至 3.33% 不等，由雇主全部负担。计算退休保险和伤残保险最高基数不超过波兰全国平均月工资的 30 倍（2018 年为 133290 兹罗提）。

健康保险的每月保险费率是应纳税总额的 9%。在强制参保情况下，应纳税总额等于个人总收入减去社保金雇员缴纳部分。在自愿参保情况下，应纳税总额由被保险人申报但不得低于企业前一个季度公布的平均薪酬。健康保险费可以从个人应纳所得税中扣除，但扣除额限于应纳税总额的 7.75%。

四、波兰的涉外税收政策

居民公司来源于境外的收入与来源于境内的收入一样，征收公司所得税，但可享受外国税收限额抵免。满足参股条件的居民公司取得欧盟成员国公司/欧洲经济区公司（持股 10% 以上且持股期 2 年以上）和瑞士公司（持股 25% 以上且持股期 2 年以上）取得的股息，免征公司所得税。来源于无参股免税国家的股利收入，缴纳波兰公司所得税，对股利在境外已纳税实行间接抵免，其他境外收入依税收协定抵免。对有参股免税规定国家的股利收入，只有当持股75%以上且持股期2年以上时才实行间接抵免。经过税务机关综合判定，若为不能反映经济事实的避税交易，则不能享受参股免税。受控外国公司指波兰母公司直接或间接持股50%以上，公司位于波兰和欧盟均未签订税收协定的地区或者黑名单地区，主要取得消极收入的公司（33%以上收入为股利、利息、担保、智力资产和特许权）或境外常设机构。受控外国公司在海外实际纳税低于依据波兰税法应纳税的差额，应在波兰缴纳。

波兰的转让定价指南比较严格，要求境内外的关联交易均符合正常交易原则，进行国别关联申报，可谈签预约定价。关联方既包括直接或间接持股25%以上的关联方，也包括有重大影响的关联方。纳税人将资产或经济业务转移至境外，需要依据公司价值计算处置利得在波兰纳税。

自2015年1月1日起实施新的资本弱化规则，允许税前扣除的利息费用为息税前利润的30%，利息费用在300万兹罗提以下，不受限制。资本弱化规则适用于直接或间接持股超过25%的关联方贷款、关联方担保贷款和第三方贷款。没有抵扣完的利息费用允许后转5年。自2019年起，波兰强制披露规则要求披露：交叉持股安排、跨境税务安排、国内税务安排、所得税和增值税安排。

对非居民支付股利，预提税19%。对非居民支付利息、特许权使用费和服务费，预提税20%。在波兰签订的大部分税收协定中，服务费不征收预提税。支付海运和空运服务费，预提税10%。分支机构利润汇出，不征收预提税。自2019年起，波兰加强了预提税管理：对于不超过200万兹罗提支付额，要求提交收款人税收居民身份证明，并严格审查受益人资格；对于超过200万兹罗提的支付额，需要先缴纳预提税，满足协定低税率条件的额，再申请退还。

执行欧盟母子公司法令免征股息预提税条件：母公司所在国就境内外所得纳税；母公司持股10%以上且持股期2年以上；支付股利公司能提供税务机关要求的所有资料。执行欧盟利息和特许权法令免征预提税条件：付款方为在波兰有永久设施的公司，收款公司有义务就全球所得纳税，直接持股、被持股或被同一母公司持股25%以上，且持股期2年以上。付款公司能提供税务机关要求的所有资料。自2019年起，波兰实施了更加严格的反避税规定，限制没有实质业务利用欧盟指令减除预提税的行为。

波兰已经签订了84个税收协定。在波兰与各国签订的税收协定中：股息预提税为 0 的只有马来西亚；持股达到规定比例时股息预提税为 0 的有：比利时、塞浦路斯、丹麦、爱尔兰、科威特、卢森堡、马耳他、挪威、新加坡、瑞士、阿联酋、英国等；股息预提税为 5% 的有：捷克、黎巴嫩、卡塔尔、沙特阿拉伯等；持股达到规定比例时股息预提税为 5% 的有：阿尔巴尼亚、阿尔及利亚、奥地利、波黑、加拿大、智利、克罗地亚、爱沙尼亚、芬兰、法国、德国、冰岛、以色列、韩国、拉脱维亚、立陶宛、墨西哥、摩尔多瓦、荷兰、北马其顿、罗马尼亚、斯洛文尼亚、南非、西班牙、瑞典、塔吉克斯坦、突尼斯、乌克兰、美国、乌兹别克斯坦、塞尔维亚、黑山等。

利息预提税为 0 的有：法国、西班牙、瑞典、美国；利息预提税为 5% 的有：亚美尼亚、奥地利、比利时、塞浦路斯、捷克、丹麦、芬兰、以色列、科威特、黎巴嫩、卢森堡、马耳他、荷兰、挪威、卡塔尔、沙特阿拉伯、新加坡、斯洛伐克、阿联酋、英国、瑞士等。波兰是欧盟成员国，执行欧盟指令，欧盟成员国向波兰支付股利、利息和特许权使用费均免征预提税。故同欧盟成员国的协定税率用不上。

中国与波兰协定：股息和利息预提税均为 10%，机器设备租金预提税 7%，其他特许权使用费预提税 10%。分公司利润汇回，不征税。持股 10% 以上，可以间接抵免，无税收饶让。

第九节　罗马尼亚的税收政策

罗马尼亚（Romania）主要税种有公司所得税、个人所得税、增值税、消费税、关税、建筑物税、土地税、建设税、印花税、环境税和社会保障税等。

一、罗马尼亚的流转税政策

罗马尼亚的流转税政策，这里主要介绍罗马尼亚的增值税政策和消费税政策。

（一）罗马尼亚的增值税政策

罗马尼亚对境内销售商品或提供服务、进口货物、从欧盟其他成员国进口商品、在境内从欧盟或非欧盟成员国取得企业对企业（B2B）应税服务项目等，均征收增值税。增值税纳税人是指在经营活动过程中独立提供应税货物或服务的单位或个人。

罗马尼亚境内的增值税纳税人，凡年营业额达到 30 万列伊（相当于 88500 欧元），应当进行增值税纳税人登记（此限额只适用于在境内注册设立的企业）。不满足条件的纳税人可以自愿选择登记。未进行增值税纳税人登记的，应当在年营业额实际达到或超过登记限额的次月前 10 日内申请增值税纳税人登记。

罗马尼亚允许纳税人进行增值税合并纳税。根据规定，同时符合下列条件的纳税人，至少 2 年可以成为合并纳税主体：①在罗马尼亚成立；②不属于其他合并主体；③采用相同的纳税期间；④同一股东直接或间接持股 50% 以上。

在境内从事经济活动的纳税人，应在境内进行增值税纳税登记。在境外从事经济活动但在境内构成常设机构的纳税人，被认为拥有足够的技术资源和人力资源从事相关经营活动，故应在境内申报纳税。若在境内无固定经营场所，则不需要进行纳税申报。未进行商业登记的纳税人若开展以下经营活动，应进行增值税登记：①从欧盟采购商品；②在罗马尼亚销售欧盟成员国商品；③将自有商品从境外转移至境内；④从欧盟进口半成品至境内加工，但未完工又返回境外；⑤年营业额超过 3.5 万欧元的远程销售；⑥出口商品。

在境外从事经营活动但在境内有固定经营场所的纳税人，在接受增值税纳税服务前，或通过固定经营场所向欧盟成员国提供增值税纳税服务前，应在罗马尼亚进行增值税登记。在境内从事经营活动但未进行增值税登记的纳税人，若在欧盟其他成员国提供应税服务或接受欧盟其他成员国服务，均应在罗马尼亚进行增值税登记。未在罗马尼亚进行商业登记或增值税登记的纳税人，若在罗马尼亚从事进口货物、从事经营活动、出租不动产，可以申请成为增值税纳税人。

反向征税（即对付款方征税）主要包括以下交易：①欧盟内部的采购或服务；②未在罗马尼亚注册的纳税人向已在罗马尼亚注册为增值税纳税人提供货物或服务；③进口；④在当地销售特殊商品的，如粮食、有色金属废料、木材，以及二氧化碳排放权转让等；⑤已经登记注册的增值税纳税人向其他增值税纳税人销售电力等能源，转让不动产；⑥向已经登记注册的增值税纳税人销售投资性黄金、供应半成品黄金；⑦已登记注册的增值税纳税人之间销售手机、笔记本电脑、平板电脑、游戏机或其他有集成电路的设备。

未办理税务登记的非欧盟企业在境内发生增值税应税行为时，应当指定税务代理人。欧盟成员国的增值税纳税人可以指定代理人，也可在境内直接进行增值税纳税人登记。

大中型规模的纳税人未按期进行登记将被处以 1000 列伊至 5000 列伊的罚款，其他纳税人将被处以 500 列伊至 1000 列伊的罚款。未按期提交增值税纳税申报表，将按 1000 列伊至 5000 列伊进行额外罚款。自愿增值税登记适用于在境内有经营场所，但未超过增值税登记门槛的纳税义务人。未在境内注册登记为增值税纳税人的，如果从事货物进口、销售或租赁需缴纳增值税的房地产，可以选择注册为增值税纳税人。

1. 增值税的税率

自 2017 年 1 月 1 日起，罗马尼亚增值税标准税率为 19%。另有低税率 9% 和 5%。标准税率 19% 适用于一般商品和服务。低税率 9% 适用于：除假牙外的假体和附件，整形外科产品，药品，食品，农业生产的种子、肥料及向农业部门提供的服务，灌溉用水和饮用水。低税率 5% 适用于：①书籍、报纸、杂志和学校手册；②酒店住宿服务及类似服务，包括出租露营用地；③ 餐饮服务（不含酒精饮料）；④博物馆、城堡、电影院、动物园、植物园及运动赛事等的门票；⑤ 销售公益性住房（包括相关土地）。公益性住房指面积在 120 平方米以下且不含增值税价值在 45 万列伊以下的住房，且符合以下两个条件：一是房屋售出后可正常使用；二是每栋房屋附着的土地面积不超过 250 平方米。

免税的产品或服务主要包括：境外维修的设备再进口，进口电力和通过特定管道输送的进口天然气。在罗马尼亚年营业额低于 88500 列伊且未选择采用标准程序征税的，可以免征增值税。可进项抵扣的免税商品与服务包括：出口商品、与商品出口直接相关的运输服务和其他服务、国际客运、特殊情况下欧盟内部的商品销售。不可进项抵扣的免税商品和服务包括：特定银行业务与金融业务；保险和再保险；医疗服务；教育；不动产的特定租用、特许经营、租赁或出租；旧的建筑出售（除非行使选择纳税权）。

纳税人可以选择向主管税务机关申请放弃免税待遇，就不动产的特定租用、特许经营、租赁或出租以及旧建筑的出售缴纳增值税。

2. 增值税计税的主要内容

增值税的纳税义务发生时间为货物发出时或提供服务时。但以下情况例外：欧盟内部的采购或免税商品销售，纳税时点为：开具销售发票的当天，开具自用发票的当天，应税行为发生的次月的 15 日，上述三个时点较早者。连续提供服务的，如电信服务、供水服务等，为合同规定的最后一天或开具发票之日。持续服务的付款期限不得超过 1 年。

按预付方式销售商品或服务的，以收到预付款的当天为纳税时点。采用分期收款方式销售商品（包括不动产），纳税时点为商品移交时（除非已经先开具发票或先收到款项）。

自 2014 年 1 月 1 日起，纳税人可以选择收付实现制缴纳增值税。不适用收付实现制的纳税人主要包括：合并纳税主体中单个组成企业、不在境内成立但直接或通过代理人在境内进行了增值税登记的纳税人、在境外开展经济活动但在境内设有固定场所的纳税人。免征增值税的商品或服务销售、关联方之间的商品或服务销售、用现金结算的商品或服务，也不能采用收付实现制。

纳税义务人从境外取得特定服务时适用于反向征收机制，境内购买方要在增值税申报表中计算应交增值税。如果不能从境外取得销售发票，购买方必须在销售发生的次月 15 日前开具"自用发票"。进口货物的纳税义务发生时间与关税一致。

在欧盟内部购买或销售商品（服务），纳税人在开具销售发票或自用发票时产生增值税纳税义务，或者在销售发生的次月 15 日到期时产生增值税纳税义务。租赁资产的纳税义务发生时间为合同约定的付款期限，若开票日期或收到预付款时间早于合同约定时间，应当在收到发票或收到预付款项时确认纳税义务。

允许抵扣的增值税进项税额是指纳税人购进用于应税项目的商品或服务并取得合规的发票。可抵扣的进项税额，包括从境内购买商品或服务所支付的增值税，进口商品支付的增值税，自行估算的反向征税服务、在欧盟内部购买商品及某些适用反向征税特定交易产生的增值税。与应税项目有关的下列进项税允许抵扣：广告、住宿、会议、购买及租赁车辆、公务差旅费用。购买重量不超过 3.5 吨、载客人数少于 9 人的客运车辆，允许在 50% 的限额内进行扣除。

不能抵扣的进项税额包括：用于个人用途的商品或服务、购进单位价值超过 100 列伊的商务礼品、酒精和烟草（用于应税产品或服务的除外）。用于免税项目的进项税不能抵扣，同时用于增值税应税项目和免税项目的进项税可以按比例进行扣除。

2013 年 3 月 14 日起，财政收据上的增值税进项税也允许抵扣，但必须注明消费者的增值税编码，并且含增值税的购买价值低于 1000 欧元时，方可抵扣。

增值税进项税额超过销项税额的部分，金额达到 5000 列伊的可以申请退还；低于 5000 列伊的可申请抵扣以后期间的应纳增值税。增值税退税申请可 4 年内提出，税务机关必须在 45 天至 90 天内处理。若申请退税额小于 4.5 万列伊，税务机关可以先进行退税，再执行审核程序。若在退税期限届满时税务机关未处理退款或赔偿要求，纳税人有权获得逾期付款的利息。

纳税人在进行纳税登记前的应税活动，在其从事经济活动的连续五年内，享有抵扣增值税的权利。

购入资本货物，包括需进行折旧的固定资产、用于生产或出租的建筑物和土地；还包括不动产的建造和改良。资本货物的进项税可在获取的年度进行抵扣。抵扣金额取决于资产的用途或用于免税项目的情况。符合抵扣条件的资产改变用途后，需要对已抵扣的进项税进行调整：不动产改造或现代化占建筑价格 20%以上的，适用年限 20 年；其他资本化产品适用 5 年。如果每个资本货物的调整金额低于 1000 列伊，则不应调整与资本货物有关的增值税进项税额。

企业重组，在法院判决之日起进行坏账核销；企业破产，则在法院判决破产程序结束之日，允许进行坏账核销。在罗马尼亚坏账核销无法收回增值税。

既未在境内设立机构也没有进项增值税登记的企业，也可以申请退还增值税。在欧盟成立的企业，根据欧盟第 9 条退税条例规定，进行相应的退税。未在欧盟成立的企业，根据欧盟第 13 条规定进行退税。退税申请截止日期是纳税年度结束后的 9 月 30 日。根据欧盟退税条例申请退税，应在申请人所在国提交申请和相应文件。税务机关一般在 4 个月内处理退税申请。非欧盟成立的企业申请退税，应在纳税年度结束后的 9 个月内提交。税务机关一般在 6 个月内处理退税申请。自 2016 年 1 月 1 日起，税务机关延迟退税的，纳税人可按日收取万分之二的利息。

3. 增值税的税收征管

纳税人提供应税商品或劳务，应当开具增值税发票。开票有误的，可开具冲销发票冲销原有发票。冲销发票应印有冲销金额，并在冲销金额前用负号标记。冲销发票的信息与原发票一致，并可交叉比对。

2013年1月1日起，遵从欧盟2010第45号法令，在罗马尼亚允许开具电子发票。电子发票通过技术手段保障其真实性和完整性。

罗马尼亚对出口商品免增值税，但为了满足可抵扣进项税额的免税条件，销售方需要提供离境证明：销售发票、海关提供的出关证明、在电子报关手续下海关出口处出具的出口通知书，或纸质报关手续下行政文书第三联的复印件，且文书背后有海关核准证明。

用外币结算的交易，应按照罗马尼亚央行或欧洲央行公布的汇率折算为列伊，然后计算增值税。非采用收付实现制的情况下，应采用纳税义务发生之日的汇率进行折算。

自2015年1月1日起，向非增值税纳税义务人提供电信、广播和电子化服务（B2C）的销售地规定开始生效。罗马尼亚销售方应向非增值税纳税义务人开具发票。

下列销售行为，若客户不要求，则免于开具增值税专用发票：包括零售商店向社会公众销售商品或服务的，必须开具财政收据；向未注册为增值税纳税人的法人或个人提供服务，在没有指定消费者的情况下需要出具法律凭证，如根据车票或订货单运输乘客或货物、用票观看演出、参观博物馆、电影院、观看体育赛事、参观展览会等；向未注册为增值税纳税人的客户提供货物和服务，并且无法识别具体的消费者是谁，如自动售货机出售货物、停车场缴费、预付充值的电话卡等。

2017年12月31日，罗马尼亚实行增值税单独账户制度。自2018年1月1日起，有超过纳税截止期60个工作日的重大未清偿增值税税款的纳税人，从超期的次月起申请增值税独立账户登记。小微企业若选择适用增值税单独账户制度，可享受5%所得税减免优惠。

缴款制度的运行机制，适用增值税单独账户机制的供应商每开具一张发票，购买方会相应支付两笔款项：①一笔发生在常规银行账户，代表货物或服务的实际价格。由收款方的一般银行账户出具账单。②一笔发生在增值税账户，代表与货物或服务相关的增值税。由收款方的增值税账户出具账单。

未将增值税账户告知收款人的按2000列伊至4000列伊进行罚款。未能在7

个工作日内更正错误的付款情况，自错误付款发生日起 30 个工作日内更正的，处以每天 0.06% 的滞纳金；超过 30 个工作日还未更正的，将被处以每天 10% 的滞纳金。如果增值税账户发生不符合法律规定的扣款情况，如提取现金且未在 30 个工作日内进行更正的，将被处以不合规扣款金额 50% 的罚款。

在罗马尼亚，年营业额不足 10 万欧元的纳税人必须按季度进行增值税纳税申报，自 2009 年 5 月 1 日起，如季度申报纳税人需从欧盟内部采购商品或劳务，则自动转成按月申报。其他纳税人应按月进行增值税纳税申报。增值税申报和缴纳日期为次月 25 日。2010 年 11 月 25 日起，大中型纳税人必须以电子申报方式申报增值税，相关申报表必须由纳税人进行数字签名认证。在境内登记的增值税纳税人必须按月提交补充信息表，该表应包括报告期内该纳税人与其他已登记的增值税纳税人之间在境内发生的采购与销售交易。

可以采取特殊纳税申报的情况包括：年营业额不足 88500 欧元的小微企业，可以免于申报；旅行社所计算增值税的基础为毛利润的；销售二手商品、艺术品、收藏品和古董，计税基础为销售的毛利润；销售、欧盟内部采购及进口投资性黄金的可免征增值税，相关中介服务机构也可免征增值税；在境外成立的纳税人向非增值税纳税人提供电力供应服务。

自 2016 年 7 月起，无论有无交易，纳税人应在申报期的次月 30 日内提交补充信息表。未按规定提交的，大中型纳税人将被处以 1.2 万列伊至 1.4 万列伊的罚款，其他纳税人将被处以 2000 列伊至 3500 列伊的罚款。未按期支付增值税税款也将导致罚息（按日加收滞纳税款的 0.02%）和滞纳金（按日加收滞纳税款的 0.01%）。另外，自 2016 年 1 月 1 日起，如纳税人不申报应缴税额或错误申报应缴税额，导致税务机关核定征收的情况下，每逾期一天，应缴纳 0.08% 的特别不申报罚金。

在任何纳税期间，如果纳税人在欧盟内部销售或采购货物，则应当向罗马尼亚增值税征收机关提交欧盟销售和采购清单。自 2010 年 1 月 1 日起，对于在欧盟设立的纳税人，也需要提交在共同体内进行销售或采购的清单。如果纳税人没有在欧盟内部销售或采购商品或服务，则不需要提交上述清单。纳税人在欧盟内部销售或采购商品，或提供符合条件的服务，应按月在交易发生次月 25 日前提交上述清单。未按时提交清单的，将被处以 1000 列伊至 5000 列伊的罚款。提交的金额不正确或不完整的，将被处以 500 列伊至 1500 列伊的罚款。如果主动在下一次提交日期前主动纠正错误的，则免于处罚。

（二）罗马尼亚的消费税政策

罗马尼亚消费税的征税范围包括酒精和酒精饮料、烟草制品、能源产品（如无铅汽油、柴油、天然气、煤炭）和电力，经加热的烟草制品，通过加热产生可吸入的气溶胶，而无须燃烧烟草混合物，使用电子设备吸入的含有尼古丁的液体（如电子香烟）。

消费税的税率：就香烟而言，应缴纳的消费税等于特殊消费税和从价消费税之和。以列伊/千支香烟表示的特殊消费税每年以加权平均零售价格、从价课税的法定百分比以及总消费税确定。2018 年 4 月 1 日至 2019 年 3 月 31 日期间，卷烟的具体消费税为 337.727 列伊/千支。

酒精的消费税税率是 306.98 列伊/百升纯酒精。除啤酒和葡萄酒外，其他发酵起泡饮料的消费税税率为 47.38 列伊/百升产品，苹果和梨酒及蜂蜜酒的消费税为零。中间产品的消费税水平为 396.84 列伊/百升，啤酒的消费税水平为 3.30 列伊/百升/度。汽油的消费税水平：2268.23 列伊/千升含铅汽油，1976.36 列伊/千升无铅汽油，1838.04 列伊/千升柴油。

二、罗马尼亚的所得税政策

罗马尼亚的所得税政策，这里主要介绍罗马尼亚的公司所得税政策和个人所得税政策。

（一）罗马尼亚的公司所得税政策

居民公司指依据罗马尼亚法律注册成立的公司，或者虽然依据外国法律注册但实际管理机构在罗马尼亚的公司，以及依据欧洲法律注册但总部在罗马尼亚的公司。在罗马尼亚，关联方或财团不被认定为独立法人，适用特殊纳税规则，"穿透"纳税。居民公司应就其来源于境内外的所得纳税，非居民公司就其来源于境内的所得纳税。公司所得税税率 16%，夜间酒吧、夜间俱乐部、迪斯科舞厅和娱乐场所，依据应税所得额的 16% 纳税，但有最低纳税额限制，最低纳税额为流转额的 5%。分公司和外国公司常设机构视同法人纳税，其利润汇出，不征收预提税。代表处每年纳税 1.8 万列伊（相当于 4000 欧元）。

流转额在 100 万欧元以下，管理和咨询收入占 20% 以下，不从事银行、保险、博彩和资本市场交易的小企业依据流转额征税，没有雇员的小企业，税率3%；有1~2个雇员的小企业，税率1%。自2017年起，对酒店、宾馆、食品服务、酒吧和饮料服务等行业征收特殊税。

资本利得视同经营所得，缴纳16%的公司所得税。非税收居民取得出售不动产和出售股权的资本利得，也纳税16%。资本利得参股免税条件：出售罗马尼亚税收居民股权和出售税收协定国公司的股权，满足持股10%以上且连续持股1年以上。但出售不动产占50%以上的公司的股权利得，缴纳公司所得税16%，不能享受参股免税规定。

居民公司取得居民公司分配的股利，征收5%的预提税，不征收公司所得税。若收款方持股10%以上且持股期连续2年以上，免征预提税。罗马尼亚公司取得欧盟成员国和税收协定国公司分配的股利，若罗马尼亚公司持股10%以上，持股期连续1年以上，则股利收入免征公司所得税。经营亏损后转7年，若发生拆分或合并，由继任者在亏损弥补期限内按照资产的比例弥补亏损。罗马尼亚公司所得税没有集团申报规定，但外国公司可将境内多个常设机构合并申报。

在计算应税所得额时，下列收入项目免税。

（1）罗马尼亚公司收到境内公司发放的股利；

（2）符合参股免税条件时收到税收协定国公司发放的股利和清算收入，欧盟子公司股利和欧盟常设机构的利润；

（3）税收协定中采用免税法消除双重征税的常设机构利润；

（4）由准备金、溢价、利润等类似项目产生的新股价值或现有股份增值；

（5）已经注销的坏账费用又收回或者坏账准备的转回；

（6）固定资产、土地和无形资产的重新估价收入，抵消了以前相同资产的减少。

在计算应税所得额时，下列费用项目有限制。

（1）招待费和礼品费，在会计利润的2%以内允许扣除；

（2）员工的社会保障费等社会费用，在工资成本的5%以内允许扣除；

（3）法定储备基金，在税前会计利润的5%以内，在达到股本的20%以前，允许扣除；

（4）货物损耗，在政府规定的限额内允许扣除。

在计算应税所得额时，下列费用项目不允许税前扣除。

（1）向与罗马尼亚没有信息交换国家的个人支付管理费、技术支持费和咨询费等，被审定为与事实不符；

（2）除公司资产相关保险和公司活动相关保险费用以外的其他保险费用；

（3）向境内外政府机构支付的罚款和罚金；

（4）存货减值损失和未保险的资产减值损失及其相关的增值税；

（5）预缴的所得税税款；

（6）为股东支付的各项费用；

（7）其他与经营无关的费用。

存货计价方法，可以采用先进先出法、加权平均法和后进先出法。固定资产折旧方法：建筑物允许直线法，设备允许直线法，抵减折旧和加速折旧，其他资产允许直线法和抵减折旧法。折旧年限：建筑物和构建物 8~60 年，机器和设备 2~24 年，家具和配件 2~15 年，汽车 3~9 年。

罗马尼亚公司所得税纳税年度是日历年度，特殊情况下可以选择其他时间为纳税年度。纳税人需要在每个季度次月 25 日前申报和预缴所得税，预缴所得税的税基为实际利润。银行需要依据上年度实际纳税的 1/4 按季度预缴所得税。年终所得税汇算清缴截止日是次年 3 月 25 日。纳税人需要在年度终了的一定时间内提交年度财务报表：一般公司、国有公司和研发机构为 150 天，某些特定法人、个人和机构为 120 天，成立后未开展任何活动的公司为 60 天。纳税人未按规定时间进行纳税申报，处以 500 列伊至 5000 列伊的罚款。未按规定时间缴纳税款，需要缴纳延期付款利息（按每天 0.02% 计算）和延期付款罚款（按每天 0.01% 计算）。申报错误的罚息按每天 0.08% 计算，地方税滞纳金按每月 1% 计算。

罗马尼亚有以下税收优惠政策。

（1）赞助费用可以税前扣除。公司的赞助费用可依据公司营业额的 0.75% 和应缴企业所得税的 20% 二者之中较低者在税前扣除。

（2）再投资利润免税。将利润投资于生产经营或用于购置技术设备、计算机和设备、软件和软件使用权，这部分利润免征公司所得税。设备存续期不能短于其使用寿命的一半，但不超过 5 年。该类设备不适用加速折旧法。

（3）创新和研发及其辅助活动免税。自 2017 年 1 月 1 日起，专门从事创新和研发及其辅助活动，前 10 年免税。

（4）研究开发费加计扣除优惠。研究开发费在据实扣除的基础上，加计扣除 50%。

（5）工业园区优惠。园区内农业用地转为工业用地，免征转换费用；园区内建筑物、构建物和土地，免征房产税和土地税；地方政府还有其他优惠。

（6）油气公司优惠。石油和天然气公司支付款项后获得特许权，而后拥有以下优惠：对于恢复项目，所有权人可获得年度海上开采利润的 10% 免税（水深超过 100 米的海上区域石油和天然气开采）；为设备退役和环境恢复设立的准备金，可按会计利润的 1% 扣除；为使油气生产现代化、炼油和基础设施而提取的准备金，可以扣除。

（7）自由贸易区优惠。在自由贸易区开展活动免征增值税，在自由贸易区存储非共同体货物不征收关税，国家援助可用于在自由贸易区进行投资。

（二）罗马尼亚的个人所得税政策

居民纳税人是指在罗马尼亚定居的个人，或者在罗马尼亚停留超过 183 天的个人，就其来源于境内外的所得，缴纳个人所得税。非居民个人仅就其来源于罗马尼亚境内的所得，缴纳个人所得税。

若无税收协定国签发的他国税收居民身份证明，外国个人或通过罗马尼亚常设机构从事独立活动的人员应自满足税收居民身份条件的当日起就其全球收入缴税。若罗马尼亚居民纳税人同时也是税收协定国的税收居民，则可根据税收协定享受协定的低税率或免税。若居民纳税人在罗马尼亚居住，并且变更为非税收协定国的税收居民，则应在居民身份发生变更的日历年度和随后的三个日历年度继续就其全球收入在罗马尼亚纳税。

1. 计税收入

雇佣收入、个体经营所得、知识产权收入、租金收入、养老金收入、投资所得、资本利得、农林渔业收入，均适用 10% 的税率。

雇佣收入包括工资、薪金，现金或实物福利，奖金，临时性伤残赔偿金，带薪休假，个人基于雇佣合同获得的其他收入，支付给私营企业董事和经理以及支付给董事会、股东大会、管理委员会和审计委员会成员的费用和报酬。

雇佣收入按月计征个人所得税，计税基础是收入减去社会保障税、个人扣除额、工会会费、补充养老金保险、补充健康和医疗保险。其中，每人每年的补充养老金保险、补充健康和医疗保险税前扣除限额各为 400 欧元。

个体经营及专业服务收入包括来源于生产活动收入、商业活动收入、提供服务收入、自由职业活动的收入、知识产权及相关活动收入。独立活动取得的总收入减去可扣减费用后作为应纳税所得额，从事自由职业活动的个人须按季度申报纳税，于季度后下月的 25 日前缴纳预缴税款，并在次年的 3 月 15 日前完成汇算清缴。根据体育合同从事的独立活动，合同支付方必须按月计算、代扣代缴个人所得税。个人将自有房产的超过五个房间向游客出租被视为独立活动收入，需按照收入定额纳税或者按照实际收入计算纳税。

知识产权收入是出售任何形式的知识产权收入，包括版权、专利权、设计图、商标、地理标志、半导体产品的结构设计，以及类似权利。知识产权应税所得额为总收入扣除费用（按总收入的 40% 计算）以及强制性社会保障税后的金额。知识产权收入的支付方须于次月 25 日前按 10% 源泉扣缴；若支付方是非法人或无完整会计记录的单位，则由收入方自行申报预缴所得税。获得知识产权收入的纳税人可选择按照 16% 的税率缴纳最终所得税。

租金收入总额包括租赁协议规定的租金金额以及承租人承担的依法应由房东承担的特定费用。租金收入还包括业主向游客出租自有房产的不超过五个房间获得的收入；如果超过五个房间则属于独立活动收入。应税租金收入按收入总额扣除总收入的 40% 确定，按 10% 的税率缴税。租金收入均应缴纳健康基金，并可从年度租金收入中扣除。

投资所得包括股息收入、利息收入、证券转让收入、外币期货交易和类似活动收入、法人实体清算收入。股息按 5% 的税率征税，由分配股息的法人在次月 25 日代扣代缴。利息按 10% 的税率征税，并在次月 25 日前缴纳。转让证券获得的资本利得，按 10% 的税率征收。如果出现亏损，可后转 7 年。无法判断来源的收入，按税率 10% 征税。

2. 税收扣除

在罗马尼亚居住的个人以及符合全球收入纳税条件的个人有权享受个人扣除，个人扣除金额视每月总收入及受赡养人数而有所不同。对月收入不超过 1950 列伊，无被抚养人的个人每月扣除 510 列伊；有 4 个或以上被抚养人的可每月扣除 1310 列伊；月收入介于 1951 列伊至 3600 列伊的，扣除标准相应递减；

月收入超过 3600 列伊的，不允许扣除。

无论是本地雇佣还是海外派遣的雇员，雇员的社会保险均可税前扣除。本地雇佣员工还可额外享受税法规定的针对雇佣所得的其他扣除（如个人扣除、每年不超 400 欧元的个人补充养老保险扣除、每年不超过 400 欧元的个人补充健康和医疗保险扣除）。

2016 年 8 月起，在罗马尼亚从事研究开发和技术开发工作的个人，取得雇佣收入可以享受全面免税。但目前还未颁布细则，现阶段只有从事信息工程技术开发的特定岗位可以享受免税政策。

3. 个人所得税税率

罗马尼亚大多数类型的收入都按 10% 的统一税率征税。

派往罗马尼亚工作且不符合免税条件的外国公民须在开始委派后 30 天内进行税务登记，并按月进行纳税申报，于次月 25 日前缴纳所得税和社会保障税。如果个人的工资在当地发放，当地雇主负有计算、代扣代缴、申报所得税和社会保障税的义务。

4. 遗产和赠与税

罗马尼亚不对遗产继承和赠与征税，但取得这些财产以后再产生的收入按照规定征税。

三、罗马尼亚的其他税收政策

罗马尼亚征收建筑物税，住房 0.08%~0.2%，非住房 0.2%~1.3%，农业用建筑 0.4%。对土地所有者征收土地税。对没有征收建筑物税的不动产征收 1% 的建设税。政府颁发各种证书和许可，征收印花税。对会造成环境污染的产品征收环境税。

罗马尼亚的社会保障税以雇员月工资总额为计税基础且不超过全国平均工资的 5 倍。雇员承担 35% 的社会保险费，其中养老保险金为 25%，健康基金为 10%；雇主承担 2.25% 的社会保险费，包括失业保险、工伤保险和工资保证金。

除就业收入外，符合一定条件的独立活动收入和知识产权收入也要缴纳社会保障税。如果独立经营活动的净收入超过 12 倍的最低月工资（2018 年为 4900 欧元），则以不低于 12 倍最低月工资金额计征社会保障税，税率为 25%。

来源于独立活动、知识产权、租金、农林渔业、投资和其他收入等收入合计超过 12 倍的最低月工资；则以 10% 的税率征收医疗保险税。

欧盟国家和瑞士的公民在罗马尼亚发生的医疗费用可享受医保，并可免缴社会保险（需要获得相关欧洲证明）。若个人在原籍国无须缴纳社会保险，则需按罗马尼亚法规缴纳社会保险（原籍国雇主或雇员须按特定程序进行社会保险登记）。

四、罗马尼亚的涉外税收政策

居民公司应就其来源于境内外的所得纳税，但境外股利收入和股权利得均有参股免税。对境外已纳税依据税收协定抵免。无受控外国公司规定。

罗马尼亚的转让定价指南比较严格，要求境内外的关联交易均符合正常交易原则，流转额在 7.5 亿欧元以上的集团公司必须进行国别关联申报。执行欧盟的反避税指令，自 2018 年起，罗马尼亚加强了利息税前扣除、移出境外纳税和受控外国公司等方面。自 2020 年 2 月起，通过第三国进行混合错配将被穿透征税。

资本弱化规则既适用于所有类型的企业，利息和相关借款费用（包括已经资本化的借款费用）在 100 万欧元以下不受限制，超过 100 万欧元部分，不得超过息税前利润的 30%。没有关联方，也没有常设机构的单一实体，利息税前扣除不受限制。

居民公司对外支付股利，预提税 5%。向欧盟成员国、冰岛、挪威和列支敦士登支付股利免税条件：直接持股 10% 以上且连续持股 1 年以上；在居住国缴纳类似所得税，不享受免税；收款人是受益所有人。罗马尼亚分配股利的公司缴纳了公司所得税，不享受免税待遇。股利预提税的纳税时间是支付股利的次月 25 日，若到年底仍未支付股利，则股利预提税的纳税时间是次年 1 月 25 日。

对外支付利息和特许权预提税 16%。执行欧盟指令，向欧盟成员国支付利息和特许权，免征预提税条件：直接持股 25% 以上或被同一母公司持股 25% 以上；连续持股 2 年以上；收款人是受益所有人。支付佣金和服务费预提税为16%，支付博彩收入预提税 1%。

罗马尼亚已经签订了 81 个税收协定。罗马尼亚与中国协定股息为 3%，罗马尼亚国内法规定对外支付股利预提税 5%，依据孰低原则，税收协定中股息预提税高于 5%的，应执行 5%。在罗马尼亚与各国签订的税收协定中，持股达到规定比例时，股息预提税为 0 的有：中国、中国香港、意大利、科威特、马来西亚、荷兰、挪威、圣马力诺、沙特阿拉伯、新加坡、瑞士、阿联酋等。罗马尼亚与中国协定利息预提税为 3%，这是其所签订的税收协定中利息预提税最低的，只有执行欧美指令免征利息预提税时，融资成本才比较低。罗马尼亚是欧盟成员国，执行欧盟指令，欧盟成员国向罗马尼亚支付股利、利息和特许权使用费均免征预提税。故同欧盟成员国的协定税率用不上。

中国与罗马尼亚协定：股息预提税 3%，政府持股 50%以上的企业，免征股息预提税。利息和特许权使用费预提税均为 3%。分公司利润汇回，不征税。持股 20%以上，可以间接抵免，无税收饶让。

第十节　斯洛伐克的税收政策

斯洛伐克（Slovakia）主要税种有公司所得税、个人所得税、增值税、消费税、关税、不动产税、特殊税、汽车税和社会保障税等。

一、斯洛伐克的流转税政策

斯洛伐克的流转税政策，这里主要介绍斯洛伐克的增值税政策和消费税政策。

（一）斯洛伐克的增值税政策

在斯洛伐克境内销售货物、提供服务、进口商品，其他欧盟成员国在斯洛伐克境内采购货物，均要征收增值税。销售货物及提供劳务包括：转让有形财产，包括动产和不动产，以及电、气、水、供热和以收藏为目的出售的无形资产及钱币；提供建造服务；租赁服务；转让有形资产的所有权；出于商业目的，从斯洛伐克向其他欧盟成员国转移货物；不可归类于销售货物的应税行为，如转让无形资产的使用权、授权无形资产使用权、以积极或消极的方式开展某项活动及行为。

下列情况视同销售，也需要缴纳增值税：①增值税纳税人将产品或服务用于个人消费、员工个人使用，或将产品用于其他非增值税应税项目或免税项目。②出于商业目的，从斯洛伐克向其他欧盟成员国转移货物。③增值税纳税人拥有的无形资产用于私人使用或员工个人使用，或用于其他非增值税应税项目的使用。

在斯洛伐克拥有办公地点、营业地点或固定机构的纳税人，在一个纳税年度内营业额超过49790欧元的，应在超过的次月20日前提交增值税纳税人注册登记申请。营业额是指不包括免税收入的不含增值税营业收入。无论营业额或利润多少，即使营业额未达到49790欧元的，也可以申请注册为增值税纳税人。

对于境内从其他欧盟成员国购入货物的应纳税个人和非应税法人，如果一个纳税年度内营业额超过1.4万欧元的，应进行增值税登记。但这种增值税登记并不能赋予增值税纳税人的身份（即不能抵扣进项税）。登记的目的仅是让销售者支付增值税。

集团公司可以合并申报增值税。合并申报的集团使用统一的纳税识别号。集团内部的货物转移或供应不属于增值税纳税范围，但是必须对此类交易进行完整地记录。在上年10月31日提交增值税合并申报申请的，在次年1月1日生效。

在斯洛伐克提供商品或服务，既未成立企业也没有固定机构、营业地点、住所或常住居所的外国企业，在开始从事增值税应税行为之前，必须在境内注册增值税（进口货物的除外）。

在境内无常设机构的进口企业，必须使用书面委托书指定税务代理人，以处理进口免征增值税事项（即零税率转售给其他欧盟成员国）。税务代理人必须代表进口企业按月提交纳税申报表和欧盟销售清单。此类进口企业可以不进行增值税登记。

2018年1月1日起，境内无常设机构的企业，应采用授权委托书的形式委托指定税务代理人，以处理在共同体内采购货物的增值税事宜，这些货物随后将供应给其他欧盟成员国或非欧盟国家，或进行远程销售。税务代理人应每月代表委托企业提交增值税纳税申报表、增值税总账和欧盟销售清单。

下列情况，斯洛伐克纳税人必须为从其他欧盟成员国或非欧盟国家提供的服务履行反向征税义务：①属于增值税征税范围的服务，服务提供地点在境内；

②提供服务者不是斯洛伐克增值税纳税人。来自欧盟其他国家或非欧盟国家的非常设机构向位于斯洛伐克登记注册的增值税纳税人提供货物（远程销售除外）和服务时，无论供应商是否已在斯洛伐克登记为增值税纳税人，货物和服务的接受者将作为增值税纳税义务人。

下列国内业务，也实行反向征税：①购买金矿、半成品黄金和投资性黄金。②金属废料和废弃金属。③温室气体排放权。④出售方可选择征税的不动产。⑤将保留的所有权出让给受让者行使的产品供应。⑥在破产程序或强制执行中转让的不动产。⑦建筑服务供应合同、工程建筑合同中属于 F 的部分（建筑或建筑工作），以及安装或装配工程中属于 F 的部分。⑧《共同关税》第 10 章和第 12 章等列明的谷物和种子等系列产品，《共同关税》第 72 章列明的钢、铁等系列产品。⑨提供集成电路，如微处理器和中央处理器，在集成到最终用户之前，发票计税基础超过 5000 欧元。⑩在特定许可网络使用的移动电话，发票计税基础超过 5000 欧元的。

外国或斯洛伐克的经济实体可授权委托税务代理人来代表他们处理所有税务事项（包括增值税登记或税务程序）。如果货物的最终目的是进一步供应给欧盟其他成员国或非欧盟国家，则存在进口税务代理人和共同体内采购税务代理人。

未注册为增值税纳税人，则会遭受 60 欧元至 2 万欧元的罚款。以下情况无须进行增值税登记：①如果外国企业有进口税务代理人或共同体内部采购税务代理人，且无其他需要申报增值税的交易。②在斯洛伐克拥有常设机构的纳税人，在一个纳税年度内营业额未超过 49790 欧元的。③一个纳税年度内提供货物不含增值税价值在 3.5 万欧元以下的远程销售。④从其他欧盟成员国购入货物的应纳税个人和非应税法人，一个纳税年度内营业额不超过 1.4 万欧元。

1. 增值税的税率

斯洛伐克增值税标准率为 20%，另有低税率 10% 和 0 税率。标准税率 20% 适用于一般销售商品和提供服务。10% 的低税率适用于：特定药品和医疗辅助设备，图书和儿童读物，肉类、鱼类、牛奶和面包等。0 税率适用于：出口产品，向欧盟成员国销售商品，与出口有关的服务，国际客运服务，向欧盟以外的客户提供金融和保险服务。

免税产品是指不纳税的货物或者服务，免税产品不产生进项税抵扣的权利。

免税的产品或服务主要包括：邮政服务，医疗卫生（药品及保健品除外），公共广播电视（广告及赞助节目除外），教育，金融服务，体育服务及体育教育，文化服务，社会福利，彩票及类似项目，房地产转让和租赁（除住宅房地产外，两者均可选择性征税），保险和再保险服务（包括公共社会保险和医疗保险），法人实体向其员工提供的服务（符合特定条件）。

纳税人可对免税项目选择放弃免税，具体情况为：①不动产全部或部分转让的，如果自批准使用之日或实际使用之日起满 5 年的可享受免税，但纳税人可应用选择性征税。②不动产租赁是免税的，非住宅房地产出租的也可应用选择性征税。

2. 增值税计税的主要内容

增值税的纳税时间为货物供应或提供服务的日期，以收到款项日期两者较早者为准。若商品或服务为分批或重复提供，则其纳税义务时间最迟为提供货物或服务的最后一天。若提供的商品或服务付款期限超过 12 个月，则第 12 个月的最后 1 天为纳税义务发生时间。欧盟共同体内交易，供应给欧盟其他成员国且符合免征增值税条件的，纳税义务发生时间以开具发票或发出货物的次月 15 日，以较早日期为准。在境内采用反向征税制度的应税服务项目，以提供服务之日为准。

不动产转让的增值税纳税时间为房地产产权证书登记的转让日期或买方可以使用该房地产的日期，以较早时间为准。新建的不动产以移交之日为纳税时间。进口货物的纳税时间为海关接受申报并放行之日。进口货物的纳税义务发生时间与关税纳税义务发生时间一致。

国内的增值税纳税人可采用现金制课税，但需要满足条件：①年营业额不超过 10 万欧元；②没有破产，也没有进入清算程序。现金制下纳税时间为收到款项之日。对于赊销形成的应收款，其纳税日期为转让日。在款项支付后方可取得增值税进项税额的抵扣权。实行现金制课税的，应在发票上注明"现金制会计"字样。在纳税年度结束后，可自愿选择是否退出现金制。如果年度营业额超过 10 万欧元，或成为合并纳税申报的集团成员，或业务停止经营；则必须在下个纳税年度退出现金制会计。

预付账款业务不需要提前确认增值税纳税时间。租赁业务根据租赁协议交货的，在支付最后一笔款项时取得租赁标的使用权，在货物供应完成同时确认纳税时间。如果租赁协议中规定了承租方具有购买选择权，则此业务被视为提供服务。

允许抵扣的进项税是为经营而购入的货物或服务所支付的增值税。进项税抵扣必须附有有效的专用发票或进口单据，且在抵扣期内抵扣，抵扣期最长至本日历年度年末。纳税人必须在进项税抵扣申报截止到日前提交发票、进口报关单等所有文件。如果在年底仍未收到抵扣所需的文件，可在收到文件的期间进行抵扣。用于经营活动的以下项目进项税可以抵扣：购买或租赁货车、出租车业务、生产经营所用的燃料、经营活动使用的移动电话、每件价值不超过17欧元的商务礼品、用于广告的商业样品、停车场服务。

因在欧盟共同体内采购的进项税发票延迟收到，导致需要提交增值税补充申报表的，进项税也可抵扣。如果抵扣发票出现错误，即使未收到更正的发票，增值税纳税人需在被税务机关要求更正之日起30日内，必须更正已抵扣的增值税金额。

由外国纳税人提供的服务或安装和装配的货物适用反向征税制度的，斯洛伐克接收人不需要提供发票，但此业务增值税必须清楚记录在接收人的增值税记录中，这是进项税抵扣的前提。进口货物形成的增值税必须已经支付给海关，或包含在增值税记录中，才可以扣除。在斯洛伐克注册的增值税非固定纳税人，仅执行反向征税制度，则不能进行进项税抵扣。

税务机关超过6个月仍未退回纳税人超额增值税的，纳税人有权要求退税并提出利息赔偿，利息按欧洲中央银行2倍利率且不低于1.5%的年利率计算。

不允许抵扣进项税指用于非经营性活动或免税交易，或明确不允许抵扣的其他项目，如用于餐饮、娱乐、业务招待费、非经营活动项目的相关进项税。

部分可抵扣进项税是指将购入的产品或服务既用于生产经营活动又用于免税项目，应按比例扣除用于经营活动的进项税。本年度抵扣进项税采用的可扣除比例，可按上年计算出的比例或与税务机关约定的比例扣除。将不含税价超过3319.39欧元且使用寿命超过1年的有形固定资产同时用于生产经营活动或免税项目的，也可采用比例法抵扣进项税。

资本货物（如购入不动产）虽然使用年限较长，但购买资本货物的进项税允许在购买货物的纳税年度中扣除。如果资本货物在纳税年度内部分用于免税项目，则按比例计算出应税项目对应的进项税额允许抵扣，免税项目对应的进项税额不允许抵扣。如果不动产用于抵扣项目的用途发生变化，必须调整抵扣资本货物的进项税额，不动产的调整期为20年。2019年1月1日起，可移动资本货物应税项目发生变化，也要调整抵扣资本货物的进项税额，调整期为5年。企业合并或重组后，应由新形成的实体继续承担有关资本抵扣进项税额的调整义务。

如果本期可抵扣的进项税额超过该期间应付的销项税额，则超额进项税可以留至下期抵扣。不足抵扣的，由税务机关在下一纳税期间提交增值税申报表之日起30日内，将差额返还给纳税人。如果纳税人申报的增值税出现错误导致税务机关多退税的，税务机关收回多退税款并加收1.3%罚款。

斯洛伐克对既未在境内建立，也未在境内注册增值税的欧盟企业或非欧盟企业所产生的增值税进行退税。欧盟企业申请人退税时必须按照欧盟规则处理，申请人向常住地或固定机构所在的欧盟成员国提交电子申请。非欧盟的企业申请人应在纳税年度结束后的6月30日前向布拉迪斯拉发（斯洛伐克首都）税务局提交退税申请。如果应退的增值税超过50欧元，可以提出年度申请。来自第三国的外国人需要申请退税的增值税总额超过1000欧元的，可以按半年为周期申请增值税退税。税务机关在接受申请之日起6个月内做出退税决定。

3. 增值税的税收征管

纳税人必须根据斯洛伐克发票规定为应课税的商品和服务开具增值税发票，包括在境内和在其他欧盟成员国内提供商品和服务、向非欧盟国家出口、远程销售、预收货款方式提供货物和服务。纳税人提供免征增值税的货物或服务，不需开具发票，其进项税也不得抵扣。在境外的欧盟或非欧盟国家提供金融和保险服务，也不需开具发票。

发票应在应税义务发生后的15日内开具，纳税义务发生日为以下二者较早者：①提供产品或服务之日；②预付款收到之日，如果涉及反向征税，则不得晚于收到款项的次月15日内。在境外供应地提供给共同体内的产品或服务，发票应在提供产品或服务的次月15日内开具。对于开具更正发票，应在导致发票更正事项发生的次月15日内开具。当购买商品或服务支付的现金不超过1000欧元或非现金不超过1600欧元时，电子收银机生成的收据可作为简易发票使用。对于价值不超过100欧元的，可不需要电子收银机单据。简易发票不需注明单价和接收方的信息。法律还允许和承认由买卖双方达成协议后以电子方式发送或收取发票。

由于退货和销售折让导致增值税计税基础变化的，纳税人必须开具更正发票、增值税贷项凭证或增值税借项凭证。每份更正发票、增值税贷项凭证或增值税借项凭证必须注明原始发票序列号以及更正的数据。

如果符合增值税法的规定，向非欧盟国家出口及向其他欧盟国家出口的，适用的增值税税率为0，并仍可抵扣进项税。向非欧盟国家出口适用增值税0税率的货物必须有电子海关申报单和运输单据等证明文件。向欧盟国家出口货物需要提供发票副本、运输单据、其他证明文件，如货物交付证明、收款单据、运输服务款项等。采用外币结算的，增值税金额必须转换为欧元，汇率以欧洲中央银行在纳税义务发生时的汇率为准。

增值税纳税申报表必须在纳税期间结束之日起25日内提交。2014年1月1日起，增值税纳税申报表和其他税务文件必须通过电子方式提交，且必须同时提交一份详细的增值税分类报告，作为单独的文件连同增值税申报表一起提交。该报告应包括纳税人开具或收到的每一张发票信息，比如更正发票、首付款发票等，但不包括出口发票、零税率或免税发票。增值税分类报告应在纳税期间结束后的25天内提交，提交的最后期限不再与增值税纳税申报表相同。发票的存档期一般为10年，但若涉及资本货物，存档期应直至增值税抵扣调整期结束。

不遵守增值税登记规定的，处以60欧元至2万欧元的罚款；对不符合报告要求的处以30欧元至3000欧元的罚款。逾期提交纳税申报表的，处以30欧元至1.6万欧元的罚款；逾期后经税务机关要求提交但仍未提交的，处以60欧元至3.2万欧元的罚款。如果纳税人同时触犯以上多个规定，按其中最高的罚款数额处罚。纳税人逾期未交或少缴税款的，按欧洲中央银行基本利率的四倍或15%的年利率较高者征收罚息。增值税纳税人申报的应纳增值税税额或退税额与税务机关核定额不一致的，以二者差额为计算罚息的基础，按3倍欧洲中央银行的基本利率或10%的年利率（二者较高者）征收罚息。在税务审计开始后的15日内提交补充纳税申报表的，按税务审计确认的补缴额和7%的年利率或欧洲中央银行基本利率的2倍（二者较高者）处以罚息。如果在补充纳税申报表中申报了差额，则罚款按差额的3%的年利率或欧洲中央银行基本利率征收。

2016年1月1日起，实行新的处罚制度，对不履行纳税义务的，按征收税款额的 1% 至 100% 处以罚款。故意逃税的可处最长 12 年的刑事处罚。阻碍税务管理，如提供虚假或误导性信息，未遵守税务审计期间的法定义务等，可处以最高 8 年监禁。对不符合规定的纳税行为，如未提交或延迟提交增值税分类账、提供不完整声明或不正确的信息，初次违反的，税务机关最高可给予 1 万欧元罚款；再次违反的，最高可处以 10 万欧元罚款。

斯洛伐克纳税人与欧盟其他国家有交易的，必须填写欧盟内部统计报告，分别报告欧盟内部采购情况和销售情况。每个纳税月度终了的次月 15 日内，提交内部统计报告。2018 年度，如果采购入境不超过 20 万欧元的，或销售出境不超过 40 万欧元的，可免于提交内部统计报告。逾期提交、漏报或申报不准确的，可最高处以 3320 欧元的罚款。纳税人还必须按月通过电子方式提交欧盟销售清单，如果前四个季度提供的货物价值不超过 5 万欧元，并且本季度也不超过 5 万欧元，则可按季度提交欧盟销售清单，在下季度前 25 日内以电子方式提交欧盟销售清单。未按规定提交欧盟销售清单的，按 60 欧元至 3000 欧元进行罚款；收到税务机关要求后仍未按规定提交的，可再次给予处罚。

（二）斯洛伐克的消费税政策

斯洛伐克对烟草制品、葡萄酒、烈酒、啤酒、矿物油、电力、煤炭和天然气的免税流通或进口征收消费税。

斯洛伐克消费税的征收管理由海关执行，境内注册的增值税纳税人通过电子形式与海关沟通。

二、斯洛伐克的所得税政策

斯洛伐克的所得税政策，这里主要介绍斯洛伐克的公司所得税政策和个人所得税政策。

（一）斯洛伐克的公司所得税政策

居民公司指在斯洛伐克境内注册的公司，或者虽然在境外注册但在境内有实际管理机构的公司。居民公司应就其来源于境内外的所得纳税，非居民公司就其来源于斯洛伐克境内的所得纳税。斯洛伐克对常设机构规定严格，既包括固定场所型和建筑工程型常设机构，也包括劳务型（连续 12 月内提供服务超过 183 天）和代理人型（代签合同，代理谈判，签订合同中发挥主要作用）常设机构。公司所得税税率标准税率21%，自2020年起，总收入不超过10万欧元的公司适用低税率15%。分公司与法人公司适用同一税率，分公司不能准确计算应税所得额时，可以选择其他办法（向税务机关申请）。分公司利润汇出不征税。

资本利得视同经营所得，一并缴纳21%或15%的所得税。居民公司或外国公司境内常设机构出售股权免税条件：在境内直接持股10%以上且持股期不少于24个月（自2018年1月1日算起），有履行管理职能，有进行实质经营活动的人员和设备，承担相应的风险。自2020年1月1日以后产生的亏损，可以后转5年，但每年最多抵扣应税所得额的50%。公司所得税没有集团申报规定。

以会计利润为基础调整计算应税所得额。计算应税所得额时不允许扣除的项目有：超过法定限额的娱乐和旅行津贴；替其他纳税人支付的税款；超过赔偿款的损失（除非损害是自然灾害造成的，或由不明身份的人造成且得到了警方的确认）；计提的各种准备金；注销债务（除非满足特定条件）。

存货计价采用先进先出法和加权平均法，资产折旧可以采用直线法和加速折旧法，折旧年限为2~40年。研究开发费在据实扣除的基础上，加计扣除100%。此外，比上年增加部分的研究开发费还可以再加计扣除100%。斯洛伐克有专利箱优惠：自2018年1月1日起，税收居民或非居民法人通过境内常设机构从事研发活动形成的无形资产（如软件或专利）等，因使用或销售取得的收入的50%免税。

纳税年度为日历年度，如果纳税人提前向税务机关通报，也可以选择其他时间为纳税年度。年终所得税申报期限为次年的3月31日，但提交纸质申请获批后可以延期3个月。若有境外收入，获批后可以再延长3个月。纳税人需要按月或按季度预缴所得税，具体情况根据上年度纳税额确定。

斯洛伐克对制造业、技术中心和共享服务中心等方面投资有投资补助优惠政策。

（1）新投资设立的公司和现有公司扩大再生产，10年内全额免税；

（2）作为区域援助的一部分，政府对国家或市政当局向投资者转让不动产给予财政补助或市场价格折扣；

（3）购置固定资产和无形资产，给予现金补助；

（4）依据新创造就业机会相关的预期工资成本和项目的区域位置发放的职

位补助；

（5）依据地区和培训类型不同，依据培训费用的一个百分比给予培训现金补助。

享受上述投资补助，申请人必须符合《斯洛伐克地区投资援助法》、斯洛伐克政府条例和欧洲立法规定的一般条件和具体条件。一般条件包括申请人必须在工程开始前提交投资计划；项目必须在 3 年内完成（大型投资项目为 5 年）；所有补贴职位必须在项目完成后 3 年内填补，并保持 3 年或 5 年；项目完成后必须运营 5 年以上，且不改变其位置。

制造业项目享受补助的具体条件：在提交申请之前投资项目没有开始；已经取得长期有形资产（土地、建筑和机械）和长期无形资产（专利、许可证和专门知识）；已经取得生产经营所需的新机器；创造了一定的新工作岗位；投资的主要领域已经实现。

技术中心、共享服务中心享受补助的具体条件：在提交申请之前投资项目没有开始；已经获得长期有形资产（土地、建筑和机械）和长期无形资产（专利、许可证和专门知识）；在 3 年或 5 年内，支付给雇员工资是地区平均月工资的最低倍数；创造了一定的新工作岗位，投资的主要领域已经实现。

此外，国家或地方政府还会对基础设施（如电力、水、煤气和污水）给予补助，市政府还会提供房地产税和其他地方税等小额免税。

（二）斯洛伐克的个人所得税政策

居民纳税人是指在斯洛伐克拥有住所、永久居留权和习惯性居住权的个人。一年中在境内停留累计不少于 183 天的个人被认定为在斯洛伐克拥有习惯性居住权，以学习、治疗为目的和每天固定时间进入境内从事固定活动赚取收入的情况除外。居民个人就其来源于境内外的所得，缴纳个人所得税。非居民个人仅就其来源于境内的所得，缴纳个人所得税。

由外国雇主派往斯洛伐克工作且由外国雇主支付工资，在斯洛伐克居民企业或经济实体指导下为其工作，这些雇员被视为斯洛伐克的居民纳税人，应按月缴纳个人所得税。

1. 计税收入

在斯洛伐克，个人所得税的计税收入包括雇佣收入、个体经营及专业服务收入、投资收入、资本利得等。

雇佣收入，包括工资、薪金、奖金、经常性、非经常性或一次性的补贴、实物福利等。雇佣收入还包括有限责任公司董事费收入、合伙企业分配的报酬，职业运动员根据合同取得的收入。雇主提供的股票期权，2009 年 12 月 31 日后雇主授予雇员的股票期权，应纳税所得额等于行权日股票市场价格减去行权价格和交易费用之差。该所得被视为雇佣收入，与当月工资一起缴税。

2018 年 5 月 1 日起，斯洛伐克雇主可以在夏季（6 月）和圣诞节（12 月）时期发放奖金，如果雇员与雇主有超过两年或四年的连续雇佣关系，并且奖金不超过特定员工的最低平均月工资，可享受个人所得税和社会保障税优惠政策。

个体经营及专业服务收入应缴纳个人所得税。纳税人为取得和维持应税经营所得而发生的费用通常准予扣除。非居民应就其在斯洛伐克的经营收入纳税。出租房地产及附着物的租金收入，也视为个体经营收入。

投资收入主要包括来自境内的利息、股息、其他派生于证券的收入、补充养老金收入等，按照 19% 的税率征收个人所得税。若从境内外证券市场上出售持有时间超过 1 年且该证券资产不属于经营资产的，免税。出售期权所得和超过 15 年投资期限的长期投资收入且不属于经营资产，也可免税。2017 年 1 月 1 日起，居民股东获得股息收入税率为 7%；但从非税收协定国取得股息，税率为 35%。来自境内的股息源泉扣税，来自境外的股息，通过提交纳税申报表纳税。

资本利得，个人出售动产及不动产资产、证券、优先认股权以及股权，须缴纳个人所得税。个人出售的房地产或财产若满足最低持有期限，可免税。出售在未上市交易的股票产生的收益不超过 500 欧元的，可免税。

2. 税收扣除

强制性疾病保险、医疗保险、养老保险、残疾保险和失业保险费均可税前扣除。

居民和非居民都可享受一定的税前津贴扣除。根据欧洲最低生活标准，若居民个人应税收入低于一定金额（2018 年最低生活标准为 19948 欧元），则允许额外税前扣除 3830.02 欧元；若应纳税所得额高于 19948 欧元且低于 35268.06 欧元，则允许额外税前扣除 8817.02 欧元；若应纳税所得额高于 35268.06 欧元，则不可以额外税前扣除。

来源于境内收入占其全球总收入 90% 以上的居民个人和非居民个人，与无收入或很少收入的配偶、需要照顾的人、登记为失业的人员、严重残疾的人员共同生活或者照顾婴儿的，可以申请配偶津贴、子女津贴。抚养子女的税前扣除金额为每个孩子每月 21.56 欧元。

利息税前扣除，居民个人支付的按揭利息，可享受税前抵扣。但需满足条件：贷款人年满 18 周岁且不超过 35 周岁；个人平均月收入不超过签订贷款合同前一年的社会平均月工资的 1.3 倍。利息税前最高扣除限额为实际利息的 50% 且每年不超过 400 欧元，每处房产累计扣除总额不超过 5 万欧元。

经营费用扣除，为与经营收入相关的生产经营成本和费用，资本性费用支出、社会保险费和医疗保险等强制保险，除合同罚款以外的其他罚款等。2017 年 1 月 1 日起，个体经营人员可一次性税前扣除占总收入 60% 的费用，最高限额为每年 2 万欧元。亏损可以后转 4 年。

3. 个人所得税税率

个人所得税实行两级累进税率，应纳税所得额低于 35268.06 欧元的，税率为 19%；应纳税所得额超过 35268.06 欧元的，税率为 25%。利息收入实行单一税率 19%，不实行累进税率。

斯洛伐克的纳税年度为日历年度，纳税年度结束后，必须在次年 3 月 31 日前完成纳税申报。特殊情况下，向主管税务机关申请批准后，可以延期 3 个月。税务居民在国外有收入的，纳税申报可以延长至次年 9 月 30 日。

4. 遗产和赠与税

2004 年起，斯洛伐克取消了遗产和赠与税。

三、斯洛伐克的其他税收政策

斯洛伐克针对土地、建筑物和公寓征收不动产税，税率依不动产类型和地点而不同，一般在 10% 以下。斯洛伐克对电力、财产保险和再保险、人身保险、电子通信、制药、邮政、铁路运输、航空运输和水处理等行业，征收特殊税。银行特殊税税率 0.2%，计税依据为银行资产负债表上的负债额；经营用的汽车需要缴纳汽车税。

斯洛伐克的社会保障税包括疾病保险、医疗保险、养老保险、伤残保险、意外事故保险、保障金、事业保险等。雇主和雇员共同承担社会保障税。具体税率见表3-6所示。

表3-6 斯洛伐克社会保障税税率

保险种类	雇主（%）	雇员（%）	个体经营者（%）
疾病保险	1.4	1.4	4.4
医疗保险	10	4	14
养老保险	14	4	18
伤残保险	3	3	6
意外事故保险	0.8	0	0
保障金	0.25	0	0
储备金	4.75	0	4.75
失业保险	1	1	——
合计	35.2	13.4	47.15

雇员和雇员按雇员工资总额计算缴纳社会保障税，雇员按工资总额的13.4%缴纳社会保障税，雇主按35.2%缴纳。社会保障税（除意外保险和医疗保险外）的计税基数以社会平均工资的7倍为最高限额；意外保险和医疗保险无最高限额。从事个体经营的人员的社保缴费比例合计为47.15%。

2013年1月1日后产生的股息，按14%缴纳医疗保险。但在2017年1月1日起，取消了发放股息强制缴纳医疗保险的规定。上市公司股息，不强制缴纳医疗保险。

欧盟关于社会保障税的规定，在斯洛伐克具有法律约束力。因此，在确定外国人是否具有社会保障税缴税义务时，必须考虑该欧洲经济区（EEA）和瑞士公民社会保障税的相关规定以及税收协定。

四、斯洛伐克的涉外税务规定

境内股利收入，既不征收个人所得税，也不征收公司所得税。居民公司的境外收入应计入应税所得额，缴纳公司所得税。对境外已纳税依据税收协定抵免，但对境外已纳税收入可以选择免税。自2019年1月1日起，实施受控外国公司规定。受控外国公司指在境外纳税低于斯洛伐克公司所得税且斯洛伐克税收居民持股50%以上的公司。

直接或间接持股 25% 以上为关联方。关联方需要遵循转让定价指南和资本弱化规则。斯洛伐克的转让定价指南比较严格，要求境内外的关联交易均符合正常交易原则，并进行关联申报。资本弱化管理要求境内外关联方贷款的利息和相关费用，税前扣除限制在息税前利润的 25% 以内。将资产或业务转移至境外，需要按照公允价值计算出资本利得，缴纳公司所得税。自 2020 年 1 月 1 日起，执行欧盟的反避税指令，反混合错配在斯洛伐克实行，重点调整混合错配金融服务，混合错配主体，转移支付；被忽视的常设机构，不予支付；视同支付，费用的多次扣除，不匹配进口等。

向法人支付股利不征收预提税，向个人支付股利预提税为 7%，利息和特许权预提税 19%。对非税收协定国支付股利、利息和特许权使用费，预提税均为 35%。支付给欧盟成员国的利息和特许权免征预提税条件：持股 25% 以上的母子公司或姐妹公司，且持股期超过 24 个月。

斯洛伐克已经签订了 70 个税收协定。斯洛伐克对外支付股利不征收预提税。在斯洛伐克共和国与各国签订的税收协定中，向斯洛伐克支付股利预提税为 0 的有：格鲁吉亚、科威特、利比亚、墨西哥、蒙古、阿联酋；持股达到规定利息时股利预提税为 0 的有：爱尔兰、马来西亚、荷兰、波兰、斯里兰卡、瑞典、瑞士等。协定利息预提税为 0 的有：奥地利、波黑、捷克、丹麦、芬兰、法国、德国、匈牙利、冰岛、爱尔兰、意大利、卢森堡、马耳他、蒙古、荷兰、挪威、俄罗斯、新加坡、南非、西班牙、瑞典、英国、美国等。利息预提税为 5% 的有：埃塞俄比亚、格鲁吉亚、伊朗、波兰、瑞士等。斯洛伐克是欧盟成员国，执行欧盟指令，欧盟成员国向斯洛伐克支付股利、利息和特许权使用费均免征预提税。故同欧盟成员国的协定税率用不上。

中国与斯洛伐克协定：股息预提税 10%（实际上只适用于从中国向斯洛伐克支付股息），利息和特许权使用费预提税均为 10%。分公司利润汇回，不征税。持股 10% 以上，可以间接抵免。双方实行定率饶让：股息和利息定率饶让 10%，特许权使用费定率饶让 20%。

第十一节　斯洛文尼亚的税收政策

斯洛文尼亚（Slovenia）主要税种有公司所得税、个人所得税、增值税、消费税、关税、财产转移税、金融服务税、汽车税、环境税、水船税和社会保障税等。

一、斯洛文尼亚的流转税政策

斯洛文尼亚的流转税政策，这里主要介绍斯洛文尼亚的增值税政策和消费税政策。

（一）斯洛文尼亚的增值税政策

斯洛文尼亚对境内销售商品或提供服务、进口商品、从欧盟成员国购入商品和服务、接受适用反向征税的服务等均征收增值税，购入新运输工具和远程销售适应于特殊规则。从事上述业务的实体和个人，都是增值税纳税人。

增值税登记必须在应税活动开始之前，根据法律规定，不允许进行追溯性增值税登记。斯洛文尼亚不允许增值税集团登记，每个企业必须单独办理增值税登记。在境内无固定机构或场所的非常设企业在境内开展应税业务，如在欧盟内进行供应或购买交易、远程销售、提供非反向征税的商品或服务等，无论营业额多少，必须进行增值税登记。仅从事增值税免税交易，以及仅从事免征增值税或零税率出口业务的非常设企业，无须增值税注册。

在欧盟以外成立的非居民企业必须任命居民税务代理人来代理企业注册斯洛文尼亚的增值税。来自欧盟其他成员国的非居民企业，如果在斯洛文尼亚没有注册或没有固定机构，则可以任命税务代理人；该税务代理人必须在斯洛文尼亚具有固定机构或永久住所，且不是分支机构。非居民企业需要申报进口增值税退税，必须委托居民税务代理人办理。税务代理人要对进口环节的增值税承担连带责任。

反向征税制度通常适用于外国企业向增值税纳税人提供服务，即接受服务方需要扣缴供应方应交纳的增值税。反向征税制度也适用于以下境内交易：在境内提供类别为 F 的商品和服务，以及房屋安装；雇佣工作人员从事分类为 F 的活动；买卖双方选择采用征收增值税的房地产的销售；旧物料、废料及废钢的供应；温室气体排放权交易。不适用反向征税制度的服务为：房地产，餐饮服务，文化、艺术、科学、教育、娱乐或类似服务，对有形动产的估值或相似服务；汽车短期租赁等。

增值税注册分为两个步骤，从提交申请到完成注册登记，一般需要 6~8 周时间。增值税纳税人应注册而逾期注册或未注册的，会遭受 2000 欧元至 12.5 万欧元的罚款。逾期缴纳或未缴纳增值税的，将处以 2000 欧元至 12.5 万欧元的罚款；2019 年 1 月 1 日起，对未交的增值税，按 3%的年利率处以滞纳金。除对公司本身处罚外，还对企业法人处以 200 欧元至 4100 欧元的罚款。纳税人停止经营，可通过税务机关网站以电子形式申请注销，税务机关在 30 天内做出决定，自税务机关做出注销决定之日起注销。

1. 增值税的税率

斯洛文尼亚的标准税率为 22%，另有低税率 9.5%。标准税率 22%适用于一般销售商品和提供服务，低税率 9.5%适用于基本食品（含酒精饮料及餐饮服务除外），供水，客运，书籍、报纸和期刊，写作和作曲，农业产品和服务，医疗设备和医药产品，文化活动，酒店住宿，体育设施的使用，殡葬及墓地服务。

免税项目适用于房地产交易（新建建筑除外）、金融服务、保险交易、博彩业、公共广播和电视、教育、健康和医疗服务、文化服务等。针对免税的房地产（新建建筑物和建筑用地除外），纳税人可以选择放弃免税，按正常税率缴税；房地产的接受方可享有该进项税扣除的权利。纳税人应在交易发生的次月最后一个工作日前告知主管税务机关进行征税。

2. 增值税计税的主要内容

增值税的纳税时间为货物或服务的供应时间，如果未开具正式发票则以货物或服务供应的当月最后一天为准。对于预付款业务，收到预付款时为纳税时间。对于欧盟采购或供应货物，纳税义务发生时间均为发票开具时间。如果发票未开具或在货物供应之前开具的，增值税纳税义务发生时间为货物交付的次月 15 日。进口货物的增值税纳税时间为货物进口时或货物脱离免税制度并自由流通之时。符合一定条件的进口货物增值税，可在增值税申报表中列示。

下列情况可采用现金制课税：在过去连续 12 个月和预计未来 12 个月内的

营业额（不含增值税和资产出售）均不超过 40 万欧元的境内小企业。采用现金制会计的纳税人只有在增值税全部缴纳后才可以扣除进项税额。对于关联公司，营业额门槛限制适用于整个集团。

连续提供服务需要定期开具发票或结算款项的，应在期满开具发票或付款之时发生纳税义务。如果连续提供服务超过 1 年，且在此期间未开具发票或结算款项的，增值税应在每个日历年末缴纳。融资租赁视为货物销售，货物所有权实际移交时产生纳税义务。经营性租赁视为提供服务，提供服务时产生纳税义务。

允许抵扣的进项税是为应税经营项目而购进货物和服务所支付的增值税，包括从境内购进货物和服务的增值税，进口货物征收的增值税，欧盟内购买货物，某些国内服务交易实行反向征税所自评的增值税。进项税抵扣必须附有有效的增值税发票或海关文件，且在当期抵扣。下列项目的进项税允许抵扣（用于经营业务）：广告、购买或租赁公共汽车和运输卡车、燃料和维护费用、电话通信、书籍和报刊、出席研讨会（餐饮费除外）、原材料。

不允许抵扣的进项税指购进货物或服务用于非经营项目（如用于私人用途的货物），此外，有些应税项目的业务支出也不允许抵扣：招待费（如酒店住宿、餐饮及娱乐支出），购买、租赁的轿车或船只，燃料和维护费用（用于驾校和公共交通的除外）。

部分可抵扣进项税是指将购入的货物或服务既用于生产经营活动，又用于免税项目。货物或服务用于应税项目的，其相关进项税可以抵扣；用于免税项目的，其进项税不能抵扣。确定可抵扣的进项税的方法：①根据实际使用情况抵扣进项税的，纳税人必须在账簿或其他文件中清晰地记录所有涉及的物资（涉及的所有进项税）使用去向。②按比例法计算可抵扣进项税额。③可按不同的独立业务活动领域或不同的组织单位（如单独的工厂或业务单位）来分别确定可抵扣的进项税额。按比例扣除可抵扣的进项税，应计算出用于本年度生产经营活动和免税项目占本年度整体货物或服务的比例，按比例扣除用于经营活动的进项税。

购买资本货物的进项税允许在购买货物的纳税年度中扣除。如果资本货物在纳税年度内部分用于免税项目，则按比例计算出应税项目对应的进项税额允许抵扣，免税项目对应的进项税额不允许抵扣。如果应税项目部分发生变化，必须调整抵扣资本货物的进项税额。在斯洛文尼亚，房地产的调整期为 20 年，其他有形资本资产的调整期为 5 年。

如果当期可抵扣的进项税额超过该期间应付的销项税额，则超额进项税可以留下期抵扣。纳税人在提交纳税申报表后，符合条件的将在 21 天内获得进项税抵免权。

根据斯洛文尼亚税务机关发布的指引，纳税人有权扣除在斯洛文尼亚注册增值税前就发生的进项税，前提是该进项税符合抵扣条件。法院判决破产或强制清算之日，企业可以核销坏账。增值税纳税人发生坏账核销的，可以申请调整增值税，但必须先取得主管机关的认可。

斯洛文尼亚对既未在境内建立，也未在境内注册增值税的企业所产生的增值税进行退税。在欧盟成立的企业，可以向其注册国申请退税。未在欧盟成立的企业，根据欧盟第 13 条规定进行退税。根据互惠条约可对非欧盟国家的企业进行退税，未与斯洛文尼亚签订互惠条约国家的企业无法申请退税。

对于非欧盟企业，退款申请的截止日期是纳税年度结束后的 6 月 30 日。欧盟企业可根据所在国的规定程序，提出退税。申请退税的最低期间为 3 个月；如果不满一个纳税年度申请退税的，最低申请额度为 400 欧元；对满一个纳税年度申请退税的，最低申请额度为 50 欧元。税务机关在收到退税申请的发票和进口单据上审核盖章后，在 30 日内退还给申请人。税务机关处理退税申请的期限是收到申请和证明文件之日起 6 个月。税务机关延迟退税的，纳税人可对延迟退税金额按日 0.0247% 的利率申请退税利息。

3. 增值税的税收征管

纳税人必须根据斯洛文尼亚发票规定为所有应课税商品和服务开具增值税发票，包括出口和欧盟成员国内供货。

可以不开发票的项目包括：从事农业和林业生产活动，并最终向消费者提供产品或服务；客运交通（火车、公共汽车和缆车）的季票、月票和乘车凭证，邮票、法庭邮票、邮政表格、参与抽奖游戏付款、期刊、自动售货机的销售、通过自动取款机（ATM）出售的电话卡、谷歌移动服务（GMS）网络和互联网、零钱机器的辅币兑换销售、电信服务点提供的服务；在斯洛文尼亚和欧盟境外提供的免税金融服务。

增值税贷项凭证可以用于销货退回和折让而减少的增值税。贷项通知单可与原始增值税发票交叉印证。贷方通知单还必须注明发票规定的所有信息,如日期、更正的原因、金额以及因更正而产生的任何新项目。斯洛文尼亚允许使用电子发票,电子发票要符合欧盟相关规定。

出口商品和向欧盟供货不征收增值税,但必须附有货物已离境证据。对于出口商品,需要有出口海关批准的认证出口文件或其他出口声明的副本,特殊情况下经过海关盖章的发票、货运申报单或运输单也可以使用。对于欧盟内供货,需要有运输单据(或其他注明运费的货运文件)或必须注明买方的增值税纳税识别号的发票。注册为增值税纳税人的销售方可以向未注册为增值税纳税人的客户开具简易发票,开票金额不超过 100 欧元。超过 100 欧元的必须开具增值税普通发票。

如果使用外币开具的发票,增值税金额必须转换为欧元,汇率以纳税义务发生时斯洛文尼亚公布的欧洲中央银行汇率为准。

一般来说,斯洛文尼亚纳税人需要按月度或季度提交纳税申报表。营业额不超过 21 万欧元的纳税人可按季度申报增值税,但从事欧盟内部交易,并负有提交概括性陈述者除外;营业额超过 21 万欧元的,必须按月度申报增值税。新设的增值税纳税人在经营的前 12 个月按月度申报增值税;外国增值税纳税人按月度申报增值税。

纳税人需要按时提交增值税纳税申报表,并在次月最后 1 个工作日前足额缴纳增值税。纳税人在欧盟内供应且需要提交概括性陈述的,必须在次月 20 日前提交。适用反向征税制度的纳税人遵循特别规定,在增值税申报表中的特定位置填写交易信息和增值税(应交金额和可抵扣金额)。

增值纳税人必须通过电子方式提交所有纳税申报表,通过电子方式申报前,纳税人需要先取得电子申报证书。发票存档期限为 10 年,涉及不动产的业务,存档期限为 20 年。

逾期和未交增值税纳税申报表的,处以 2000 欧元至 12.5 万欧元的罚款。逾期未交或不交增值税的,处以 2000 欧元至 12.5 万欧元的罚款,自 2019 年 1 月 1 日起,按应纳税款 3% 的年利率征收滞纳金。同时对违反以上规定的经济实体负责人处以 200 欧元至 4100 欧元的罚款。逃避纳税义务构成犯罪的,可判处 1 年至 8 年有期徒刑。

斯洛文尼亚与其他欧盟国家进行贸易,必须填写欧盟内部统计报告。2019

年起，欧盟内部采购金额达到 14 万欧元和欧盟内部供应金额达到 22 万欧元的纳税人，需要提交单独报告。内部统计报告应在次月的 15 日内通过电子方式提交。对于法人实体，如果逾期、未交或提交不准确的内部统计报告，将处以 1250 欧元的罚款，同时还对负责纳税申报的个人处以 125 欧元的罚款。

如果斯洛文尼亚的纳税人在其他欧盟国家提供货物供应或反向征税服务，需要提交概括性陈述（欧盟销售清单），如果在纳税期内未提供任何供应或服务，可不用提交。概括性陈述必须在次月 20 日内提交。对于逾期、未交或提交不准确的概括性陈述，处以 2000 欧元至 12.5 万欧元的罚款。

（二）斯洛文尼亚的消费税政策

斯洛文尼亚对烟草制品、酒精和酒精饮料、燃料和矿物油以及电力的免税流通或进口征收消费税。

消费税的税率如下。

香烟：每 1 千支 71.3238 欧元。如每包 20 支香烟的零售价低于 3.51 欧元，则消费税最低为每千支 109 欧元。

啤酒：每升（含酒精）12.10 欧元。

酒精饮料（葡萄酒除外）：每升 132 欧元。

酒精：每 100 体积 1320 欧元。

无铅汽油：每千升 507.80 欧元。

天然气：加热用每立方米 0.0184 欧元，推进用每立方米 0.092 欧元。

热油：每 1000 千克 15.02 欧元。

电力：每兆瓦时 3.05 欧元。每年使用量超过 1 万兆瓦时时，每兆瓦时 1.80 欧元。

二、斯洛文尼亚的所得税政策

斯洛文尼亚的所得税政策，这里主要介绍斯洛文尼亚的公司所得税政策和个人所得税政策。

（一）斯洛文尼亚的公司所得税政策

居民公司指在斯洛文尼亚境内注册的公司，或者虽然在境外注册但实际管理机构在境内的公司。居民公司应就其来源于境内外的所得纳税，非居民公司就其来源于境内的所得纳税。公司所得税税率19%，投资基金、养老基金、保险基金及风险投资等，免税。分公司与法人公司适用同一税率，分公司利润汇出不征税。

资本利得视同经营所得征税，但股票利得的50%实行免税，适用条件：处置股票中至少8%已经持股6个月，并且此期间转让方至少1人在被转让方工作。上述参股免税条件不适用于：欧盟成员国以外的公司；公司所得税低于12.5%的公司；财政部公布的黑名单地区的公司。

股利收入的95%实行免税，该参股免税不适用于：用未税利润分配的股利；欧盟成员国以外的公司；公司所得税低于12.5%的公司；财政部公布的黑名单地区的公司。经营亏损无限期后转，但最多抵免当年应税所得额的50%，当股权变动超过50%时停止结转。斯洛文尼亚没有集团申报规定。

在依据会计利润计算调整应税所得额时，下列费用不允许扣除：支付给管理委员会和董事会的奖励，支付给政府机构的罚款，捐赠，贿赂等。支付给监事会的招待费和其他费用，只有50%可以扣除。允许扣除的利息，其利率不得超过财政部公布的利率。自2020年起，免征额和弥补亏损扣除的税基，其最大值不得超过纳税期税基的63%。

存货计价可以采用先进先出法、加权平均法和后进先出法。以下准备金可以按照会计上提取额的50%在税前扣除：预计保修费用，预提重建准备，大型合同的预期损失准备，提取的养老金，提取的雇员解雇补助金等。根据会计准则计提的其他准备金可以100%税前扣除。银行、保险和股票经纪公司的特定准备金可在法律规定的金额内扣除。

固定资产依据直线法计算的折旧额可以税前扣除。税法规定的直线法折旧率为：建筑物3%，部分建筑6%，设备、车辆和机械20%，零部件和研究设备33.3%，计算机硬件和软件50%，持续数年的作物10%，繁殖动物20%，其他资产10%。

隐性的利润分配作为股息征收预提税。对直接或间接持股25%的股东支付以下款项，视为隐性利润分配：无偿或以低于市场价格提供资产或履行服务，未转移资产或未提供服务却支付款项，不以正常利率支付利息等。

纳税年度为日历年度，如果纳税人提前向税务机关通报，也可以选择其他时间为纳税年度。纳税年度已经选定至少3年不变。年终所得税申报期限为次年的 3 月 31 日。纳税人需要预缴所得税，上年度纳税额超过 400 欧元的，需要按月预缴所得税。上年度纳税额低于 400 欧元的，需要按季度预缴所得税。纳税截止日期为月度或季度终了后的次月 10 日。

斯洛文尼亚的税收优惠政策主要有：

（1）投资减税。纳税人在设备和无形资产方面的投资额，其 40% 可以减少应税所得额，当年未抵扣完的，后转 5 年内抵扣。

（2）研究和开发支出可享受税收减免。研究开发方面的实际支出在据实扣除的基础上，加计扣除 100%，当年未使用的部分可以向后结转。由政府资助或欧盟资助的研发支出不得享受此类税收减免。

（3）雇佣小于 26 岁或大于 55 岁且已经在就业服务局登记失业 6 个月以上的雇员，前 2 年内其工资的 45% 可以税前加计扣除。

（二）斯洛文尼亚的个人所得税政策

居民个人是指具有斯洛文尼亚的国籍的公民，或者具有习惯性住所、个人重大经济利益在斯洛文尼亚，或者在一个纳税年度内在斯洛文尼亚停留时间超过 183 天的个人。重大经济利益指家庭住址、不动产或工作地点等。居民个人就其来源于境内外的所得，缴纳个人所得税。非居民个人仅就其来源于境内的所得缴纳个人所得税。来源于境内收入是指在斯洛文尼亚就业、开展经营活动、提供服务活动等取得收入。此外，由斯洛文尼亚共和国居民或经济实体支付或承担的费用，也被视为来源于境内的收入。

1. 计税收入

雇佣收入包括工资、薪金、奖励、福利、董事费、其他雇佣报酬、养老金和因提供临时服务获取的收入；提供给雇员家庭成员的福利也被认为是员工的福利。

经营收入是指开展经营活动取得的收入和来自个人单独业务活动取得的收入。应纳税所得额等于经营收入总额减去经营成本和费用的差额。

农业和林业活动收入指来源于经注册登记为农地或森林土地上的初级农业和林业活动的收入；计税基础是指依照有关规定确定的土地所得。

财产租赁收入包括出租动产或不动产取得的收入。纳税人扣除占租赁收入 10% 的成本后作为应纳税所得，纳税人也可选择按照实际发生的租赁财产的维护费用扣除。财产租赁收入按 25% 的税率征税。

产权转让所得包括转让产品外观专利、商标、发明专利、材料版权、图像和名称等取得的收入。扣除占收入 10% 的成本后，剩余部分作为应纳税所得额，按照 25% 的税率征税。

股息收入包括分配的股息及其他与股份有关的收入，还包括隐性的利润分配、与债务证券有关的收益分配、共同基金利润分成取得的收入。以低于市场价格向股东及家属提供产品和服务的，视同股息，按 25% 的税率征税。

利息收入包括贷款、债券、银行存款、储蓄存款和类似金融债券形成的利息，人寿保险返利收入、融资租赁收入、从信托或共同基金收到的利息收益。利息按 25% 的税率征税。从在境内银行或欧盟（EU）其他国家银行取得的储蓄存款利息不超过 1000 欧元的，免征个人所得税。居民在其他欧盟成员国居住，适用欧盟成员国之间税收信息自动交换系统的，在斯洛文尼亚的储蓄类存款利息，无须在斯洛文尼亚缴纳个人所得税。

资本利得主要包括处置不动产、出售证券或股票等收益。资本利得的计税基础是转让财产的市场价格减购置成本和交易费用的差额。资本利得基本税率为 25%，但持有时间满 5 年再转让的，税率 15%；持有时间满 10 年再转让的，税率 10%；持有时间满 20 年再转让的，税率为 0。

其他收入主要指奖金或奖品、赠送的礼品、学生的助学金及类似项目。按 25% 的税率实行源泉扣缴，如果支付人是非居民经济实体或个人，则由收款人自行申报纳税。

2. 税收扣除

居民个人的税前扣除额，2018 年金额如下：如没有其他家庭成员申请扣除费用，则一般免税额为 3302.70 欧元；若应纳税所得额低于 13316.83 欧元，扣除标准可以增加，按照公式计算：总津贴 = 23224.85 -（1.49601×总收入）；如果应纳税所得额不超过 11166.37 欧元，扣除标准为 6519.82 欧元。

抚养子女扣除标准：一个小孩 2436.92 欧元，2 个小孩 2649.24 欧元，3 个小孩 4418.54 欧元，4 个小孩 6187.85 欧元，5 个小孩 7957.14 欧元，从第 6 个开始，每增加 1 个小孩将多扣除 1769.30 欧元。若有需特殊照顾和监护的小孩，则扣除标准为 8830.00 欧元。严重残疾人扣除标准为 17658.84 欧元；在读学生的扣除标准为 2477.03 欧元。

从事文化工作的个体经营人士或记者，年收入不超过 2.5 万欧元的，扣除标准为年收入的 15%。来自欧盟（EU）或欧洲经济区（EEA）国家的非居民，若有 90% 的收入来源于斯洛文尼亚，且能证明这些收入在其居民国不征税或免税，则可以申请相应的税收减免。个体经营活动发生的损失，可以无限期向后结转。

3. 个人所得税税率

雇佣收入的个人所得税计税，实行 5 级超额累进税率，如表 3-7 所示。

表 3-7　雇佣收入个人所得税税率

应纳税所得额（欧元）		第 1 列税额	超额税率（%）
超过（第 1 列）	不超过	（欧元）	
0	8021.34	0	16
8021.34	20400	1283.41	27
20400	48000	4625.65`	34
48000	70907.2	14009.65	39
70907.2	——	22943.46	50

临时工从工作和服务中取得的收入，按收入的 10% 进行税前扣除后，要缴纳 25% 的个人所得税。根据劳动合同支付工资的雇主，还需要另外缴纳 25% 的附加税。

斯洛文尼亚对已婚人士征税，不是按照家庭，而是按照个人分别征税。斯洛文尼亚纳税年度为日历年度，税务机关根据收入支付方提交的税务信息计算个人所得税，并公布应纳税额，个人可以在 30 日内提出异议申请并提交纳税申报表。若纳税人在下年度的 5 月 31 日仍未收到税务机关的计算结果，则个人应在 7 月 31 日主动完成并提交纳税申报表。在收到税务机关纳税评估报告后 30 内完成税款缴纳，税务机关应在下年度的 10 月 31 日前，发布年度纳税评估报告。

4. 遗产和赠与税

在斯洛文尼亚继承或收到作为礼物的动产或不动产均应缴纳遗产和赠与税。但价值不超过 5000 欧元的不征税。根据与已故或捐赠者关系，纳税人可分为四类：第一类，直系子女和配偶；第二类，父母、兄弟姐妹及其子女；第三类，祖父母；第四类，其他。遗产和赠与税的计税基础是计税财产价值减去负债和其他债务后的差额。对房地产而言，计税基础是总评估价值的 80%；对于除货币以外的动产，计税财产价值就是市场价值。

第一类受益人，免税；第二类受益人税率为 5%～14%；第三类受益人税率为 8%～17%；第四类受益人税率为 12%～39%。

三、斯洛文尼亚的其他税收政策

不动产转移税针对不动产转让和融资租赁不动产征收，税率 2%。金融服务税 8.5%，汽车税 0.5%～31%，环境税对排放二氧化碳、废弃物、润滑油、废旧轮胎和废旧汽车等征收，水船税对水上运输工具征收。针对 10 年以下的保险费收入征收保险费税 8.5%。

斯洛文尼亚的财产税根据建筑物的用地面积来确定税率，每个城市都根据建筑物的位置、面积不同制定不同的税率。房地产价值超过 50 万欧元至 200 万欧元的，税率为 0.25% 至 0.5%；价值超过 200 万欧元的，税率为 0.5% 至 1%。对于小于 160 平方米的住宅，免税。房产税采用提前一年分期征收方式征收。

斯洛文尼亚的社会保障税主要包括医疗保险、养老金及伤残保险、工伤保险、生育保险及失业保险等，由雇主和雇员按比例承担，如表 3-8 所示。已经开始享受养老金和医疗保险的个人不再缴纳养老金和伤残保险。个体经营收入也应按此比例缴纳社会保障税，计税基础为经营利润的 70%。

表 3-8　斯洛文尼亚社会保障税税率

保险种类	雇主（%）	雇员（%）	合计（%）
养老金及伤残保险	8.85	15.5	24.35
医疗保险	6.56	6.36	12.92
失业保险	0.06	0.14	0.2
生育保险	0.1	0.1	0.2
工伤保险	0.53	0	0.53
合计	16.1	22.1	38.2

四、斯洛文尼亚的涉外税收政策

居民公司取得的境外收入计入应税所得额纳税，但股利实行参股免税 95%。

在境外已纳税实行限额抵免。自 2019 年起，执行反避税有关法律。受控外国公司指斯洛文尼亚税收居民直接或间接持股 50% 以上且境外所在地实际税率低于斯洛文尼亚所得税税率一半的公司。自 2020 年 1 月 1 日起，斯洛文尼亚执行 BEPS 行动，实行反混合错配，实行向境外转移资产和业务按照公允价值计算资本利得，征收公司所得税。

斯洛文尼亚的转让定价指南比较严格，要求境内外的关联交易均符合正常交易原则。关联方指直接或间接持股 25% 以上的公司，参与公司管理，或通过其他方法（如合同条款）对公司进行控制的公司。集团公司收入超过 7.5 亿欧元，需要进行国别申报。资本弱化规则要求债务权益比例为 4∶1（不包括银行和保险公司），关联方贷款和关联方担保贷款均受此限制。超过规定比例的利息支出不允许税前扣除。

对税收居民和非税收居民支付股利、利息、特许权，均征收 15% 的预提税。政府部门和银行支付利息，免征预提税。如果税收居民和非税收居民在境内的常设机构告知付款人纳税号码，则免征预提税。向非欧盟成员国的黑名单地区（所得税税率低于 12.5%）支付服务费（包括咨询费、市场营销费、人力资源费、管理费、信息技术费和法律费等），征收预提税 15%。向境外收款人支付境内房地产的租赁费，征收预提税 15%。

向欧盟成员国公司支付股利，免征预提税条件：母公司持股 10% 以上且持股期 2 年以上；收款方为欧盟成员国的税收居民，缴纳类似所得税。若满足其他条件但持股期不到 2 年，付款人向税务机关提供银行担保就可以免征预提税。若欧盟或欧洲经济区某些国家（不包括列支敦士登）不允许抵免斯洛文尼亚预提税，则斯洛文尼亚免征股利、利息和特许权使用费预提税。向欧盟成员国支付利息和特许权使用费，免征预提税条件：持股 25% 以上的母子公司或姐妹公司。支付给欧盟/欧洲经济区居民养老基金、投资基金和执行养老计划的保险公司的股息和利息，如果在收款人居住国没有税收抵免，并且收款人不是斯洛文尼亚分支机构，则免征预提税。

斯洛文尼亚已经签订了 58 个税收协定。在斯洛文尼亚签订的税收协定中，持股达到规定比例时股息预提税为 0 的有：法国、科威特、挪威、瑞士、阿联酋、英国；股息预提税为 5% 的有：白俄罗斯、中国、克罗地亚、塞浦路斯、格鲁吉亚、卡塔尔、罗马尼亚、新加坡等。利息预提税为 0 的只有瑞典；利息预提税为5%的有：奥地利、白俄罗斯、保加利亚、克罗地亚、塞浦路斯、捷克、丹麦、芬兰、法国、格鲁吉亚、德国、匈牙利、冰岛、伊朗、爱尔兰、以色列、日本、韩国、科威特、卢森堡、马耳他、摩尔多瓦、科索沃、荷兰、挪威、卡塔尔、罗马尼亚、新加坡、西班牙、瑞士、乌克兰、阿联酋、英国、美国。斯洛文尼亚是欧盟成员国，执行欧盟指令，欧盟成员国向斯洛文尼亚支付股利、利息和特许权使用费均免征预提税。故同欧盟成员国的协定税率用不上。

中国与斯洛文尼亚协定：股息预提税5%，利息和特许权使用费预提税均为10%。分公司利润汇回，不征税。持股10%以上，可以间接抵免，无税收饶让。

第四章

投资欧盟成员国的税务风险及防范

第一节 投资欧盟成员国的税务风险

投资欧盟的税务风险，本书主要分析不允许适用欧盟指令的税务筹划风险、执行 BEPS 行动计划带来的反避税风险、利息税前扣除和转让定价等纳税调整风险。

一、适用欧盟指令的税务筹划风险

在税务筹划中，运用欧盟指令进行股权架构设计，中国企业投资奥地利和波兰，需要通过荷兰、卢森堡等国家进行控股，以避免 10% 或 7% 的股息预提税。中国企业投资法国、德国、希腊、芬兰、斯洛文尼亚、罗马尼亚、保加利亚、克罗地亚、西班牙和意大利等 10 个国家，也可以通过荷兰和卢森堡进行控股，以避免 5% 的预提税。这些税务筹划均存在一定的税务风险。欧盟各国免征预提税除持股比例和持股期限要求外，如西班牙规定卢森堡和塞浦路斯控股公司不适用免税规定，终极股东不是欧盟税收居民不适用。奥地利要求受益人所在国所得税低于 10% 不适用免税规定。波兰要求居住国对境外所得征税，付股利公司能提供税务机关要求的所有资料。捷克要求母公司和子公司均不享受免税政策，分配股利公司不能将股利税前扣除。罗马尼亚要求在居住国缴纳类似所得税，不享受免税待遇，且收款人是受益所有人。保加利亚要求向欧盟公司支付股利免税，不适用没有经济实质的避税安排等。如果税务筹划安排不符合项目所在国的具体要求，则可能会产生不能享受免征预提税的风险。所以，股权架构设计时，作为中间控股公司应该有经济实质，并符合项目所在国的其他要求，才能达到免征预提税的筹划目的。

在税务筹划中，运用欧盟《利息和特许权使用费指令》进行债权来源选择时，中国企业在意大利、比利时、希腊、葡萄牙、波兰、捷克、斯洛伐克、斯洛文尼亚、保加利亚和克罗地亚等项目公司，可以通过荷兰公司、卢森堡公司和德国等公司进行转贷，以避免利息预提税。这种税务筹划存在一定的税务风险，BEPS 行动计划在欧盟各国实施后，企业签订一项借款合同，又与另一国家签订有类似合同，这种税务筹划行为，很多国家都不允许享受免征预提税，即使是有经济实质的公司，这种转贷业务，也会存在税务风险。

二、执行 BEPS 行动计划带来的反避税风险

2015 年 10 月 5 日，OECD 发布 BEPS 行动计划的最终报告后，欧盟委员会就经合组织税基侵蚀与利润转移（BEPS）十五项行动计划逐一做出回应。如欧盟委员会《反避税（ATA）指令》中的混合错配安排、受控外国公司规则和限制利息扣除规则包含了欧盟对内对外进一步解决混合错配安排、建立受控外国公司规则及限制利息扣除的相关条款；欧盟自 2017 年开始强制自动交换所有跨境税务裁决情报，所有欧盟成员国也已经一致接受了对知识产权收入税收优惠制度采用改良的关联法；欧盟反避税一揽子法规提出了关于欧盟成员国税务机关之间实施分国信息报告的具有法律约束力的要求，提议欧盟成员国需在其税收协定中包含符合欧盟法规的反税收协定滥用通用规则，鼓励欧盟成员使用 OECD 修订后的常设机构判定标准，以防止企业人为地掩盖应税场所实质等等。

中东欧各国执行 BEPS 行动计划的具体情况，如表 4-1 所示。

由表 4-1 可知，欧盟成员国中东欧国家，除爱沙尼亚、拉脱维亚、立陶宛、罗马尼亚和斯洛文尼亚等国执行较少项目外，其他国家执行的项目均比较多。在 15 项计划中，各国执行较多的有：数字经济税收挑战、制定有效受控外国公司规则、利息和其他款项侵蚀税基限制、打击无实质因素有害税收实践、衡量和监控 BEPS、转让定价文档和国别报告、修订双边税收协定的多边协议。此外，

表 4-1 中东欧国家执行 BEPS 行动计划情况

行动计划	保加利亚	克罗地亚	捷克	爱沙尼亚	希腊	匈牙利	拉脱维亚	波兰	罗马尼亚	斯洛伐克	斯洛文尼亚
1. 数字经济税收挑战	√	√	√	√	√	√	√	√	√	√	√
2. 消除混合错配安排的影响		√			√	√		√		√	
3. 制定有效受控外国公司规则	√	√	√		√	√		√		√	
4. 利息和其他款项侵蚀税基限制	√	√	√		√	√	√				
5. 打击无实质因素有害税收实践	√	√	√	√		√	√	√	√	√	√
6. 防止税收协定优惠不当授予			√		√			√			
7. 防止人为规避构成常设机构					√			√		√	
8~10. 无形资产转让定价指南					√			√			
11. 衡量和监控 BEPS	√	√			√	√			√	√	√
12. 强制披露规则		√	√					√			
13. 转让定价文档和国别报告	√	√	√		√	√	√	√	√	√	√
14. 使争议解决机制更有效		√			√	√					
15. 修订双边税收协定的多边协议	√	√	√	√	√	√	√	√	√	√	√

资料来源：鹏歌富达网站 http://www2. deloitte. com/cn 资料 beps-action-update 整理。

2021 年 10 月，国际税收体系改革实施的"双支柱"方案，上述中东欧国家均同意参与，并同意交换本国税法改革的相关信息。BEPS 行动计划的执行，大大增加了海外投资企业的税务风险。投资中东欧的中国企业，应特别关注项目国执行 BEPS 的最新措施及规定，防范税务风险。

国际反避税对避税地的挑战（如最低实体化要求，CRS 的银行信息披露等），特别是 2021 年 7 月，OECD 包容性框架中 132 个国家发表声明支持双支柱方案，在 2021 年 10 月，G20 领导人也支持双支柱方案，就国际税收框架达成历史性共识，支持跨国企业利润重新分配，设置全球最低税率（15%），这些国际间的反避税发展趋势都将对"走出去"企业在境外合法、合理地设立、搭建区域和全球投资结构产生深刻的影响。如华为公司为了规避双重征税，在俄罗斯采用了"由当地子公司签订服务合同、总机构签订商品销售合同"的经营方式。华为公司在 2009 年曾被俄罗斯基层税务局认定在其境内构成常设机构，要求其补缴各项税款和滞纳金共计 2000 多万美元。

三、利息税前扣除和转让定价等纳税调整风险

利息税前扣除和转让定价，不仅能减少公司所得税税基，进而减少了所在国的公司所得税，而且可能因没有利润分配还减少了预提所得税。各国对利息税前扣除和转让定价都有比较严格的规定，一旦不符合规定，就会招致纳税调整，这就给跨国经营企业带来了纳税调整风险。

（一）利息不允许税前扣除的纳税调整风险

欧盟各国，无论有无资本弱化规则，对利息的税前扣除都有要求，有些国家对利息的税前扣除要求非常严格。为了使读者了解欧盟各国的具体要求，现将各国的资本弱化规则及其相关的利息税前扣除规定整理，如表 4-2 所示。

由表 4-2 可知，法国、比利时、丹麦、捷克、拉脱维亚和罗马尼亚等国的资本弱化规则比较严格，利息税前扣除限制较多。从资本弱化规则的适用规定来看，欧盟大多数国家都对境内外关联方贷款和关联方担保贷款均纳入限制范围。西班牙对集团内贷款审查较严格，集团内支付利息大多视同股息处理，不允许税前扣除。上述各种规定，对投资欧盟的中国企业来说，都容易产生纳税调整风险，所以，应特别加以重视。

表4-2　欧盟各国资本弱化规则具体规定

国别	资本弱化规则	适用条件或特殊情况
法国	（1）利率，按照贷款机构的平均利率和向非关联银行借款利率中较高者 （2）关联方借款比率不得超过：净权益的1.5倍，息税前利润的25%，关联方利息收入 （3）超额利息费用可以向后无限期结转，每年扣除总额的5%	适用于关联方贷款和关联方担保贷款；利息费用在15万欧元以下，不受限制
德国	无资本弱化规则，但要求利息支出扣除原则上不得超过当期利息收入，超过部分可以扣除金额以不超过息税前利润的30%为限	利息支出不超过300万欧元的企业、向持股超过25%的股东支付利息不到总数的10%、非集团公司成员企业、可证明其债务股本比例不高于集团内其他公司的成员企业除外
意大利	无资本弱化规则，但要求税前扣除利息费用不超过息税前利润的30%	加强了反避税管理，对"壳公司"有专门的法律规定
比利时	借款利息要求符合正常交易原则，利率超过正常市场利率部分不允许扣除。由个人股东和董事担保的贷款，债务权益比为1∶1；集团内借贷和从避税天堂借款，债务权益比例为5∶1	付给关联方非居民个人或付给低税区居民的利息，不允许扣除
卢森堡	要求集团内借款符合85∶15的债务权益比例	不符合规定的借款支付的利息视同隐蔽的股利分配，征收15%预提税
丹麦	（1）债务权益比例为4∶1 （2）净财务成本超过2130万丹麦克朗时，超过部分允许扣除3.4%。净财务成本包括利息收入减利息支出，出售负债的利得和损失，附息的应收款利息，股票利得或损失，应税股利等 （3）息税前利润的80%，最多2130万丹麦克朗	适用于境内外关联方债务和关联方担保债务。若债务在1000万丹麦克朗以下，则不受债务权益比例限制。利息净财务费用超过2130万丹麦克朗时，受资本弱化规则限制

国别	资本弱化规则	适用条件或特殊情况
希腊	无债务权益比例规定，但要求利息扣除不得超过息税前利润的30%，利息不超过300万欧元不受限制	支付给非银行机构的利息，只要不高于希腊银行贷款利率部分，允许在税前扣除
葡萄牙	无债务权益比例限制，但要求净财务费用税前扣除为息税前利润的30%以内且不超过100万欧元	向税收协定国股东支付符合正常交易原则的贷款利息，可以税前扣除
西班牙	无资本弱化规则，但要求税前扣除不超过息税前利润的30%。财务费用在100万欧元以下，不受限制	集团内贷款审查较严格，集团内支付利息大多视同股息处理，不允许税前扣除
奥地利	无规范的资本弱化规则，但税务管理实践中要求债务权益比例3∶1至4∶1，最低权益比例为8%	若权益比例低于8%，则会遭到反避税调查
瑞典	无资本弱化规则，但要求利息税前扣除不超过息税前利润的30%	向关联方支付利息，经过检查符合正常交易原则，才允许税前扣除
芬兰	无债务权益比例要求，但要求对关联方支付利息最多为息税前利润的25%，超过部分向以后结转	每年税前扣除利息费用50万欧元以下以及能够证明芬兰公司权益资产比例高于集团合并权益资产比例，则利息税前扣除不受限制
波兰	要求利息净支出（利息支出减利息收入）税前扣除不得超过息税前利润的30%	适用于境内外直接或间接持股超过25%的关联方，300万兹罗提以下不受限制
匈牙利	要求债务与权益比例为3∶1	债务指全部负债，包括背对背贷款。权益指所有者权益总额

续表

国别	资本弱化规则	适用条件或特殊情况
捷克	要求债务权益比例为4：1（金融公司6：1）。不允许税前扣除的利息：不符合资本弱化规则的利息；贷款人免税的利息和不计入应税所得额的利息；向控股公司支付的利息；与经营利润无关的利息	适用于境内外关联方贷款和背对背贷款（不包括关联方担保贷款），限制税前扣除的融资成本包括利息和贷款相关费用
斯洛伐克	要求关联方贷款的利息和相关费用，税前扣除限制在息税前利润的25%以内	适合于持股25%以上的关联方
斯洛文尼亚	要求债务权益比例为4：1（不包括银行和保险公司），超过规定比例的利息支出不允许税前扣除	适用于关联方贷款和关联方担保贷款
拉脱维亚	资本弱化规则有两个条件，取两个之中较大数额：利率超过平均利率的1.57倍，关联负债超过权益的4倍。超过规定比例的利息支出不允许税前扣除	适用于关联方贷款、关联方担保贷款和关联方融资租赁。银行和保险公司不适用
立陶宛	要求债务权益比例为4：1。超过规定比例的利息支出不允许税前扣除	适用于关联方贷款和关联方担保贷款
罗马尼亚	要求债务权益比例为3：1。若公司权益为负数或债务权益比例超过3：1，则利息支出和长期借款相关的汇兑损失，均不得税前扣除，但可以结转下一年	允许的利率最高为罗马尼亚央行利率加4个百分点
保加利亚	要求利息支出抵减利息收入后的净额限制在应税所得额的75%以内，但若债务权益比例不超过3：1，则利息税前扣除不受限制	超过规定的利息，在符合当年利息扣除规定的情况下后转5年
克罗地亚	要求关联方债务权益比例为4：1	适用于持股25%以上的关联方贷款和关联方担保贷款
荷兰、爱尔兰、马耳他、塞浦路斯、爱沙尼亚等国均无资本弱化要求		

资料来源：根据普华网站http：//www. pwc. com资料Worldwide Tax Summaries Online整理。

根据安永网站http：//www. ey. com资料Worldwide Corporate Tax Guide 2020整理。

根据德勤网站https：//dits. deloitte. com/#TaxGuides资料Tax guides and highlights整理。

（二）转让定价纳税调整风险

转让定价是跨国经营中必须重视的问题。企业把中国境内母公司或子公司的材料或设备转让给境外子公司，项目所在国税务机关特别关注转让价格，这个价格受项目所在国转让定价指南制约。世界经济合作与发展组织（简称OECD）发布的2017年《跨国企业和税收机关最新转让定价指南》（*Transfer Pricing Guidelines for Multinational Enterprises and Tax Administrations*）为国际税收领域提供了统一和正确执行的全球准则。欧盟国家中，除马耳他和塞浦路斯外，其他25个国家均有转让定价指南，且均基于OECD2017年的转让定价指南制定或修订，对国际贸易特别是关联方交易的定义、识别、估值和披露制定了严格的标准。表4-3详细列示了欧盟27国的转让定价规定。

表4-3 欧盟各国转让定价的具体规定

国家	OECD转让定价指南	预约定价安排	分国别关联交易报告	需提供转移定价文档的企业	
				主文档	本地文档
法国	适用	有	提供	营业额或资产总额>4亿欧元的大公司需提供。营业额或资产总额>5000万欧元，或直接或间接持股>50%的子公司达到这一门槛，需每年提交轻型转移定价文档	
德国	适用	无	提供	交易发生60天内（特殊交易30天内）需提交相关文档	
意大利	适用	有	提供	跨国集团的意大利子公司只需提供本地档案，意大利跨国集团或拥有海外子公司的意大利子集团两者均需提供	

续表

国家	OECD转让定价指南	预约定价安排	分国别关联交易报告	需提供转移定价文档的企业	
				主文档	本地文档
荷兰	适用	有	提供	关联方交易需提供	关联方交易需提供
比利时	适用	无	提供	年收入>5000万欧元或资产>10亿欧元或雇员大于100人，满足以上任一标准需提供	
卢森堡	适用	有	提供	无特殊要求	无特殊要求
丹麦	适用	无	提供	员工>250人、收入>2.5亿丹麦克朗或资产>1.25亿丹麦克朗的企业需提供	
爱尔兰	适用	有	提供	年收入>2.5亿欧元需提供	年收入>5000万欧元需提供
希腊	适用	有	提供	年交易金额≤10万欧元且纳税人年营业额≤500万欧元，或年交易金额>20万欧元且纳税人年营业额>500万欧元，无须提供转让定价文件	
葡萄牙	适用	有	提供	年收入高于300万欧元的企业需提供	
西班牙	适用	有	提供	以下情况无须提供文档：西班牙纳税人间的交易；同一经济利益集团或临时企业联盟间的交易；股票公开发行范围内的交易；年交易额不超过25万欧元	
奥地利	适用	无	提供	前两个财政年度营业额超过5000万欧元的企业需提供	
瑞典	适用	无	提供	雇员<250人、营业额<4.5亿瑞典克朗或资产<4亿瑞典克朗的小型企业；交易总额低于500万瑞典克朗无须提供	
芬兰	适用	无	提供	雇员>250人、营业额>5000万欧元或资产>4300万欧元的企业需提供	

国家	OECD转让定价指南	预约定价安排	分国别关联交易报告	需提供转移定价文档的企业	
				主文档	本地文档
马耳他	仅参考	无	提供	无须提供相关文件，但当局要求交易遵守正常交易原则	
塞浦路斯	仅参考	无	提供	无须提供相关文件，但当局要求交易遵守正常交易原则	
波兰	适用	有	提供	根据交易类型，交易额>200万兹罗提或>1 000万兹罗提需提供；与避税天堂的交易>10万兹罗提需提供	
匈牙利	适用	有	提供	年交易额<5000万福林无须提供转让定价文件	
捷克	适用	无	提供	无须提供相关文件，但当局要求交易遵守正常交易原则	
斯洛伐克	适用	有	提供	按OECD标准提供转移定价文件	
斯洛文尼亚	适用	无	提供	按OECD标准提供转移定价文件	
爱沙尼亚	适用	无	提供	雇员<250人、营业额<5000万欧元或资产<4300万欧元的中小企业，除与低税区企业交易外，无须提供	
拉脱维亚	适用	有	提供	跨境交易额>500万欧元且净营业额>5000万欧元；或跨境交易额>1500万欧元	跨境交易额>500万欧元须提供
立陶宛	适用	有	提供	隶属国际集团且年收入>1500万欧元的企业	年收入>300万欧元的所有企业

国家	OECD 转让定价指南	预约定价安排	分国别关联交易报告	需提供转移定价文档的企业	
				主文档	本地文档
罗马尼亚	适用	有	提供	关联方交易均需提供	关联方交易均需提供
保加利亚	适用	无	提供	关联方交易并超过门槛值	关联方交易并超过门槛值
克罗地亚	适用	有	提供	无特殊要求	无特殊要求

资料来源：根据普华网站 http：//www. pwc. com 资料 Worldwide Tax Summaries Online 整理

根据安永网站 http：//www. ey. com 资料 Worldwide Corporate Tax Guide 2020 整理

由表4-3可知，除马耳他和塞浦路斯部分参考外，其余25国均适用或基于OECD准则制定了本国的转让定价指南，要求境内外关联交易遵守正常交易原则。大多数国家（马耳他、塞浦路斯和捷克除外）严格落实了BEPS第13项行动计划的成果，要求企业就关联交易提供三层披露文档，包括主文档（Master File）、本地文档（Local File）和分国别关联交易报告（Country – by – Country Report，CbC）。欧盟27国均要求关联交易额超过7.5亿欧元的公司提供分国别关联交易报告，部分国家如法国、德国、比利时、丹麦等对主文档和本地文档的披露事项、提交时间和处罚做出了具体规定，个别国家依据其国情提出了特殊文档报送要求，如匈牙利规定对于低附加值的服务贸易可提供简易文档。尽管15个国家有预约定价安排（Advance Pricing Arrangement，APA），但其适用范围、适用时间和交易金额均有一定限制，如希腊规定APA的有效期为4年。此外，一些国家如捷克仅为单边预约定价安排，这会影响关联企业的纳税义务和税收负担并需更多的协议程序。

第二节 投资欧盟成员国的税务风险防范

基于投资欧盟税务风险，这里主要阐述应对适用欧盟指令的税务筹划风险防范、执行 BEPS 行动计划的反避税风险防范和纳税调整风险防范。

一、适用欧盟指令的税务筹划风险防范

适用欧盟指令免征预提税，欧盟各国不仅有持股比例和持股时间的不同要求，而且很多国家还有特殊规定，如专门用于实现税收优惠的控股公司不能享受免征预提税，投资性资产超过 50% 的公司不能享受免征预提税，受益所有人应为欧盟股东等。西班牙规定卢森堡和塞浦路斯控股公司以及终极股东不是欧盟成员国税收居民，不适用免征预提税。因此，进行税务筹划时，设立在马耳他、塞浦路斯、匈牙利、斯洛伐克、爱沙尼亚、拉脱维亚等 6 国（对外支付股利免税）和设立在荷兰、比利时、卢森堡、丹麦、爱尔兰、葡萄牙、瑞典、捷克、立陶宛等 9 国（税收协定国参股免税）的控股公司，符合实质性要求是基本条件，即有场地、有员工、有真实业务。此外，还需要满足支付股利公司所在国的特定要求。

为降低税务风险，投资法国、德国、意大利、希腊、西班牙、芬兰、斯洛文尼亚、克罗地亚、保加利亚和罗马尼亚等 10 国可以不进行股权架构设计，由中国母公司直接持股。因为罗马尼亚与中国协定税率仅为 3%，斯洛文尼亚和克罗地亚与中国协定股息预提税 5%，法国、德国、意大利、希腊、西班牙和芬兰等 6 国与中国协定持股 25% 以上时股息预提税为 5%，保加利亚国内税法规定股息预提税为 5%（小于协定税率 10%）。若为了减少 3% 或 5% 的预提税进行了股权架构设计，但被严格审查后又不符合免征预提税的条件，则得不偿失。

欧盟成员国与中国协定中，利息预提税大多为 10%。若选择通过法国、德国、荷兰、卢森堡、丹麦、奥地利、瑞典、芬兰、马耳他、塞浦路斯、匈牙利、爱沙尼亚和拉脱维亚等国（对外支付利息不征税）的集团内公司转贷（即由中国母公司借款给中间公司，中间公司再借款给项目公司），很多国家有限制规

定，存在类似合同的利息支出，不允许税前扣除。而且股息免预提税的限制，同样也对利息限制，如西班牙对卢森堡和塞浦路斯控股公司以及终极股东不是欧盟税收居民的公司，不适用免预提税政策。波兰要求付款方在波兰有永久设施，收款方就境外所得纳税，且支付公司能提供税务机关要求的资料等。为降低税务风险，尽量少进行转贷业务，而是通过在英国、卢森堡或荷兰设立财务公司向欧盟各国的子公司进行贷款。此外，就是通过中国境内国家全资的银行进行贷款，会免征利息预提税。

二、执行 BEPS 行动计划反避税风险防范

处于欧盟成员国的中东欧国家，除立陶宛外均实施了 BEPS 行动计划。特别是 BEPS 行动计划第三项——制定有效受控外国公司规则（保加利亚、克罗地亚、捷克、希腊、匈牙利、波兰等 7 国实施），BEPS 行动计划的第四项——利息和其他款项侵蚀税基限制（保加利亚、克罗地亚、捷克、希腊、匈牙利、拉脱维亚、波兰等 8 国实施），BEPS 行动计划的第五项——打击无实质因素造成的有害税收实践（中东欧各国基本上均实施），BEPS 行动计划的第十一项——衡量和监控 BEPS（保加利亚、克罗地亚、希腊、匈牙利、罗马尼亚、斯洛伐克、斯洛文尼亚等 7 国实施），BEPS 行动计划的第十三项——转让定价文档和国别报告（除立陶宛和爱沙尼亚外的中东欧国家均实施），BEPS 行动计划的第十五项——修订双边税收协定的多边协议（除立陶宛外的中东欧国家均实施）。防范这些条款带来的税务风险，必须深入研究所在国的具体实施措施，在实际操作中严格遵守措施，必要时聘请咨询机构或专业人士进行指导，特别是投资希腊、斯洛伐克、克罗地亚、波兰、捷克和保加利亚实施 BEPS 行动计划项目比较多的国家。

在后 BEPS 时代，中国企业应熟知欧盟各国执行 BEPS 的具体内容，熟知各国税收条约协定的内容及变化，依法履行纳税义务，同时依协定享受税收协定待遇。为避免境外短期项目被认定为常设机构而面临双重征税风险，中国企业在欧盟各国的项目尽量不设置固定场所。中国企业应根据税收协定规定的工程型常设机构认定标准，在投标、洽谈和签订合同过程中合理设置工程期限。在满足工程项目规划和业主要求的基础上，将境外承包工程项目进行"合理拆分"，以降低境外税费支出。对境外派遣员工的工作性质、项目性质、停留时间

做出合理规划，根据成本效益原则定期轮换外派员工，以防被认定为劳务型常设机构的风险。

在后 BEPT 时代，发展中国家在不断完善和修订其国内法，逐步修订和更新双边税收协定，对工程服务型常设机构的判定和征税是一个大趋势。即在 EPC 模式下，我国"走出去"的建筑企业将会被越来越多的东道国判定为构成常设机构，并据此核定征税。中国签约方及总承包方（中国母公司）与东道国业主签约，中国母公司委托其当地的法律机构，如子公司负责设备的报关、清关及后续的工程服务，进而形成代理法律关系，而不是与当地子公司形成货物买断关系。在这种模式下，当地子公司只代表其中国母公司在东道国进行设备的销售和随后的工程服务，是一种非独立代理人身份。中国母公司很容易被东道国当地税务机关判定构成常设机构，进而就货物（设备）销售合同金额核定征收相关的企业所得税和增值税。如山东电力基本建设总公司多年来在印度开展的 EPC 工程都是根据中国境内供货合同和印度境外服务合同两种形式谈签的，即在我国境内实施设计、采购然后到印度实施安装等服务项目。2013 年 4 月，山东电力基本建设总公司已被告知在中国境内供货合同也要被印度根据 1% 征收预扣税。因为这部分合同金额份额大，被印度课税，将面临由双重征税所造成的上千万美元的损失。

防范 EPC 项目的常设机构风险，可以采用以下模式：

（1）由中国母公司直接与东道国的第三方物流公司签订相关货物（设备）报关、清关合同。即由东道国当地的物流公司代表中国母公司负责报关、清关及随后的货物送达，进而形成代理法律关系。当地物流公司这个专业第三方是独立代理人身份，其不仅为中国母公司在当地提供报关、清关服务，还代理公司提供同样的代理业务，因此，不会构成中国母公司在东道国的常设机构。这种模式常设机构风险较小，但业主一般不愿意配合。

（2）中国母公司与其在东道国的法律机构（如子公司）签订正常的货物（设备）销售合同。即中国母公司要先将货物销售给当地的子公司，随后由子公司再销售给当地业主，形成货物的买断关系。货物（设备）进入东道国后，其物权属于当地子公司，相应的法律权责也转移到了子公司，由当地子公司负责货物（设备）的报关、清关、送达现场以及后续的工程服务。由于当地子公司也是当地的正常纳税人，其相应的清关和随后的工程服务都要在当地申报和缴纳相关税费。在此模式下，中国母公司与其在东道国的子公司在法律风险上有所划分和隔离，东道国税务机关一般不会再将中国母公司判定为当地的常设机构。其难点是有时当地子公司在东道国不能获得货物的进口资质，或在进口清关业务上不专业、成本高、效率低。这里需要注意的是：一定要遵循独立交易原则，以预防被东道国税务机关纳税调整的风险。

三、纳税调整风险防范

投资欧盟的中国企业，面临的转让定价纳税调整风险表现为提供转移定价文档的遵从成本及被税务机关稽查后的纳税调整和处罚。目前，OECD 指南的落实和欧盟各国的税制联动，加剧了转让定价纳税调整风险，企业税务部门及相关决策者应熟知项目所在国的转让定价规定，关注投资国的转让定价文档要求、处罚办法及转移定价调整方法，合理利用预约定价安排，选择最有利的关联交易方案，避免纳税调整风险。

防范转让定价纳税调整风险，企业应制定符合独立交易原则的集团《全球转让定价政策指南》，同时配合中国及东道国税务机关的相关规定要求，制定集团内部相关成员单位"三级文档"的准备流程。《全球转让定价政策指南》的制定还需每年更新和完善，"三级文档"的准备流程的细化应由企业集团总部牵头，由负责全球海外业务的集团总部负责人直接领导，组成集团内部跨部门领导参加的联合工作小组，以便有效协调资源和推进准备工作。其主要内容包括：相关业务及财务数据采集、商业实质梳理、资产、功能和风险分析等方面的准备和完善工作。特别是要具体规定集团内各个参与单位（部门）的配合职责，上交相关资料的审核责任和时限要求。同时，企业内部相关部门和负责人需要与专业中介密切配合，主动参与同期资料的准备，提供企业自身真实业务情况和可比较的价值链分析资料和数据。另外，还要关注"三级文档"与企业实际业务相符合、相对应。特别是要兼顾与境外东道国当地税务要求的相关转让定价本地文档或预约定价的文档资料的相关性、一致性和合理性，以免引发中国与东道国税务机关的质疑和进一步深入调查，进而进行转让定价的纳税调整。

中国企业应熟知欧盟各国的转让定价、成本分摊、资本弱化及受控外国公司规定，防范因违反相关规定造成的纳税调整风险。

防范境外项目利息纳税调整风险，企业要适度增加注册资本金，使之与东道国的境外中标项目的现金流需求或标的额相匹配，避免资本弱化税务问题，保障集团贷款利息在企业所得税前最大限度合法列支，并充分享受资本项下的进口货物相关免税待遇；要做好境外项目滚动预算及相关现金流预测，及时在东道国履行必需的外债登记，保障借款利息在企业所得税税前足额列支，并实现本息顺利汇回中国；若总部贷款长期挂账，已成历史问题，应尽早求助东道国当地的法律顾问的专业帮助，提前做好"债转股"的法律安排，尽量减少项目的清算所得，减少资本利得税。

第五章

中东欧的非欧盟成员国税收政策

第一节　阿尔巴尼亚的税收政策

阿尔巴尼亚（Albania）税制的主要税种有公司所得税、个人所得税、增值税、消费税、关税、不动产税、公证税、注册税和社会保障税。

一、阿尔巴尼亚的流转税政策

阿尔巴尼亚的流转税政策，这里主要介绍阿尔巴尼亚的增值税政策、消费税政策和关税政策。

（一）阿尔巴尼亚的增值税政策

增值税征税范围包括销售商品，提供服务，进口商品，从境外进口商品或接受服务，向非纳税人提供境外远程服务（如数字服务或提供与境内不动产相关的服务）。从事上述行为的个人、企业和集团，均为增值税的纳税人。

在阿尔巴尼亚，连续12个月营业额超过200万列克的企业，应进行增值税注册。如果企业超过了增值税注册最低限额，则必须在次月15日内注册增值税。适用于农户补偿计划的农业生产者和个体农户的增值税注册最低限额为年营业额500万列克。从事进出口业务的个人和提供专业服务的个人，无论营业额多少均须办理增值税注册登记。在阿尔巴尼亚，没有集团注册制度，不可合并申报增值税。

外国企业在境内未设立常设机构但在境内提供应税商品或服务的，无增值税注册最低限额。未设立常设机构的外国企业符合以下情况的，须进行增值税注册：在境内销售商品；向境内非纳税人提供特定服务，如提供数字服务和境内不动产相关的服务；进出口业务。

除非适用反向征税机制，在境内未设立常设机构的外国企业需要任命增值税代理人，增值税代理人可代理增值税相关业务，与被代理人共同履行增值税纳税义务。在阿尔巴尼亚，未设立常设机构的外国企业适用反向征税制度的，无须进行增值税注册。

1. 增值税的税率

阿尔巴尼亚增值税税率有20%、6%和0三档。标准税率20%适用于一般商品出售或服务供应。低税率6%适用于旅店住宿服务、国际知名五星级旅店提供的用品、经认证的旅馆及酒店销售的物品（不包括饮料）、视听媒体提供的广告服务、公共交通、书。0税率适用于出口商品、向境外提供服务、国际运输、海事活动有关服务、外交安排用品、向中央银行供应黄金。免税项目包括医疗服务、保险和再保险服务、土地及房屋出租、金融服务、邮政服务、教育服务、油气勘探、印刷或销售出版物、博彩、彩票和赌博、用于加工或超过5000万列克的进口设备、小型企业进口生产设备、进口原料药物、农业机械、农业用物料（如化肥、杀虫剂、种子和幼苗等）、兽医服务等。

2. 增值税计税的主要内容

增值税的纳税时间为供应商品、提供服务的时间，或者开具增值税发票的时间。进口货物的纳税时间为进口日或海关放行货物流通的时间。

采用预付款项结算的应税活动，支付预付款的时间为纳税时间，应于当期申报并交纳增值税，供应商品或服务支付的押金，支付押金时间为纳税期间，应申报并交纳增值税，押金退还时再进行增值税纳税调整。经营租赁方式下，向承租人开具定期月度发票时的增值税即为应缴税款。融资租赁方式下，行使购买租赁资产的选择权即出售资产并向客户开出最终发票时的增值税即为应缴税款。

纳税人在商业经营中提供的商品和服务收取的增值税，可以抵扣其经营活动中购进商品和服务的进项税额。其差额为当期应纳增值税。

纳税人可以扣除的进项增值税是指为经营目的而购进商品和服务支付的增值税。允许抵扣的增值税包括境内购进商品和服务支付的增值税，进口货物支付的增值税，外国人提供的反向征税服务以及国内反向征税服务的增值税。用于经营活动而购进的商品和服务可抵扣进项税额，包括用于宣传的支出、代理费用、仅用于应税经济活动发生的燃油支出等。

购买商品和服务用于非经营活动不可扣除进项增值税，包括燃料支出、差旅费、汽车支出（不包括以销售汽车为目的支出或汽车租赁相关业务，如汽车租赁、出租车、救护车等）。

资本性货物应于取得货物的期间申报并抵扣进项税。若资本性货物既用于应税项目也用于免税项目，可抵扣进项税额取决于购入货物时企业提供的应税品比例，以后年度，应根据企业提供的应税品比例的增加或减少调整进项税额。在阿尔巴尼亚，资本货物调整年数：不动产为 10 年；可移动的固定资产为 5 年。调整适用于建设、生产或购置年度后的每一年，仅占进项税总额的小部分（不动产为 1/10，固定资产为 1/5）。如果比例在纳税年度内没有变化，则不进行调整。

企业坏账对应的增值税调整，须满足以下条件：债务已逾期 6 个月或以上；未收回的账款已核销；法院因债务人资不抵债已认定该债务不可回收。

企业进行纳税申报后，如果进项税额大于销项税额，符合以下所有条件的，可退还多付的增值税。须满足的条件包括：纳税人连续三个月进项税额大于销项税额；退税额不低于 40 万列克。纳税人可填写"退税申请表"申请退税，税务主管机关在退税申请表递交后 60 天内进行审核并退款。在境内未设立常设机构且未进行增值税注册登记的外国企业，不可申请退回增值税。

3. 增值税的税收征管

阿尔巴尼亚规定纳税人必须对境内提供商品和服务以及出口商品开具增值税发票。阿尔巴尼亚允许使用电子发票，但需经收票人同意。电子发票需要通过电子签名或电子数据交换方式来保证发票来源的真实性和内容的完整性。若出口商有正式的海关报关单，则对出口货物不征收增值税。

增值税纳税周期为日历月份。购销台账必须于次月 5 日前按月报送。纳税人必须在次月 14 日之前按月申报并交纳增值税。进口产品在进口时应缴纳增值税。年营业额超过增值税注册登记最低限额但不超过 500 万列克的纳税人，须于每季度结束后的次月 14 日之前，按月申报并缴纳增值税。购销台账须于每个季度结束后的次月 10 日内按月提交。阿尔巴尼亚要求农民、旅行社、二手物品、艺术品、收藏品、古董和黄金投资等提供特殊申报。

阿尔巴尼亚的增值税行政处罚规定：不遵守登记注册要求或不及时更新登记数据状态的，处以 1 万至 1.5 万列克的罚款；未按时缴纳增值税的，处以 1 万至 1.5 万列克的罚款，并每天收取 0.06% 的滞纳金，最长不超过 365 天；偷逃税款的，处以偷税额 100% 的罚款；对财务账簿和单据管理不当的，处以 1 万至 5 万列克的罚款；未开具全额增值税发票的，处以未申报或未缴税款 100% 的罚款。

(二) 阿尔巴尼亚的消费税政策

阿尔巴尼亚对能源产品（如石油、天然气、煤气）、烟草产品（如烟草、香烟）、酒类和酒精饮料（如啤酒、葡萄酒、烈酒）、其他产品（如烘烤咖啡、烟花），在生产和进口环节征收消费税。消费税通常定量计算。

消费税税率如下。

啤酒：4.2% 酒精含量的，15.12 列克/升~29.82 列克/升，根据产量而定。

葡萄酒、香槟、发酵和起泡饮料：30 列克/升~120 列克/升，根据酒精含量和年生产量的不同而定。

其他的酒精含量超过 38% 的饮料：247 列克/升~321 列克/升，根据产量而定。

加工烟叶：2500 列克/千克~4400 列克/千克，根据烟叶是否在阿尔巴尼亚种植而定。

电子烟用的液体尼古丁：10 列克/毫升。

含有烟草的香烟：117 列克/20 支。

液态石油副产品：5 列克/升~50 列克/升。

固体石油副产品：2 列克/升~5 列克/升。

烟花爆竹：200 列克/千克。

轮胎：新轮胎为 20 列克/千克，回收轮胎为 40 列克/千克。

白炽灯：100 列克/个。

以下货物可返还消费税：在海关批准的保税区使用的货物；在境内征收过消费税的出口产品；电力能源建设过程中使用的燃料，且单个能源设备装机功率不低于 5 兆瓦；用于工业或农业生产的温室大棚所消耗燃料；用于运输的生物柴油。返还程序须遵守特别规定和预先确定的标准。

（三）阿尔巴尼亚的关税政策

阿尔巴尼亚使用统一的税则分类编码系统。海关税率从 0% 到 15% 不等，视货物种类而定。进口用于纳税人经营活动的机器、设备，一般实行零税率。

二、阿尔巴尼亚的所得税政策

阿尔巴尼亚的所得税政策，这里主要介绍阿尔巴尼亚的公司所得税政策和个人所得税政策。

（一）阿尔巴尼亚的公司所得税政策

居民公司指在阿尔巴尼亚注册成立的公司，或者实际有效管理机构在阿尔巴尼亚的公司。居民公司就其来源于境内外的所得纳税，非居民公司只就来源于境内的所得纳税。公司所得税税率 15%，小微企业有优惠：流转额在 500 万列克以下的公司，免公司所得税；流转额在 500 万列克~800 万列克之间的公司，税率 5%。另外，地方政府根据业务类型征收 2 万列克~14.3 万列克的公司所得税。分公司与法人公司适用同一税率，分公司利润汇回不征税。

资本利得视同经营所得，缴纳 15% 的公司所得税。非居民转让境内的不动产、矿产、自然资源开采权及其相关信息所获得的资本利得在阿尔巴尼亚征税。非居民转让直接或间接持股 50% 以上股权的资本利得在阿尔巴尼亚征税。非居民的资本利得纳税申报期是次年 3 月 31 日，未按时申报并缴纳税款将遭受重罚。

居民公司收到境内外股利收入和利润收入，均无须缴纳公司所得税。税收居民向境内外支付股利源泉扣缴预提税 8%。经营亏损后转 3 年，若 50% 以上股权发生变动，则亏损不得后转。阿尔巴尼亚没有集团申报所得税规定。

以会计利润为基础进行纳税调整时，下列项目不允许税前扣除：①实物补偿；②未通过银行系统支付的工资和薪金；③没有法律证据证明无法收回的债权注销；④没有在次年 1 月 20 日前支付预提税的跨境技术服务、咨询费和管理费等费用。

下列项目税前扣除时有限额规定：①代理费和招待费最多可扣除年营业额的 0.3%；②财产损失和减值损失，在法律规定的范围内可以扣除；③赞助费最多可扣除税前利润的3%，与媒体相关的赞助最多可扣除5%；④境内旅行津贴每日最高可扣除3000列克，国外旅行津贴每日最高可扣除60欧元，且每年津贴总额在工资总额的50%以内；⑤改进和维护费用在发生的当年可完全扣除，但不得超过资产剩余价值的15%；以现金结算的费用不超过15万列克，可以免税；⑥向专业养老金计划自愿缴纳的养老金每年最多可免税25万列克；⑦自然灾害情况下的捐款最多可按税前利润的5%扣除。

存货计价可以采用先进先出法或其他特定方法。除保险公司和财务公司外，一般公司提取的准备金不允许税前扣除。建筑物折旧费采用余额递减法依据5%的折旧率计算，可以税前扣除，当资产折旧余额不到历史成本的3%时，资产折旧余额可以一次性税前扣除。无形资产摊销采用直线法依据15%的比率计算，可以税前扣除。其他资产组成资产组运用余额递减法计算折旧费，计算机、信息系统和软件折旧率为25%，其他资产折旧率为20%。当资产折旧余额不到历史成本的10%时，资产折旧余额可以一次性税前扣除。

公司所得税的纳税年度是日历年度。纳税人需要按季度预缴企业所得税，纳税时间是3月30日、6月30日、9月30日和12月30日。纳税人也可选择在每月15日前按月预缴企业所得税。1—3月预缴所得税依据前年的实际纳税额除以12计算，4—12月预缴所得税依据去年的实际纳税额除以12计算。如果纳税人请求减少预缴所得税并已得到批准，但汇算全年应缴所得税超过预缴所得税金额10%以上，则差额部分需缴纳罚息。年终所得税汇算清缴是次年3月31日之前，没有按时申报和按时缴纳税款，需支付利息和罚款。未按时缴纳税款应按银行间贷款利率的120%支付利息，同时按日支付0.06%的罚款，对于逃避纳税，罚款1倍。

阿尔巴尼亚的税收优惠政策：软件生产和开发公司的企业所得税税率为5%。在2021年12月31日之前获得"认证农业旅游实体"地位的农业合作社和农业旅游企业，在获得认证后的10年内适用5%税率。在2024年12月或之前获得特殊地位的四星级或五星级酒店和度假村，从经济活动开始之日起10年内免征企业所得税。

（二）阿尔巴尼亚的个人所得税政策

居民个人是指在阿尔巴尼亚拥有永久居留权、家庭或者切身利益的个人，或者阿尔巴尼亚公民和在境外担任领事、外交官和其他官员的公民，或者一个纳税年度内连续或累计在境内居住超过 183 天的个人。居民个人就其来源于境内外的所得，缴纳个人所得税。非居民个人仅就其来源于境内的所得，缴纳个人所得税。

1. 计税收入

阿尔巴尼亚个人所得税的计税收入，包括雇佣收入、个体经营收入、股息、利息、特许权使用费、贷款和租赁收入、出售股份的资本利得、博彩收入、其他收入。

雇佣收入主要包括工资、奖金、津贴以及其他福利和报酬，董事费收入也被视为雇佣收入。雇主提供的股票期权，雇主在授予雇员期权时不征税，在雇员行权时按市场价格减去行权价及交易费用之差征税。

个体经营者必须先在境内注册成为创业者，年营业收入在 500 万列克至 800 万列克的小型企业，按营业利润 5% 简化缴纳所得税；年营业收入不超过 500 万列克的微型企业，税率为 0。计税基础是总收入减去可扣除的成本费用之差。个体经营的必须按季预缴税款，按年提交纳税申报表，并于下年度 2 月 10 日前进行汇算清缴。

股息收入是指商业公司的个人股东或合伙人获取的股息，应缴纳个人所得税。合伙人或初始投资者由于公司股本减少或撤资收到的金额，被视为已经收到相应份额的股息（指公司已经资本化的利润部分，而不是股东现金或实物投资部分），应征收个人所得税。从银行或其他证券获得的利息均应列入应纳税范围。

特许权使用费是指文学作品、艺术作品或科研作品的使用或使用权所产生的收入，包括电影、录音、无线电记录、专利、商标、图纸设计、模型设计、秘密配方、工业生产流程及工商业信息和科研信息等。

贷款和租赁收入包括个人从不动产租赁和可置换项目（如资金）的借贷中产生的定期现金收入或实物补偿。

资本利得主要包括不动产所有权转让所得、配额或股份转让所得。出售不动产取得的计税基础是销售价格减去不动产成本的差额；若为捐赠财产价值转移，则转移价值不得低于该不动产的参考价值（由政府根据不动产情况制定的不动产每平方米的价格）。配额和股份转让的计税基础：股份是销售价格与购买价格或名义价值的差额；合伙企业资本配额的销售价格与购买价格或名义价值的差额；企业清算转让的销售价格或清算价值与账面价值的差额。

博彩收入应在收到收入后的 24 小时内，按 15% 的税率源泉扣税。

其他收入是指不在上述范围内的收入，主要包括赞助收入，从事教学、培训、出版报刊等具有临时性、兼职性质的收入。

2. 税收扣除

免税收入主要包括：①为无收入和低收入人员发放的养老金和其他社会保障福利；②学生奖学金；③因疾病、灾难获得的津贴（不超过个人年度应纳税所得额的 20%）；④因公共利益被国家征用土地等财产而获得的赔偿金；⑤经议会批准的国际协议规定的免税收入；⑥经法院判决诉讼赔偿收入；⑦雇主为员工缴纳的人寿保险、医疗保险等，雇主为雇员缴纳的自愿养老金计划（不超过 25 万列克）；⑧农民将农业土地所有权转让给其他农民或者从事农业活动的自然人、法人取得的所得，免征个人所得税。⑨因科学、体育或文化方面取得重要成就而获得政府的奖励；⑩在公司管理中，通过养老基金资产获得的投资回报，包括资本利得。

可税前扣除费用主要包括：用于个人或儿童等被抚养人的教育贷款利息；个人或儿童监护人员的医疗费用中未被医疗保险覆盖的部分；养老金、寿险和健康险的个人缴款部分。

3. 个人所得税税率

雇佣收入一般按累进税率纳税，月应纳税所得额不超过 3 万列克部分，税率为 0；月应纳税所得超过 3 万列克~13 万列克部分，税率为 13%；月应纳税所得额超过 13 万列克部分，税率为 23%。

股息收入、利息收入、租赁收入、资本利得、特许权使用费收入、博彩收入和其他特定收入，均按 15% 税率征税。

个人所得税纳税年度为日历年度，雇主必须在支付雇员工资时，预扣个人所得税，并在次月 20 日前缴纳税款。年收入超过 200 万列克的个人，必须在次年 4 月 30 日前提交纳税申报表，进行汇算清缴。

三、阿尔巴尼亚的其他税收政策

阿尔巴尼亚社会保障税由雇主和雇员按雇员月工资的不同比例承担，主要包括社会保险和医疗保险。社会保险总比例为 24.5%，其中，雇主负担 15%，雇员负担 9.5%；医疗保险总比例 3.4%，由雇主和雇员各负担 1.7%。总缴费比例为 27.9%；其中，雇主负担 16.7%，雇员负担 11.2%。计税基数不得低于规定的最低月工资（目前为 2.4 万列克）；最高不超过 105850 列克。从事个体经营的人员必须缴纳医疗保险，每月最低按 1632 列克缴纳，即最低工资的 6.8%。

阿尔巴尼亚的不动产税由业主或使用者按年缴纳，包括住宅和商业用不动产。住宅按价值的 0.05% 征收，商业用不动产按价值的 0.2% 征收；没有按期完成的建筑项目，按照未完成部分的价值计税，税率为 30%。公共不动产、用于社会住宅目的的不动产、宗教团体使用不动产、四星级以上酒店使用不动产、具体特殊地位和具有品牌价值的不动产可以免税。农业土地税根据土地的公顷数计算，税率为每公顷 700 列克至 5600 列克。非农业用地按每平方米计算，0.14 列克~20 列克，具体取决于土地的类别和物业所在的城市。

阿尔巴尼亚对各种合同不征收印花税，而是征收公证税。如不动产销售合同公证税 1000 列克，动产销售合同 700 列克。注册公司需要缴纳注册税 100 列克。酒店住宿税由四星级以上酒店缴纳，每人每晚 105 列克至 350 列克，具体根据酒店地点确定。

四、阿尔巴尼亚的涉外税收政策

居民公司就其来源于境内外所得纳税，境外已纳直接税实行限额抵免，或依税收协定免税。但阿尔巴尼亚国内法规定，居民公司取得境外的股利或利润，免征阿尔巴尼亚公司所得税。阿尔巴尼亚没有受控外国公司规定。

阿尔巴尼亚的转让定价规则基于 OECD 转让定价指南。跨境交易和受控交易受转让定价规则约束，国内交易不受转让定价规则约束。受控交易是指关联方之间的交易、常设机构与总部之间的交易，与避税地居民实体的交易。一个人拥有另一个人 50% 以上的股本，或有效控制另一个人的商业决策，此时为个人关联方。关联交易需要遵循正常交易原则，可谈签预约定价。从事受控交易的纳税人必须保留转让定价文件，且在税务机关提出要求后 30 天内提交。纳税人受控交易（包括贷款余额）总额超过 5000 万列克（约 36.3 万欧元），则纳税人需在次年 3 月 31 日前提交一份受控交易告知单，列明公司间关联交易具体情况及这些交易的定价方法。若未能及时提交受控交易告知单，则纳税人每月将被罚款 1 万列克（约合 70 欧元）。2018 年 10 月，阿尔巴尼亚加入 BEPS 行动计划。

资本弱化规则要求债务权益比例为 4：1。自 2018 年 1 月 1 日起，关联方贷款净利息支出超过息税前利润 30% 的部分，不允许抵扣。在所有权变化低于 50% 时，当期不允许扣除的利息可结转到以后期间。此类限制不适用于银行、非银行的其他金融机构、保险公司和租赁公司。

居民公司向非居民支付股息，预提税 8%。利润、利息和特许权使用费，预提税均为 15%。向非居民支付技术服务费、管理费、保险费，以及建筑业相关费用，一律缴纳 15% 的预提税。

阿尔巴尼亚已经签订了 40 个税收协定。在阿尔巴尼亚共和国与各国签订的税收协定中，在持股达到规定比例时股息预提税为 0 的有：科威特、荷兰、卡塔尔、西班牙、阿联酋等国；股息预提税为 5% 的有：希腊、新加坡；在持股达到规定比例时股息预提税为 5% 的有：奥地利、比利时、波黑、保加利亚、捷克、爱沙尼亚、法国、德国、匈牙利、冰岛、爱尔兰、韩国、拉脱维亚、马来西亚、马耳他、摩尔多瓦、蒙古、挪威、波兰、塞尔维亚、斯洛文尼亚、瑞典、瑞士、土耳其、英国等。利息预提税为 0 的有：匈牙利、阿联酋；利息预提税为 5% 的有：奥地利、比利时、捷克、爱沙尼亚、德国、希腊、意大利、马耳他、摩尔多瓦、新加坡、瑞典、瑞士等国。

中国与阿尔巴尼亚协定：股息、利息和特许权使用费预提税均为 10%。分公司利润汇回，不征税。无间接抵免，无税收饶让。

第二节　波黑的税收政策

波黑（Bosnia and Herzegovina）税制中的主要税种有增值税、消费税、关税、公司所得税、个人所得税、社会保障税、不动产税和财产转让税。

一、波黑的流转税政策

波黑的流转税政策，这里主要介绍波黑的增值税政策、消费税政策和关税政策。

（一）波黑的增值税政策

波黑的征税范围包括销售商品、提供服务、进口商品。下列业务，也需缴纳增值税：无对价或对价低于市场价值的交易；纳税人将应税货物私人使用（自供）。

增值税纳税人是指任何进行或被要求进行增值税注册的个人或法律主体。任何提供商品或劳务超过 5 万马克，均须进行增值税注册。

1. 增值税的税率

波黑增值税税率有 17% 和 0 两档。标准税率 17% 适用于所有商品或服务供应，除非有特殊规定适用零税率或免税。0 税率适用于出口商品及相关服务。免税项目包括租赁和分租住宅、公寓且租期超过 60 天；不动产的供应，但首次转让不动产所有权或处置新建不动产除外；金融服务；保险和再保险服务；教育服务；邮政服务。

2. 增值税计税的主要内容

增值税的纳税时间为交付货物或提供劳务的时点。货物在开具发票时应视为已交付货物和提供服务。进口货物的纳税时间为支付关税和其他进口费用的义务发生时间。

纳税人在商业经营中提供的商品和服务收取的增值税，可以抵扣经营活动中购进商品和服务的进项税额。其差额为当期应纳增值税。

纳税人在一个纳税期间内的销项税额低于同期可抵扣的进项税额，差额可结转至下一期，6 个月仍未抵扣完的，应予以退税。已登记的出口货物纳税人申请增值税退税的，在提交退税申请后 30 天内退还多付的增值税。

3. 增值税的税收征管

在波黑，增值税的纳税周期为日历月，增值税的申报和缴纳应于次月 10 日之前完成。

（二）波黑的消费税政策

波黑的消费税征税范围包括石油、烟草和酒精饮料，主要是从量定额征收消费税。

消费税税率如下。

石油产品：0.3 马克/升～0.4 马克/升。

烟草产品：零售价的 42%另加 0.75 马克/20 支的消费税，如果计算出的消费税低于官方规定的最低消费税税额，则应缴纳最低消费税税额，最低消费税由税务机关每年制定。

非酒精饮料：0.1 马克/升。

酒精和含酒精饮料：8 马克/升～15 马克/升，根据酒精含量情况而定。

啤酒和葡萄酒：0.2 马克/升～0.25 马克/升。

咖啡（未烘焙、烘焙、研磨咖啡和咖啡提取物）：1.5 马克/千克～3.5 马克/千克。

（三）波黑的关税政策

波黑关税主要基于欧盟标准，产品平均关税税率 2.5%，其中，食品类平均关税税率 4.4%，化工制品平均关税税率 3.4%，纺织品平均关税税率 5.3%。波黑签署了"稳定与结盟协定"和"中部欧洲自由贸易协定"。

二、波黑的所得税政策

波黑的所得税政策，这里主要介绍波黑的公司所得税政策和个人所得税政策。

（一）波黑的公司所得税政策

波黑在行政及管理上被分成三个地区：波黑联邦（又称穆克联邦）、塞族共和国、布尔奇科特区。联邦征收间接税，地区征收直接税。最近这些年波黑各地征收的公司所得税基本上一致了。税收居民就其来源于境内外的所得纳税，非税收居民仅就其来源于境内的所得纳税。

波黑联邦公司所得税：居民公司指在波黑联邦注册成立的公司，或者由波黑联邦进行管理和监管的公司。常设机构包括固定地点常设机构、建筑型常设机构、劳务型常设机构和代理人常设机构。在境内提供咨询或服务超过 3 个月就构成劳务型常设机构。居民公司在波黑联邦境内或者境外从事销售商品或提供服务等以盈利为目的的经营活动，注册在塞族共和国和布尔奇科特区的实体在波黑联邦从事经营活动，非居民实体通过在波黑联邦的常设机构从事经营活动，非居民实体有来源于波黑联邦境内的其他收入，均应在波黑联邦缴纳 10%

的公司所得税。经营亏损，后转 5 年。持股 50% 以上的居民公司，可以合并申报。纳税期间为日历年度。关联方借款利息及相关费用超过正常商业贷款利率部分，不允许税前扣除，视为股息征税。债务权益比例为 4∶1，超过部分不允许税前扣除。资本弱化规则不适用租赁公司。

塞族共和国公司所得税：居民公司指向在塞族共和国注册成立的公司，或者实际管理和监督地点在塞族共和国的公司。常设机构包括固定地点常设机构、建筑型常设机构和代理人常设机构，没有劳务型常设机构规定。居民公司在塞族共和国境内、境外从事经营活动，注册在波黑联邦和布尔奇科特区的实体在塞族共和国从事经营活动，注册在波黑联邦和布尔奇科特区的实体在塞族共和国有不动产所得，非居民实体通过在塞族共和国的常设机构从事经营活动，非居民实体有来源于塞族共和国境内的其他收入，均应在塞族共和国缴纳 10% 的公司所得税。持股 80% 以上的居民公司，可以合并申报。纳税期间为日历年度。关联方借款利率不超过正常商业贷款利率，且净利息费用不超过应税所得额的30%，允许税前扣除。

布尔奇科特区公司所得税：居民公司仅指在布尔奇科特区注册成立的公司。常设机构包括建筑型常设机构和代理人常设机构，没有固定地点常设机构和劳务型常设机构规定。居民公司在布尔奇科特区境内、境外从事经营活动，注册在波黑联邦和塞族共和国的实体在布尔奇科特区从事经营活动，非居民实体通过在布尔奇科特区的常设机构从事经营活动，非居民实体在布尔奇科特区有不动产所得，非居民实体来源于布尔奇科特区境内的其他收入，均应在布尔奇科特区缴纳 10% 的公司所得税。纳税期间为日历年度。

（二）波黑的个人所得税政策

居民个人是指在波黑联邦、塞族共和国、布尔奇科特区具有经常性居住地点或主要经济利益，或者在一个纳税年度内在波黑联邦、塞族共和国、布尔奇科特区累计停留不少于 183 天的个人。主要经济利益指家庭住址、不动产或工作地点等。居民个人就其来源于全球的所得，缴纳个人所得税。非居民个人仅就其来源于境内的所得，缴纳个人所得税。

1. 计税收入

雇佣收入主要包括从雇主处取得的工资、奖金、福利和股权激励所得等。

雇员取得以下受雇收入免税：餐费津贴，不超过员工平均工资的 1%；假期津贴，不超过最近 3 个月员工平均工资的 50%；派遣津贴，如果食宿由雇主提供且派遣时间超过 30 天，不超过日工资的 15%；员工食堂提供的餐饮免税，但塞族共和国和布尔奇科特区规定了限额。

雇主应代扣代缴雇员的个人所得税。除雇佣收入之外的其他收入由支付人源泉扣税，且应税所得额中不得扣减任何项目，适用税率为 10%。

2. 税收扣除

波黑的免税所得主要包括养老金收入、社保收入、社会福利、奖学金、股息、部分利息收入、遗产和继承所得。

波黑联邦、塞族共和国和布尔奇科特区有不同的税前扣除标准。波黑联邦规定居民的扣除项目包括部分医疗支出以及个人房屋贷款利息支出。塞族共和国规定个人房屋贷款利息；商业养老保险保费支出（不超过 1200 马克）；商业寿险保费支出（不超过 1200 马克）。布尔奇科特区寿险保费支出，不超过基础津贴的 50%；个人首套住房的贷款利息支出；子女教育支出。

波黑联邦规定基础津贴为每月 300 马克；额外津贴包括无收入配偶，每月 150 马克；抚养子女，第 1 个孩子每月 150 马克，第 2 个孩子每月 210 马克，第 3 个及以上孩子每月 270 马克。如果有其他需要抚养的家庭成员，按每个需要抚养的成员每月 90 马克。上述成员若有残疾人，额外再享受津贴每月 90 马克。

塞族共和国自 2018 年 9 月 1 日开始，向居民提供基础津贴每年 6000 马克。如果家庭成员平均年收入不超过 3000 马克，则再给予额外津贴每年 900 马克。

布尔奇科特区基础津贴为每年 3600 马克。额外津贴包括：配偶享受基础津贴的 50%；抚养 18 周岁以下的子女，每个孩子给予基础津贴的 50%；抚养其他家庭成员按每个家庭成员享受基础津贴的 50%；每个残疾人或被抚养的家庭成员中有 20% 为残疾人可享受基础津贴的 10%。

3. 个人所得税税率

个人所得税税率为 10%，资本利得适用同一税率。不动产转让税率最高为 5%。由于波黑有 3 个不同的行政区：波黑联邦、塞族共和国和布尔奇科特区，每个行政区有自己的立法、行政和司法权，因此，征税程序规定不同。

个人所得税实行年度申报（日历年），需要在次年 3 月 31 日（波黑联邦和布尔奇科特区）或 2 月 28 日（塞族共和国）前完成申报工作。仅取得工资薪金所得的个人，已由雇主按月扣缴了个人所得税的，无须进行年度申报。

三、波黑的其他税收政策

波黑联邦的各州自行对购买位于波黑联邦的不动产征收不动产税。计税基础是交易时不动产的购买价。该税种的纳税人是购买方还是销售方由各州自行规定。塞族共和国房地产税的纳税人是不动产的所有者。计税基础是不动产的市场评估价格。税率由各地市政府在 0.05% 到 0.5% 的范围内自行规定。布尔奇科特区计税基础为上一年 12 月 31 日不动产市场评估价格，税率为 0.05%~1%。

财产转让税，目前仅波黑联邦规定了不动产转让税，塞族共和国和布尔奇科特区则仅征收不动产税。各州自行对购买位于波黑联邦的不动产征收财产转让税，最高税率为 5%。计税基础是转让时点不动产的交易价格。如果交易价格显著低于市场价格，税务机关有权进行调整。转让有价证券无须缴纳财产转让税。

波黑联邦的社会保障税由雇主和雇员按工资总额的不同比例共同负担，雇主负担的份额为雇员总工资的 10.5%，雇员负担的份额为其总工资的 31%。塞族共和国的社保保障税仅由雇员负担，缴纳金额为其总工资的 33%。在布尔奇科特区，雇主仅需要为参与波黑联邦养老金计划的员工缴纳养老保险，金额员工工资总额的 6%。

四、波黑的涉外税收政策

境外收入需要缴纳波黑税收，境外已纳税实行限额抵免。波黑向非居民支付股息，预提税 5%；向非居民支付利息、特许权使用费、技术费和服务费，预提税均为 10%。分公司利润汇出，不征收预提税。

波黑已经签订 38 个税收协定。在波黑签订的税收协定中，持股达到规定比例时股息预提税为 0 的只有阿联酋；股利预提税为 5% 的有：捷克、科威特、罗马尼亚；持股达到规定比例时股息预提税为 5% 的有：阿尔巴尼亚、奥地利、克罗地亚、埃及、芬兰、法国、希腊、约旦、北马其顿、马来西亚、摩尔多瓦、荷兰、波兰、卡塔尔、塞尔维亚、黑山、斯洛伐克、斯洛文尼亚、西班牙、瑞典、土耳其、英国。利息预提税为 0 的有：捷克、芬兰、法国、德国、匈牙利、爱尔兰、荷兰、挪威、斯洛伐克、瑞典等。利息预提税为5%的有：奥地利和科威特。

波黑与中国协定：股息、利息和特许权使用费预提税均为10%。分公司利润汇回不征收预提税。无间接抵免，有税收饶让。

第三节　黑山的税收政策

黑山（Montenegro）税制的主要税种有增值税、消费税、关税、公司所得税、个人所得税、社会保障税、房地产税、财产转让税、遗产和赠与税。

一、黑山的流转税政策

黑山的流转税政策，这里主要介绍黑山的增值税政策、消费税政策和关税政策。

（一）黑山的增值税政策

黑山的增值税征税范围包括境内供应物品、提供服务和进口商品。下列情况视同货物供应：根据国家或地方政府规定提供货物以获得报酬；根据合同销售货物并取得佣金；根据货物租赁合同在特定期限内销售货物，或根据销售合同延期付款；新建设施的供应，包括不动产的所有权、股权的转让；纳税人资产的处置，包括清算和破产；供暖、制冷或空调用的电力、燃气和能源的供应；货物用于非经营性用途；依法取得或为国家或地方政府取得货物的所有权；依法收回货物所有权。

下列情况应视同提供服务：版权、专利、许可证、商标和其他财产权的转让、分配或使用；根据国家或地方社会团体规定提供的服务；用于非经营性目的的服务；服务交换；使用纳税人经营性资产的货物，为纳税人或其雇员提供私人服务，为与商业活动无关的目的使用货物。纳税人或其雇员为私人目的或为促进商业活动以外目的而提供服务。

黑山增值税纳税人包括：销售商品的纳税人；未设立常设机构但在境内销售商品或提供服务的外国企业需要指定税务代表，未指定税务代表的，货物或劳务的接收方应扣缴增值税；服务的接受方（服务的提供者缴纳增值税，接受方扣缴增值税）；进口货物的收货人。

在黑山，12 个月内营业额未超过 1.8 万欧元的小规模纳税人，可以自愿进行增值税登记，12 个月内营业额超过 1.8 万欧元的纳税人，必须进行增值税登记。公司一旦注册登记后 3 年内不得申请撤销注册。

1. 增值税的税率

黑山增值税税率有 21%、7% 和 0 三档。标准税率 21% 适用于所有商品或服务供应，除非有特殊规定适用低税率、零税率或免税。低税率 7% 适用于饮用水、食物、药品和医疗设备、出版物、教育用具、宾馆、公共交通、殡葬服务、艺术品和古董、版权、文娱活动门票、为非营利目的使用体育设施提供服务、游艇码头提供的服务、计算机设备、畜牧业。0 税率适用于出口、运输服务、为出口提供相关服务、运输用燃料、用于国际运输的物品和服务、用于外交的物品和服务、特定药品和医疗设备、公海石油钻探、商品运至保税区的运输费。

2. 增值税计税的主要内容

增值税的纳税时间为交付货物或提供劳务的时间。货物在开具发票时应视为已交付货物和提供服务。进口货物增值税的纳税时间为支付关税和其他进口费用的义务开始时间。

增值税的计税金额是指纳税人因提供货物或服务而从购买方、客户或第三方处获得的全部款项，包括与供货价格直接挂钩的补贴，法律另有规定的除外。计税税额应包括消费税和其他税款、费用、进口关税等；供货方向服务的购买方或委托方收取的佣金、包装费、运输费、保险费等间接费用；可收回材料的费用和保证金。

纳税人在商业经营中提供的商品和服务收取的增值税，可以抵扣其经营活动中购进商品和服务的进项税额。其差额为当期应纳增值税。纳税人供应土地（农用、建筑、已开发和未开发），以及供应废旧客车、摩托车、船舶，在供应期间无权抵扣增值税进项税。

纳税人在一个纳税期间内的销项税额低于同期可抵扣进项税额的，其增值税差额可结转至下一期，在提交退税申请后 60 天内退还多付的增值税。以出口货物为主的纳税人及纳税人连续三次及以上发生增值税退税的，在提交退税申请后 30 天内退还多付的增值税。

3. 增值税的税收征管

在黑山，纳税人有义务开具发票或任何可作为发票的单据。发票应一式两份，买方保留发票正本，卖方保留发票副本。纳税人有义务为在提供货物或服务之前收到的任何款项（订购、预付款）以及随后的应纳税额变更开具发票。在交换货物或服务的情况下，每个交换参与者都有义务开具发票。

在黑山，纳税人须按月进行增值税申报。纳税人应在纳税申报表中注明其应纳税额，以便进行增值税纳税评估。纳税人应在纳税期结束后的次月15日之前向主管税务机关报送纳税申报表。纳税人应于上述日期后开始缴纳增值税。

（二）黑山的消费税政策

黑山对酒和酒精饮料、烟草制品、矿物油及其衍生物和代用品，以及煤、含糖或香精的软饮、电子烟燃油，在生产和进口环节征收消费税。消费税通常定量（如每升、每千克、每百升、每千件）计算。

（三）黑山的关税政策

黑山没有出口关税，也没有禁止出口任何货物。在特定情况下，黑山政府可以在某些商品严重短缺或保护不可再生自然资源的情况下对出口实行数量限制。

根据海关关税中规定的税率对进口到黑山关税区的货物征收关税。关税实行从价征收或定率征收两种形式。对于农业和营养产品已经确定了联合税，即同时收取广告费和特定税。

二、黑山的所得税政策

这里主要介绍黑山的公司所得税政策和个人所得税政策。

（一）黑山的公司所得税政策

居民公司指在黑山注册成立的公司，或虽然在外国注册但实际管理和控制中心在黑山的公司。居民公司就其来源于境内外的所得缴纳公司所得税，非居民公司只就其来源于境内的所得缴纳公司所得税。公司所得税税率9%，分公司与法人公司适用同一税率，分公司利润汇出不征税。

处置土地、不动产、工业产权、股权及其他证券产生的资本利得应计入应纳税所得额，按正常税率纳税。资本损失冲减资本利得的净损失，可在5年内冲减资本利得。经营亏损后转 5 年，不允许前转。母公司直接或间接持股 75% 以上，可以申请公司所得税集团申报。获批集团申报后，至少 5 年内保持不变。

以会计利润为基础调整出应纳税所得额。企业存货计价方法采用先进先出法。有证据证明已经超过 365 天的应收账款确实无法收回，可以列为坏账损失在税前扣除。根据法律规定，为自然资源更新计提的费用、为诉讼期间的预计损失而提取的长期准备金允许确认为费用，银行计提的应收账款准备金和表外项目损失准备金，允许税前扣除。

价值超过 300 欧元的资产要进行税收折旧。无形资产和固定资产分为五组，每组都规定了折旧率和摊销率。第一组，包括不动产在内，必须使用直线法计算折旧，折旧率为 5%。其他组的资产必须使用余额递减法，折旧率分别为 15%、20%、25% 和 30%。公司所得税的纳税年度是日历年度，年终汇算清缴截止日是次年的 3 月 31 日。

税收优惠政策：在未开发城市新设立从事经营活动的公司，自开业之日起免征公司所得税 8 年，但税收优惠总额不得超过 20 万欧元。此外，符合《公司所得税法》中具体条件的情况下，在未开发城市新设立从事经营活动的公司可以免缴新雇佣个人和残疾人的工资税以及工资税附加税。非政府组织法人实体将利润用于该实体成立的目的，则税基可以减少 4000 欧元。

（二）黑山的个人所得税政策

居民个人是指在黑山永久居住或有日常住所，或其主要经济利益中心位于黑山境内的个人，也包括被派往国外工作的个人。一个税收年度内在黑山居留时间达到 183 天的个人被视为黑山的居民个人。居民个人就其来源于境内外所得缴纳个人所得税。非居民个人仅就其来源于境内的所得缴纳个人所得税。

1. 计税收入

在黑山，个人所得税的计税收入包括雇佣收入、个人经营收入、投资收入、资本利得等。

雇佣收入包括长期或临时受雇，从事各类职业赚取的各种报酬。雇佣收入包括根据合同向个人支付或提供的所有收入，如工资、养老金、实物福利、保险费、福利和超过免税限额的奖励。

个体经营收入需按个体经营者的应税所得额的 9% 缴纳个人所得税。应税所得额是根据税法调整后的利润确定。个体经营收入低于 1.8 万欧元，采用一次性征税方式征税。若获得的个体经营收入不是其主要业务活动收入，则计税时按收入的 30% 进行税前扣除。个体经营活动的损失可向后结转 5 年。

投资收益按 9% 的税率征税，包括股息和利润分配、利息（付给非居民利息按 5% 计税）、员工和董事会成员参与的利润分配、所有者或合伙人将公司财产或服务用于个人用途。

如果特许权使用费或租赁费的付款人为法律实体，则适用最终预提税 9%。该类所得应计入汇总应税所得额中，并享受一次性扣除 30% 的优惠。出租房地产获得的收入按 9% 的税率征收，税前扣除标准为收入的 30%。旅游行业中出租公寓、客房、床位给旅行社和当地旅游组织的收入，税前扣除标准为收入的 70%。

资本利得包括出售不动产、股权和其他参与权产生的所得。资本利得的应税所得额通过评估确定，并按 9% 的税率征税。

2. 税收扣除

特许权使用费或租赁费的付款人为法律实体，可享受一次性扣除 30% 的优惠政策；出租公寓、客房、床位给旅行社和当地旅游组织的收入，可按收入的70% 扣除。如果实际费用记录清楚，个体经营收入可按实际发生费用扣除，也可选择按 30% 的比例扣除。

出售或转让财产形成的资本利得，符合下列条件之一的不征税：该房产是纳税人唯一的住所，或者财产在配偶之间转移且与婚姻、财产继承有直接关系，或者财产转让是对第一顺序继承人的赠与。

3. 个人所得税税率

雇佣收入采用超额累进税率，每月收入不高于 765 欧元的部分，适用税率9%；超过 765 欧元的部分，适用税率 11%。

股息、利息和特许权使用费等收入由付款方代扣代缴，税率为 9%；取得除上述以外的收入，应按年度汇总，按照 9% 的税率计税。

附加税税率为 13% 或 15%；黑山的各市政当局有权对来自工资、个体经营收入、财产和产权收入、居住在黑山的个人的投资收入等征收附加税，采蒂涅市（Cetinje）和波德戈里察市（Podgorica）按 15% 税率征收附加税，其他地区按 13% 税率征收附加税。

黑山以公历年为纳税年度，个人所得税纳税申报必须在次年 4 月 30 日前提交。居民取得个体经营收入、资本利得、财产及产权收入和国外收入的，应提交年度纳税申报表；非居民无须提交个人所得税纳税申报表。从国外取得收入的居民，应在取得收入 5 天内缴纳税款。

4. 继承与赠与税

继承黑山境内不动产或接受赠与类似财产的个人（包括居民或非居民），应依法缴纳继承税和赠与税，动产适用税率 5%；不动产适用税率 3%。继承与赠与税没有个人免税额。

下列情况有免税：①排在第一序位的个人，如直系亲属、配偶和父母；②按法律规定处于第二序位，并且在一段时间内与死者或捐赠者住在同一个家庭，受赠或继承农业用地的农民；③处于第二序位，并且在过去一年间与死者或捐赠者住在同一个家庭，受赠或继承住房的个人。

三、黑山的其他税收政策

在黑山，拥有房地产的法人或个人均为房地产税的纳税人。房地产税率由当地市政府确定，具体依据当年 1 月 1 日该资产在市场价值来确定税率，税率从 0.25% 到 1%。若为纳税人直接使用的房地产，则应纳税额的 20% 可享受税收减免，同时每个家庭成员可额外享受 10% 的税收减免，减免最高可达 50%。若个人使用的不动产价值低于 5000 欧元，则免税。

转让在黑山境内的土地和建筑物的所有权取得的所得，应按 3% 的税率缴纳财产转让税，税款由受让方缴纳，该税率也适用于房地产的继承和赠与。

黑山的社会保障税按照雇员工资总额的一定比例由雇主和雇员共同负担，如表 5-1 所示。

表 5-1　黑山社会保障税税率

保险种类	雇主（%）	雇员（%）	合计（%）
养老金及伤残保险	5.50	15.00	20.50
医疗保险	4.30	8.50	12.80
失业保险	0.50	0.50	1.00
合计	10.30	24.00	34.30

雇主还需要另外缴纳 0.2% 的工作基金，0.27% 的黑山商会会费，0.2% 的工

会会费。对于取得非雇佣收入的个人，如特许使用权使用费、服务活动、兼职活动、代理和体育活动等，可以按照工资总额的 20.5% 缴纳，医疗保险为12.8%。养老保险和残疾保险的计税基础有限额规定，2017 年为52308 欧元。

四、黑山的涉外税收政策

居民公司取得境外股息收入，计入应纳税所得额。在国外支付的公司税和股息税可进行限额抵免，未抵免完的金额可后转 5 年。该税收抵免只适用于持股 10% 以上且持股期 1 年以上的税收居民收到的股息。居民公司取得境外常设机构利润在境外已缴纳，允许限额抵免。

黑山没有正规的转让定价指南，要求关联方交易遵循正常交易原则。没有资本弱化规定。

对居民法人和非居民法人、居民个人和非居民个人支付股息，均征收预提税 9%；对非居民法人支付利息、特许权、资本利得、租赁费、咨询费、研究费和审计费等费用，均征收预提税 9%；对非居民法人支付艺术、体育和娱乐表演费用，均征收预提税 9%；对居民个人和非居民个人支付二手产品、半成品和农产品价款，均征收预提税 9%。

黑山已经签订 43 个税收协定。在黑山签订的税收协定中，股利预提税最低是 5%，就是与中国签订的税收协定。利息预提税为 0 的有：丹麦、芬兰、法国、德国、荷兰、挪威、瑞典。

中国与黑山协定：股息预提税为 5%，利息和特许权使用费预提税均为10%。分公司利润汇回不征税。无间接抵免，有税收饶让。

第四节　北马其顿的税收政策

北马其顿（North Macedonia）税制的主要税种有增值税、消费税、关税、公司所得税、个人所得税、社会保障税、财产税、房地产转让税、遗产和赠与税。

一、北马其顿的流转税政策

北马其顿的流转税政策，这里主要介绍北马其顿的增值税政策、消费税政策和关税政策。

（一）北马其顿的增值税政策

增值税的征税范围包括境内销售商品、提供服务、进口商品、实行反向征税制度（即购买方扣缴增值税）的商品。从事上述行为的个人、企业和集团，均为增值税纳税人。电子数字服务无特殊税制，与销售商品或提供服务相同，适用一般纳税规则。

在北马其顿，年营业额超过100万第纳尔的企业，应该进行增值税注册。如果企业在开业后预计年营业额超过100万第纳尔，也应进行增值税注册。纳税人可以在年初或开业后自愿注册登记增值税。北马其顿允许进行集团注册，合并申报增值税。若多个增值税注册实体具有所有权、组织或管理关系，则可以注册为一个增值税纳税人。若税务机关发现已注册纳税人之间具有所有权、组织或管理关系，税务机关可命令这些纳税人合并注册为一个集团纳税人。

若外国企业在境内未设立常设机构，则无增值税注册号码，此时在境内供应货品，适用增值税反向征税机制。北马其顿没有增值税代理人制度。反向征税制度适用于以下情况：国外法人向北马其顿提供货物和服务；本国建筑商向投资者提供建筑服务；本国施工企业向发包方提供的施工服务；废物和废料。在反向征税制度下，货物或服务的接收方负责计算增值税、提交增值税纳税申报表、支付税款，若有延期纳税支付利息。

1. 增值税的税率

北马其顿增值税税率有18%、5%和0三档。标准税率18%适用于所有商品或服务供应，除非有特殊规定适用低税率、零税率或免税。低税率5%适用于饮用水、食物、电脑、药品和医疗设备、生产食品的原料油、新住宅楼的首次销售（前五年内）、商业旅游设施（旅馆、汽车旅馆或类似设施）提供的服务。0税率适用于国际旅客运输，向央行供应贵金属，飞机的供应、维修、保养、包租和租赁。免税项目包括用于居住的住宅楼和公寓的租金、银行和金融服务、保险和再保险、赌博、教育服务。

2. 增值税计税的主要内容

增值税的纳税时间为以下日期中较早的时间：发出商品或完成服务的日期；供应商品、提供服务时；收到预付货款的日期。若商品或服务是定期或连续供应的，增值税的纳税时间为开具发票或收到预付款两者中较早的时间。

进口货物除依法免税外，一律征收增值税。进口增值税由海关按照货物完税价格计算，随关税、消费税、佣金、运输费和保险费一起征收。进口增值税与关税和消费税一起向海关缴纳。

租赁资产的纳税时间因租赁类型和具体的合同安排而有所不同。经营租赁支付租金时，增值税即为应缴税款。融资租赁的纳税时间取决于双方的合同安排。若合同将租赁视为租赁服务的供应（不转移物品的所有权），则对每笔租金按比例征收增值税；若合同将租赁视为产品的供应（转移物品的所有权），租赁资产的纳税时间为产品所有权转移的时间。

纳税人在商业经营中提供的商品和服务收取的增值税，可以抵扣其经营活动中购进商品和服务的进项税额。其差额为当期应纳增值税。

纳税人可以扣除的进项增值税，是为经营目的而购进商品和服务支付的增值税。允许抵扣的增值税包括境内购进商品和服务支付的增值税，进口货物支付的增值税，境外境内提供反向征税服务对应的增值税。用于经营活动而购进的商品和服务可抵扣进项税额，包括广告费、咨询服务、电信服务和设备。

购买商品和服务用于非经营活动，不可扣除进项增值税，包括代理费用、音频和视频设备、旅馆、餐厅用餐等。若纳税人同时生产应税商品与免税商品，按应税部分占总商品的比例计税抵扣进项税。

企业进行纳税申报后，如果进项税额大于销项税额，可退还多付的增值税。纳税人可填写"退税申请表"申请退税，主管税务机关于递交退税申请表后30天内审核并退款。

北马其顿对未在境内建立常设机构的国外企业的增值税进行退税，但须满足以下两个条件：未在北马其顿生产任何物品；不存在未付增值税。退税申请截止日期是次年的6月30日。税务机关须在退税申请表提交后的6个月内处理退税。

3. 增值税的税收征管

北马其顿规定纳税人必须对所有的商品和服务开具增值税发票。发票须在商品供应后的5日内开具。若发票中包括应税物品与非应税物品，则应分别列示。非应税物品须在发票中注明"未计算增值税"字样。向非纳税人（最终消费者）提供商品或服务的纳税人，无论接收方是否需要收据，必须通过收银机记录供应情况并出具收据。增值税贷方通知单可用于进项税抵扣，但必须与原发票对应。

北马其顿允许使用电子发票，但法律规定必须有可以接收电子发票的明确书面说明。电子发票须采取保护措施以防止肆意篡改，并由经过授权的相关人员进行电子签名。授权人的电子签名必须由授权签发电子签名的机构签发。

北马其顿依据应税营业额大小，纳税人可以按月或按季度进行增值税申报。上一个纳税年度的应纳税营业额超过 2500 万第纳尔，需按月进行增值税申报；上一个纳税年度的应纳税营业额不超过 2500 万第纳尔，需按季度进行增值税申报。年营业额超过 100 万第纳尔的新注册纳税人，须注册登记增值税并按季度进行增值税申报。增值税申报期限为月度或季度次月的 25 号。

北马其顿对违反增值税缴纳规定的行政处罚：对未按时注册登记的，处以等值 1200 欧元的罚款；未按时申报或按时开发票的，处以等值 1500 欧元的罚款；未注册登记或未申报纳税的，处以等值 2500 欧元的罚款；纳税人未将增值税缴纳至税务机关指定银行账户或缴纳税款金额不正确的，处以等值 2500 欧元的罚款；未按时缴纳增值税的，另按日加罚 0.03% 的滞纳金。

（二）北马其顿的消费税政策

北马其顿对生产或进口的少数货物征收消费税。在北马其顿，石油产品、酒类和酒精饮料、烟草产品和车辆等均按单一税率征收消费税。消费税的纳税周期为一个日历月，纳税人应在该日历月结束后的 15 天内缴纳消费税。

酒类饮料和烟草制品的消费税以购买消费税票的方式征收。石油产品的消费税数额取决于石油产品的种类，按千克或升征收。酒类和酒精饮料按每升酒精含量的百分比计税。某些类别的酒精饮料（如葡萄酒）无须缴纳消费税。每升纯酒精的最高消费税为 340 第纳尔。烟草制品的消费税实行复合计税：从价定率和从量定额。客运汽车的消费税按市场零售价的百分比计算，价值在 3 万欧元以下的车辆适用 0 税率，价值在 3 万欧元以上的车辆消费税税率为 18%。

（三）北马其顿的关税政策

进口到北马其顿的大多数产品都要征收关税。农产品最惠国待遇的关税税率高达 31%，而工业品的关税税率低于 23%。北马其顿已经与土耳其、乌克兰和欧洲自由贸易联盟（EFTA）成员国签署了贸易协议。北马其顿是中欧自由贸易区协定（CEFTA）成员国，已经与欧洲共同体签署了一项稳定和联合协议。进口来源地优惠的工业产品和某些稀有金属原料，免征进口关税。根据双方于2001年签订的稳定与联合协议，原产地为北马其顿的产品出口到欧盟国家免征关税。

二、北马其顿的所得税政策

这里主要介绍北马其顿的公司所得税政策和个人所得税政策。

（一）北马其顿的公司所得税政策

居民公司指在北马其顿注册成立的公司或者总部在北马其顿的公司。居民公司就境内外所得纳税，非居民公司只就来源于境内的所得纳税。公司所得税税率为10%，分公司与法人适用同一税率，分公司利润汇出，不征税。

资本利得与经营所得适用同样的税率纳税。经营亏损向后结转3年，亏损不允许前转。无集团合并申报所得税规定。收到股利计入应税所得额，若境内税收居民发放股利时已经预扣10%的预提税，则不再计入应税所得额。

从事生产经营活动（除银行、金融、保险和娱乐游戏行业之外）且过去三年每年总收入不超过300万第纳尔的公司，以上年总收入的1%计算全年所得税最低纳税额（但享受免税）。总收入在300万第纳尔~600万第纳尔的公司，按照上年总收入的1%计算出全年最低纳税额，并缴纳税款。

会计利润的基础上调整一些税法不允许扣除项目，计算出应税所得额。下列费用不允许税前扣除，应调增应税所得额。

（1）与企业经营无关的费用；

（2）雇主为雇员支付的保险费；

（3）代理费用，代表第三方支付的预扣税；

（4）注销未付应收款；

（5）隐藏利润支付，如关联方交易超过市场价格部分，关联方借款不允许税前扣除的利息；

（6）税款罚款、滞纳金、利息和其他违法支出；

（7）雇主支付的超过法定数额的其他费用（如年终奖等）；

（8）捐赠、赞助支出；

(9) 购买汽车、家具、地毯、艺术品及其他装饰物品的贷款利息。

计提的坏账准备允许税前扣除，应收账款的核销不能减少增值税销项税额。存货计价允许采用先进先出法、后进先出法和平均法。按照税务机关确定的折旧率且采用直线法计算的折旧额，允许税前扣除。未提足折旧的资产核销时经税务机关批准其剩余价值可以税前扣除。

北马其顿的纳税年度是日历年度，年终所得税申报日是次年的 2 月 28 日或 29 日，年度汇算清缴日是 3 月 31 日。纳税人必须在每月 15 日预缴所得税，预缴所得税的税基为根据上年零售价格累计增长率调整后的上年实际纳税额的 1/12。

公司必须在纳税年度的次年 3 月 15 日前提交年度纳税申报表。不需要提交每月纳税申报表。如果年度纳税申报表中确定的税款超过预缴税款的金额，公司必须在申报到期日后 30 天内支付差额。任何多付的金额必须在纳税人提出要求后 30 天内退还。

税收优惠：

(1) 利润再投资税收减免。自 2015 年 1 月起，将利润再投资用于购买经营活动相关的有形资产和无形资产（包括融资租赁有形资产），可按再投资利润额申请税收减免。享受税收减免的资产 5 年内不得出售或处置。再投资于汽车、家具、地毯、视听设备和用于装修办公场所的利润，不享受再投资减免。

(2) 工业技术开发区优惠。根据《技术工业开发区法》规定的条件和程序，在工业技术开发区内开展活动的公司，前 10 年免征公司所得税。

（二）北马其顿的个人所得税政策

居民个人是指在北马其顿拥有永久性或暂时住所的个人，无论其是否为北马其顿公民，都将被认定为北马其顿的居民个人。在任意 12 个月的期间内，个人在北马其顿连续或者累计停留 183 天及以上，则将被视为在北马其顿拥有一个暂时性住所，即被认定为北马其顿的居民个人。如果个人来自税收协定国，以协定的时间代替 183 天。合伙企业不被视为独立的纳税人，应由合伙人个人缴纳个人所得税。

居民个人就其来源于境内外的所得，缴纳个人所得税。非居民个人仅就其来源于境内的所得，缴纳个人所得税。

1. 计税收入

在北马其顿，个人所得税的计税收入包括雇佣收入、个人经营收入、销售自产农产品收入、财产和产权收入、投资收益、资本利得、博彩收入和其他收入。

雇佣收入包括受雇的工资、薪金和其他补贴、福利、养老金，公司管理层和监事层的收入，官员、国会议员、顾问及类似官员实现的收入，专业运动员收入，病假津贴，年假津贴，陪审员、法医专家和受托人的津贴，北马其顿科学艺术学院成员的津贴，与国内雇主签订雇佣合同在国外工作取得境外来源收入，与法律实体和个人签订偶然的或暂时性的服务合同而取得的收入等。雇主提供给雇员的股票期权收入无具体规定，授予的股票期权通常被视为雇佣收入的一部分。

个人经营收入包括个人从事商业活动、农业活动、提供专业和其他服务所取得的收入。合伙经营取得收入，先按照合伙协议分配收入，再由合伙人个人分别缴纳个人所得税。个人从事经营活动取得收入，必须各自设置会计账簿，但从事农业活动且收入不超过 100 万第纳尔的除外。个人经营收入的计税基础是总收入减去总成本费用的差额。

销售自产农产品收入的计税基础是实现的总收入减去 80% 已确认的实际发生的费用（即 80% 的农业生产实际发生并经过确认的费用可以税前扣除）。销售自产农产品收入未达到 100 万第纳尔的，有权申请退还已缴税款。

财产和产权收入包括对土地、住宅、商业用房、车库、娱乐房、设备、运输工具和其他类型财产进行租赁或转租取得的收入。源于版权和工业产权的收入，主要包括来源于绘画、音乐、电影等版权及版权使用权的收入。

投资收益包括利润分配的红利、参股取得的股息，借款给法人或自然人形成的贷款利息，持有债券或其他证券形成的利息收入，存款利息等。股息、利息的计税基础均为收入的总额。

资本利得指出售证券、股票、不动产、资本份额和其他动产所取得的收入，包括出售无形资产的收入。计税基础等于销售价格减去购买价格之差。

博彩收入包括赌博、赌博性游戏等取得的收入，如果从传统的博彩业中取得收入超过 5000 第纳尔的，需要缴纳个人所得税。在体育比赛中赌博取得收益需要纳税，并且没有免税额。

其他收入如通过互联网的电子商务收入、在线营销服务收入、废弃物销售收入等，计税基础为总收入的 65%，税率为 10%。

2. 税收扣除

居民个人可在个人所得税前扣除项目包括：由雇员缴纳的强制医疗保险、养老保险、失业保险和其他相关费用，个人缴纳的自愿补充退休金计划和伤残保险费用，缴纳的其他公共费用。个人年度扣除津贴，个人所得税扣除限额为 9.6 万第纳尔。非居民个人不得进行上述项目的扣除。根据版权和工业产权的不同类型，按总收入的 25%~60% 进行税前扣除。

个人向法人实体单位等进行公益性捐赠的可以在税前扣除，但不超过纳税年度应纳税所得额的 20%，且不超过 2.4 万第纳尔。

个人出租房屋的，出租未装修的房产，可将租赁收入的 25% 作为维修和管理费在税前扣除；出租已装修的住宅楼和商业楼，可按租赁收入的 25%~30% 在税前扣除。若能向税务机关提供证明，实际费用高于上述限额，也可按实际发生费用扣除。

3. 个人所得税税率

2019 年 1 月 1 日起，资本利得税率为 15%。出售股票形成的资本损失，可以向后结转 3 年。除资本利得外其他个人所得税按累进税率：年度应纳税所得额不超过 108 万第纳尔的部分，税率 10%；超过 108 万第纳尔的部分，税率 18%。

居民个人必须向税务主管机关提交电子报税单，并报告从国内外获得收入情况，非居民个人仅就其来源于境内的收入进行报告。电子报税单应在收到收入的次月 10 日内提交。税款必须在收到收入的次月 15 日内缴纳。

4. 遗产和赠与税

如果遗产和赠与物的价值高于北马其顿前一年度全国平均工资，则应缴纳遗产和赠与税；包括动产、现金和债权、证券和其他动产。

遗产与赠与税的高低取决于捐赠者、被继承者与受让人之间的亲疏关系：①由第一顺位继承人继承或接受赠与，免税；②由第二顺位继承人即兄弟、姐妹和他们的孩子继承或接受赠与，遗产与赠与税税率为 2%~3%；③由第三顺位继承人或不相关的人继承或接受赠与，遗产与赠与税税率为 4%~5%。

三、北马其顿的其他税收政策

财产税针对不动产、非农业用地、住宅建筑物或公寓、商业区、办公建筑物、用于休闲娱乐的建筑物、车库或其他建筑物征收，根据位置和类型的不同，税率为 0.1%～0.2%。房地产转让税针对不动产产权转移行为征税，税率为房地产市场价值的 2%～4%。

北马其顿社会保障税的缴纳基数不得低于全年平均工资的 50%，同时不得高于全国平均工资的 16 倍，2019 年的全国平均工资为 36017 第纳尔。雇主应从雇员的薪金总额中代扣代缴：养老保险 18.4%，医疗保险 7.4%，失业保险为 1.2%，补充医疗保险为 0.5%。个体经营者应按相同比例缴纳社会保险税，缴纳基数不得低于全年平均工资的 50%，同时不得高于北马其顿全年平均工资的 12 倍。

四、北马其顿的涉外税收政策

居民公司取得境外收入，应缴纳公司所得税，对境外已纳税实行限额抵免。无受控外国公司规定。

北马其顿转让定价规则规定，税务机关有权调整纳税人与关联公司交易所得的应纳税所得额。年总营业额超过 6000 万第纳尔（约 97.6 万欧元）的纳税人，在提交年度所得税申报表时需要同时提交转让定价报告。年度关联交易量不超过 1000 万第纳尔且关联方仅为北马其顿税收居民的纳税人，仅需要提交一份简易转让定价报告。

资本弱化规则规定：从直接持股 25% 以上的关联方借款超过该股东权益的 3 倍时，其利息支出不允许税前扣除。资本弱化规则适用于非本地股东直接提供贷款和关联担保贷款，新成立公司在前 3 年不受资本弱化规则限制。银行或其他金融机构贷款的利息，不受资本弱化规则限制。

北马其顿向境外非居民支付股利预提税 10%，外国分公司将境内利润汇出不征收预提税，对境内税收居民支付股利免征预提税。

北马其顿已经签订 48 个税收协定。在北马其顿签订的税收协定中，股利预提税为 0 的有：科威特、卡塔尔；持股达到规定比例时股息预提税为 0 的有：

奥地利、比利时、丹麦、爱沙尼亚、芬兰、法国、爱尔兰、科索沃、立陶宛、荷兰、挪威、瑞典、英国；股利预提税为5%的有：中国、罗马尼亚、沙特阿拉伯、斯洛伐克、阿联酋。利息预提税为0的有：奥地利、捷克、丹麦、法国、匈牙利、爱尔兰、科威特、卢森堡、荷兰、卡塔尔。利息预提税为5%的有：爱沙尼亚、德国、拉脱维亚、摩尔多瓦、挪威、沙特阿拉伯、西班牙、阿联酋等。

北马其顿与中国协定：股息预提税为5%，利息和特许权使用费预提税均为10%。分公司利润汇回不征税。无间接抵免，有税收饶让。

第五节　塞尔维亚的税收政策

塞尔维亚（Serbia）税制的主要税种有公司所得税、个人所得税、增值税、消费税、关税、社会保障税、财产税、财产转让税、非居民资本利得税、遗产和赠与税。

一、塞尔维亚的流转税政策

塞尔维亚的流转税政策，这里主要介绍塞尔维亚的增值税政策、消费税政策和关税政策。

（一）塞尔维亚的增值税政策

塞尔维亚增值税的征税范围包括境内销售商品、提供服务、进口商品、实行反向征税制度（即购买方扣缴增值税）的商品或服务。任何个人、企业和集团在其独立经营活动中提供货物或服务并由此产生收入的，均应缴纳增值税。

在塞尔维亚，连续12个月营业额超过800万第纳尔的企业，应该进行增值税注册（提供免税服务的除外）。前12个月营业额超过800万第纳尔的纳税人有义务在第一个增值税申报期结束前向税务机关提交增值税登记表。小规模纳税人和农民（年营业额低于800万第纳尔）可自主选择是否进行增值税登记，从而获得计算和抵扣增值税的权利和义务。一旦选定，两年内不得变更。塞尔维亚无集团注册制度，不可合并申报增值税。

在境内提供货物或服务但未设立常设机构的外国企业有义务指定一名税务

代表，该税务代表对外国企业的所有债务承担连带责任。增值税代表必须是塞尔维亚的居民，并且至少于12个月前已进行增值税注册登记。税务代表应承担外国企业的所有增值税义务，包括核算增值税并代为处理增值税抵扣问题。

反向征税机制适用于在境内销售商品或提供服务，未设立常设机构且未指定税务代表的外国企业。国内反向征税制度适用于增值税纳税人提供的二次原材料销售及其相关服务。二次原材料是指经过生产加工货物的副产品，如金属、木材、塑料、纸张、玻璃等；与二次原料直接相关的服务是对这些原料进行分拣、切割、分割、清洗、抛光和压制的服务。此外，反向征税机制也适用于特殊情况下的建筑服务和不动产转让，通过输电网络和配电网供应的电力和天然气等。

1. 增值税的税率

塞尔维亚增值税税率有20%、10%和0三档。标准税率20%适用于所有商品或服务供应，除非有特殊规定适用低税率、零税率或免税。低税率10%适用于食物、药品和医疗设备等。0税率适用于出口、国际运输设备和服务、与国际运输中使用的飞机和船舶有关的货物和服务供应。免税项目包括产权（首次转让所有权的除外）、购买方无权抵扣进项税的货物供应、居住的住宅楼和公寓的租金、金融服务、保险服务、邮政服务、教育服务、宗教服务、出版物的印刷和销售、公共广播服务。

2. 增值税计税的主要内容

在塞尔维亚，销售货物增值税的纳税时间为以下日期中较早者：商品发货的日期；支付货款的时间；进口货物到达塞尔维亚关税区的时间。提供服务增值税的纳税时间为以下日期中较早者：完成服务的时间；支付款项的时间；开出发票的时间。建筑公司适用特殊的纳税时间规则。存款和预付款、销售退货、进口商品、适用反向征税的服务、连续供应的商品适用上述纳税时间规定。年营业额不足5000万第纳尔的中小型企业，可选择在收到货款后缴纳增值税。

纳税人在商业经营中提供的商品和服务收取的增值税，可以抵扣其经营活动中购进商品和服务的进项税额。其差额为当期应纳增值税。

纳税人可以扣除的进项增值税，是指为经营目的而购进商品和服务支付的增值税。允许抵扣的进项税包括境内购进商品和服务支付的增值税，进口货物支付的增值税，外国人提供的反向征税服务以及国内反向征税服务的增值税。

不可抵扣进项税包括购置、进口、维修和储存汽车、船舶、游艇、摩托车、飞机、燃料和备件；与业务招待有关的支出，包括餐饮、礼品、体育活动、娱乐和其他为业务伙伴和其他个人支付的无法律义务的费用；员工或其他人员的餐费和交通费支出。

资本性货物是指企业在若干年内使用的设施、设备。进项税一般在取得货物的增值税年度抵扣。若资本性货物既用于应税供应品，也用于免税供应品，可抵扣进项税额取决于购入货物时企业提供的应税供应品比率，以后年度根据企业提供的应税供应品比率的增加或减少调整进项税额。在塞尔维亚，资本货物调整年数：不动产为 10 年；机器设备为 5 年。

在塞尔维亚，企业进行纳税申报后，如果进项税额大于销项税额，可退还多付的增值税。退税最迟应在当期纳税申报截止日期后 45 天内进行，对主要向国外供应货物的纳税人，应在截止日期后 15 天内进行申报。税务机关延期退税会支付利息，其利率与纳税人逾期缴纳增值税的罚息率相同。未建立常设机构且不在境内销售任何货物或提供服务的国外企业可以申请退税。退税申请每年提交一次，提交截止日期为次年的 6 月 30 日。

3. 增值税的税收征管

塞尔维亚规定纳税人必须对所有的商品销售和服务提供（包括出口）开具增值税发票。发票必须符合增值税税法的规定。如果购买方是增值税纳税人，并确认进项税额正确，则可使用增值税贷方通知单来抵扣进项增值税；增值税借方通知单，可用来增加增值税额。增值税借方、贷方通知单必须与原发票对应。货物出口适用零税率，但必须附有证据证明货物已离境，并提交出口报关单。

在塞尔维亚，依据应税交易额大小（年营业额是否超过 5000 万第纳尔），纳税人可以按月或按季度进行增值税申报。月度或季度申报纳税人都必须在月度或季度终了 15 天内提交纳税申报表，并缴纳税款。纳税人在一个纳税期内应缴纳的增值税，等于应纳税额减去允许抵扣的进项税额之差。

前 12 个月内总营业额不超过 5000 万第纳尔的增值税纳税人，可选择在应收账款收回后立即申报和支付增值税。如果在供货后 6 个月内未收到付款，也应缴纳增值税。

塞尔维亚对违反增值税相关规定的处罚：未缴纳金额 10% ~ 100% 的罚金，或对法人处以 25 万~50 万第纳尔的罚金，或对企业家除以 5 万~10 万第纳尔的罚金；对法人处以 10 万~20 万第纳尔的罚金，或对企业家处以 10 万~50 万第纳尔的罚金；对企业责任人处以 1 万~10 万第纳尔的罚金。在塞尔维亚从事应税活动的未设立常设机构的外国企业，不遵守指定义务的，将被处以 1 万~10 万第纳尔的罚金，对税务代表处以 10 万~200 万第纳尔的罚金。对在塞尔维亚进行应税活动的非居民个人未指定增值税代表的，处以 5 万第纳尔的罚金。

（二）塞尔维亚的消费税政策

塞尔维亚对石油衍生品、烟草制品、酒类饮料、咖啡（绿色、烘焙、研磨和咖啡提取物）、生物液体和生物燃料、电子烟用燃料、最终消费的电力，在生产和进口环节征收消费税。

在塞尔维亚，石油衍生品、酒精饮料、雪茄和咖啡的消费税从量计税，烟斗叶的消费税从价计税，卷烟的消费税包括从量计税和从价计税两部分。消费税根据政府统计机构宣布的消费价格指数每半年调整一次。对于石油衍生品，政府根据市场上原油价格的变化调整消费税。

（三）塞尔维亚的关税政策

进入塞尔维亚的货物，按海关关税法规定的税率征收关税。进口关税实行从价计征（进口香烟例外，实行复合计税）。目前，塞尔维亚唯一没有最惠国待遇的贸易伙伴是中国台湾。塞尔维亚的关税税率从 0%~57.6% 不等，大多数都在 30% 以下。目前，57.6% 的税率仅适用于含烟草的香烟。

二、塞尔维亚的所得税政策

这里主要介绍塞尔维亚的公司所得税政策和个人所得税政策。

（一）塞尔维亚的公司所得税政策

居民公司指在塞尔维亚注册成立，或虽然在境外注册成立但实际管理控制中心在塞尔维亚的公司。居民公司就境内外所得纳税，非居民公司只就来源于境内的所得纳税。塞尔维亚税法认为，外国公司办事处在境内没有取得所得，因此，无须缴纳所得税。若办事处在塞尔维亚境内取得收入，则需要纳税。应税所得额包括经营利润和资本利得，公司所得税税率为 15%，分公司与法人适用同一税率，分公司利润汇出，不征税。

资本利得视同经营所得，缴纳 15% 的公司所得税。居民公司取得境内外股利，计入应税所得额。经营亏损可以后转 5 年，资本亏损后转 5 年只能抵减资本利得。母公司与其持股 75% 以上的境内子公司，可以合并申报公司所得税。

根据会计利润调整出应纳税所得额。存货计价允许采用先进先出法，应收账款因无法收回已经核销或者已经进入诉讼程序，则可以作为坏账费用在税前扣除。固定资产采用直线法计算折旧额可以税前扣除，固定资产分为五类，折旧率分别为：第一类 2.5%，第二类 10%，第三类 15%，第四类 20%，第五类 30%。

塞尔维亚的纳税年度是日历年度，应纳税人的要求，也可以选择其他连续 12 个月的时间为纳税年度。纳税人须在次年 6 月 30 日之前提交年度纳税申报表。公司必须在次月 15 日前预缴税款，在自我评税的制度下，公司必须正确评估其纳税义务，以避免受到重大处罚。

塞尔维亚的主要税收优惠政策。

（1）固定资产投资在 10 亿第纳尔以上，雇佣新工人在 100 名以上的公司，可以享受 10 年内免征公司所得税政策；研究开发费在据实扣除的基础上加扣 100%；知识产权使用产生的收入和知识产权转让产生的资本利得，均 80% 免税。

（2）满足特定条件情况下，投资新成立的公司且从事创新型活动，投资额的 30% 可以抵免应税所得额。

（3）在特许权协议价值超过 5000 万欧元的情况下，则纳税人转让非货币资产可以免税。

（4）社会保障税法有优惠，部分豁免缴纳工资税和雇主社会保障缴税。

（二）塞尔维亚的个人所得税政策

居民个人指在塞尔维亚拥有永久住所或习惯性居住地、营业中心或重大经济利益的个人，或一个纳税年度内累计在塞尔维亚停留 183 天以上的个人。居民个人就其来源于境内外的所得缴纳个人所得税。非居民个人仅就其来源于境内的所得缴纳个人所得税。塞尔维亚不以家庭为征税单位。

1. 计税收入

雇佣收入是指通过临时或长期受雇取得的收入，包括现金和实物形式获得的工资、薪金、现金或非现金福利、带薪休假和其他超过规定的劳动报酬。非现金福利包括优惠券、债权、股票、产品或服务、优惠贷款、工作餐、假期补贴和公司提供的汽车等。雇佣收入的税率为 10%。

个体经营收入要按净收入 10% 的税率征税，应纳税所得额是按照税法规定调整后的会计利润。税务机关允许部分个体经营者不设置会计账簿，对其实行一次性征收税款。个人经营收入形成的亏损可向后结转 5 年。

投资收益包括利息、股息和利润分红、风险投资的利润收入。来自政府债券和当地银行存款的利息收入免税。资本利得是出售不动产、工业产权、有价证券等取得的收入，适用税率为 15%。个人出售持有 10 年以上的资产形成的资本利得免税。资本利得产生的亏损可以向后结转 5 年。

财产租赁和转租的收入按租赁收入的 25% 税前扣除后按 20% 的税率征收。将公寓、房间和床位出租给旅游公司，扣除标准为租赁收入的 50%。特许权使用费按税率的 20% 征收，扣除标准为 34%、43% 或 50%，具体适用情况根据收入的来源和种类确定。

董事会或监事会成员获得的收入按 20% 的税率征税，税前扣除标准为收入的 20%。其他收入，从保险中获取的收入按 15% 的税率征税，博彩收入按 20% 的税率征税。

2. 税收扣除

居民的个人抵押贷款利息、医疗费、医疗保险费、教育费、赡养费或抚养费、维护费和非商业捐赠等，可以在税前扣除。

纳税人依据所供养家庭成员的数量可享受个人所得税减免，包括基本个人津贴和每位被抚养家属的津贴。可扣除的基本个人津贴为年平均工资收入的 40%，可被扣除的每位被抚养家属的津贴为年平均工资收入的 15%。但申请扣除的津贴总额不超过应纳税所得额的 50%。

非塞尔维亚籍个人，年收入低于当地平均工资 6 倍的，按照 10% 的税率纳税；年收入高于当地平均工资 6 倍的，按 15% 的税率缴纳。纳税基数为个人收入的 60%，或家庭收入的 85%，但免税收入总体不超过个人应税收入的 50%。

3. 个人所得税税率

个人所得税的税率取决于收入的类型。雇佣收入和个体经营收入税率均为 10%，特许权使用费、租金收入与其他收入税率均为 20%，资本收益税率为 15%。

塞尔维亚居民个人的全球净所得、非居民个人来源于塞尔维亚的净所得，如果超过免征额（全国平均工资 3 倍以下），需要申报补缴年度所得税。超过免征额的收入适用于超额累进税率：减除津贴后的净所得超过年平均工资收入 3 倍且不超过年平均工资收入 6 倍的部分，税率 10%；减除津贴后的净所得超过年平均工资收入 6 倍的部分，税率 15%。

塞尔维亚以日历年为纳税年度，需要在次年的 5 月 15 日前提交年度纳税申报表。个人所得税一般按照月度缴纳，特殊情况下可以按季度分期缴纳个人所得税。

4. 遗产和赠与税

遗产和赠与税的计税基础是继承或赠与财产的市场价值，受让人与被继承人或赠送人具有第二类亲属关系（非直系亲属），税率为 1.5%；受让人与被继承人或赠送人无任何亲属关系，税率为 2.5%。继承或收到无偿赠送的股票（股份）的，免征遗产和赠与税。

三、塞尔维亚的其他税收政策

塞尔维亚财产税由各市政当局可根据财产种类（土地或建筑物）、所有制种类（企业、公司或个人）及财产价值情况，来确定具体的财产税税率。塞尔维亚对境内的房地产征收不高于上年 12 月 31 日的房地产公允价值的 0.4% 的不动产税。不动产包括房屋、公寓、营业用建筑物、建筑用地、农业用地和森林用地等。塞尔维亚对税法规定项目，如对不动产、知识产权等转让征收财产转让税，计税基础为合同金额，税率为 2.5%。转让法人实体的股份或资本的，免征财产转让税。非税收居民取得塞尔维亚境内的资本利得，征收非居民资本利得税，税率为 20%，依据税收协定非居民可以申请减免税优惠。

塞尔维亚社会保障税由雇主和雇员共同承担，按照雇员工资总额的一定比例缴纳。养老金和伤残保险 14% 由雇员承担，由雇主代扣代缴，12% 由雇主承担；医疗保险 10.3%，由雇员和雇主双方平均承担；失业保险 0.75%，由雇员承担。塞尔维亚社会保障税税率如表 5-2 所示。

表 5-2 塞尔维亚社会保障税税率

保险种类	雇主（%）	雇员（%）	合计（%）
养老金及伤残保险	12.00	14.00	26.00

保险种类	雇主（%）	雇员（%）	合计（%）
医疗保险	5.15	5.15	10.30
失业保险	0.75	0.75	1.50
合计	17.90	19.90	37.80

个体经营人员需缴纳的社会保障税包括养老金及伤残保险、医疗保险与失业保险，比例分别为26%、10.3%和1.5%，合计为37.8%，可选择以工资收入为基础缴纳，也可选择以应税商业收入为基础缴纳。社会保障税的缴纳基数不得低于塞尔维亚全国平均工资的35%，同时不得高于全国平均工资的5倍。

四、塞尔维亚涉外税收政策

居民公司取得境外股利，需要计入应税所得额，缴纳15%的公司所得税。对境外已纳税允许进行抵免，包括直接抵免和间接抵免（要求持股10%以上且持股期1年以上）。居民公司有权就利息收入、租赁费收入、特许权使用费收入和股息收入（持股低于10%时）在境外已纳税等获得限额税收抵免（税基为外国来源收入的40%）。无受控外国公司规定。

塞尔维亚转让定价规则规定，一家公司能够影响另一家公司的决策或持股25%以上，则为关联公司。关联方之间的交易需符合正常交易原则，需准备相关文件并于6月30日前提供转让定价报告。集团公司合并收入达到7.5亿欧元以上的关联方，需要提交国别报告。资本弱化规则要求一般公司的债务权益比例为4:1，银行和租赁公司债务权益比例为10:1。在符合资本弱化规则且利息和融资费用符合公平交易原则时，支付给关联方的利息融资费用才允许税前扣除。

居民公司对非居民法人支付股息和利息，预提税均为20%；对非居民个人支付股息和利息，征收个人所得税15%。对非居民法人支付特许权使用费，预提税20%；对居民个人和非居民个人支付特许权使用费，征收个人所得税20%。对非居民法人支付租金，预提税20%；对居民个人和非居民个人支付租金，征收个人所得税20%。对非居民法人支付市场研究费、会计审计费、咨询费等，预提税20%；对居民个人和非居民个人支付各种服务费，征收个人所得税15%。

分公司利润汇出，不征收预提税。但对黑名单地区支付股息、利息、特许权使用费、租金、服务费等，预提税一律为25%。支付给法人实体的分包款，不征税。

塞尔维亚已经签订了60个税收协定。在塞尔维亚签订的税收协定中，在持股达到规定比例时股息预提税为0的只有阿联酋；股息预提税涉及5%的有包括中国在内的40个国家。利息预提税为0的有芬兰、法国、德国、荷兰和瑞典。

中国与塞尔维亚协定：股息预提税为5%，利息和特许权使用费预提税均为10%。分公司利润汇回不征税。无间接抵免，有税收饶让。

第六章

投资中东欧非欧盟国家的税务风险及防范

第一节　投资中东欧非欧盟国家的税务风险

投资中东欧非欧盟国家的税务风险，本书从税收征管风险、纳税调整风险和税务筹划风险等方面来分析。

一、税收征管风险

税收征管主要包括税务登记、凭证和账簿管理、纳税申报、税务稽查等方面，违反时间和程序等规定，就需要承担法律责任，这就给企业带来了税收征管风险。

阿尔巴尼亚、波黑、黑山、北马其顿和塞尔维亚等国的税收征管风险，如表 6-1 所示。

表 6-1　中东欧非欧盟五国的税收征管处罚规定

国别	违反基本规定处罚	不履行纳税义务处罚及其他处罚
阿尔巴尼亚	（1）开展商业活动，必须在 15 日内登记经营活动地址，否则，罚款 50 列克 （2）未报告真实的员工信息，税务机关有权提出刑事指控，并处罚 50 列克 （3）未按时申报纳税，每次处罚 5000 列克。未按时申报增值税、所得税，每次罚款 1 万列克。偷逃税款罚款 1 倍	（1）未按规定缴纳增值税，按日罚款 0.06% （2）未按时预缴所得税，按应预缴税款的 15% 罚款 （3）未按规定开具发票，罚款 10~50 列克 （4）未报告真实的员工信息，税务机关有权提出刑事指控，并处罚 50 列克

国别	违反基本规定处罚	不履行纳税义务处罚及其他处罚
波黑	（1）未按时申报纳税，每天罚款 0.04% （2）违反增值税相关规定，罚款 50%~200%	会计核算违规，罚款 5000 马克~1.5 万马克
黑山	（1）未在规定期限内进行税务登记，对法人罚款 150~6000 欧元；对自然人罚款 55~550 欧元 （2）未按规定申报所得税，对法人罚款 550~16500 欧元；对法人代表罚款 110~1100 欧元	（1）未按时缴纳增值税，对法人罚款 6000~2 万欧元；对法人代表罚款 1500~2000 欧元 （2）逃避欠税，采用强制执行措施
北马其顿	（1）未按时申报增值税，对公司罚款 2500 欧元，对责任人罚款 1000 欧元 （2）未按时申报所得额，对公司罚款 2000~3000 欧元，对责任人罚款 500~1000 欧元	不交或少交税款，按日加收 0.03% 的滞纳金，此外，面临最高 10 倍的罚款
塞尔维亚	（1）未依法进行税务登记，罚款 10~200 万第纳尔 （2）申报有误，罚款 15%~20% （3）未申报，罚款 20%~75%	（1）未按规定纳税，罚款 10%~50%，金额为 25 万~1000 万第纳尔 （2）逃避欠税，强制执行，视情况征收利息和罚款，情节严重的，禁止经营 （3）未履行扣缴义务，罚款 10 万~60 万第纳尔

二、纳税调整风险

境外子公司与中国母公司及集团内子公司之间的关联购销业务、借贷业务、无形资产转让业务、管理及咨询服务等，若定价不被境外税务机关认可，税务机关就会进行纳税调整，企业会承担纳税调整风险。

阿尔巴尼亚、波黑、黑山、北马其顿和塞尔维亚等国的转让定价纳税调整风险，在转让定价的申报规定和转让定价的纳税调整处罚方面的体现，如表 6-

2 所示。

表 6-2　中东欧非欧盟国家转让定价申报规定和处罚规定

国别	同期资料申报处罚
阿尔巴尼亚	（1）关联申报门槛 5000 万列克，截止期 3 月 31 日 （2）转让定价调整额每月处以 5% 罚款，最高 25% （3）转让定价调整时，及时提供转让定价文档，则免于处罚，只缴纳调整的税款和利息。未及时提供转让定价文档的，按时罚款 0.06%，最高 21.9%
波黑	（1）国别申报门槛为年收入 15 亿马克，截止期 3 月 31 日，未提交申报，罚款 3000~10 万马克 （2）主体文档同国别申报一致 （3）本地文档门槛为年收入 50 万马克，罚款 3000~10 万马克 （4）对所有虚假和以逃避纳税为目的的交易和安排，税务机关有权认定为无效或需要重新进行定性
黑山	无相关规定
北马其顿	（1）关联交易超过 1000 万第纳尔的纳税人，必须提交转让定价文档。净利润未达到 6000 万第纳尔的纳税人，可以豁免提交转让定价文档 （2）转让定价调整期间对收入、费用审查严格 （3）拒绝提供转让定价资料，面临 3000 欧元的罚款，且停业 3 天~30 天 （4）税基调整应纳税额，按日加收 0.03% 的滞纳金，此外，面临最高 10 倍的罚款
塞尔维亚	（1）集团公司合并收入达到 7.5 亿欧元以上的关联方，需要提交国别报告 （2）未提供转让定价资料或提供资料不完整，对公司罚款 10 万~200 万第纳尔，对责任人罚款 1 万~10 万第纳尔；对调整的价格差额征收 15% 的所得税

　　纳税调整风险，除了转让定价纳税调整外，还有不允许利息税前扣除的纳税调整。一般来说，关联方之间的借款利息税前扣除应符合正常交易原则和资本弱化规则。否则，需要进行纳税调整征收公司所得税，并将利息支付视同股利分配，按照国内法规定征收预提税，不适用双边协定的低税率。这种纳税调整，形成了公司所得税和较高股利预提税的双重风险。中东欧非欧盟成员国的相关规定，如表 6-3 所示。

表 6-3 中东欧非欧盟成员国资本弱化规定

国家	资本弱化规定的债务权益比例	正常交易原则
阿尔巴尼亚	债务权益比例 4∶1，且关联方借款净利息不超过息税前利息的 30% 银行、保险公司、租赁公司和其他金融机构不受限制	不明确
塞尔维亚	一般公司 4∶1；银行和租赁公司 10∶1	有要求
北马其顿	3∶1，金融机构贷款利息不受限制，新公司前 3 年不受限制	不明确
波黑	4∶1	不明确
黑山	无相关规定	不明确

三、税务筹划风险

投资阿尔巴尼亚、北马其顿、波黑、塞尔维亚和黑山等非欧盟成员国，税务筹划风险主要是股权架构筹划和债权来源筹划所带来的风险。股权架构的影响因素，如表 6-4 所示。

表 6-4 中东欧非欧盟成员国股权架构影响因素

国家	间接抵免条件	股息预提税率		免税情况	股息免税条件
		国内	与中国协定		
阿尔巴尼亚	无间接抵免	8%	10%	特定条件免税	税收协定中股息预提税率为 0 的国家有科威特、荷兰、西班牙、阿联酋
北马其顿		10%	5%		税收协定中参股免税：奥地利、法国、立陶宛、荷兰、芬兰、比利时、英国、爱尔兰
波黑		5%/10%	10%	无免税	税收协定中没有股息预提税为 0 的协定国
塞尔维亚		20%	5%		
黑山		9%	5%		

注：塞尔维亚和黑山适用中国于 1997 年与南斯拉夫联盟共和国签订的避免对所得和

财产双重征税协定，波黑适用中国于 1988 年与南斯拉夫社会主义联邦共和国签订的避免对所得和财产双重征税协定。

资料来源：根据国家税务总局 http：//www. chinatax. gov. cn/chinatax/n810341/n810770/index. html 我国签订的税收条约资料整理。

根据普华网站 http：//www. pwc. com 资料 Worldwide Tax Summaries Online 整理。

根据安永网站 http：//www. ey. com 资料 Worldwide Corporate Tax Guide 2020 整理。

由于阿尔巴尼亚、北马其顿、波黑、塞尔维亚和黑山等五国与中国的税收协定中均无间接抵免，故设立分公司的税负轻，因为分公司在境外缴纳的所得税，回中国可以进行直接抵免。若所在国对设立法人公司给予免税优惠，则可以设立子公司。在设立子公司的情况下，投资波黑、塞尔维亚和黑山，应由中国母公司控股，因为这 3 个国家的税收协定中没有免税的协定国，且预提税相对较低，按照国内规定和税收协定孰低原则，股息预提税为 5%。中国企业投资阿尔巴尼亚，应选择荷兰和阿联酋作为中间控股公司所在地，消除股息预提税；投资北马其顿，可以选择荷兰、英国和比利时作为中间控股公司所在地。投资中东欧非欧盟成员国的股权架构，如图 6-1 所示。

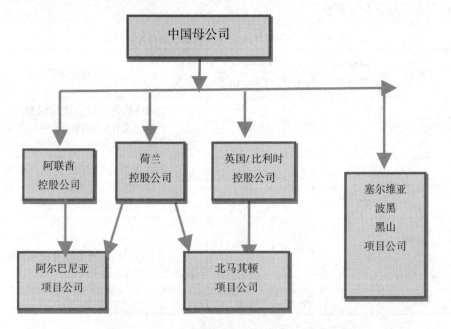

图 6-1 投资中东欧非欧盟成员国股权架构图

投资阿尔巴尼亚和北马其顿的间接控股架构，其主要风险点在于：设立在阿联酋、荷兰、英国或者比利时的控股公司，应该符合所在国的实质性要求，即在人员、场地、业务规模、设立时间等方面均符合实质性要求。如荷兰参股免税的条件：持股5%以上，通过税法测试（收入至少10%为经营性收入）和资产测试（子公司的资产50%以上用于经营活动）。受惠于上述参股免税规定，荷兰母公司持股获得境外股利和股权利得，无须缴纳荷兰公司所得税。税收协定国母公司从荷兰获得的股利和资本利得，免征预提税。

中国企业在阿尔巴尼亚、北马其顿、波黑、塞尔维亚和黑山等国的项目，集团内借款来源选择相关因素，如表6-5所示。

表6-5 借款来源选择相关因素

国家	利息预提税		税收协定中利息免税条件
	国内	与中国协定	
阿尔巴尼亚	15%	10%	税收协定中利息预提税率为0的有匈牙利、阿联酋
塞尔维亚	20%~25%	10%	税收协定中利息预提税率为0的有芬兰、法国、德国、荷兰、瑞典
波黑	10%	10%	税收协定中利息预提税率为0的有捷克、芬兰、法国、德国、匈牙利、爱尔兰、荷兰、挪威、斯洛伐克、瑞典
黑山	9%	10%	税收协定中利息预提税率为0的有丹麦、芬兰、法国、德国、荷兰、挪威、瑞典
北马其顿	10%	10%	税收协定中利息预提税率为0的有奥地利、捷克、丹麦、法国、匈牙利、爱尔兰、科威特、卢森堡、荷兰、卡塔尔

资料来源：根据国家税务总局 http：//www. chinatax. gov. cn/chinatax/n810341/n810770/index. html 我国签订的税收条约资料整理。

根据普华网站 http：//www. pwc. com 资料 Worldwide Tax Summaries Online 整理。

根据安永网站 http：//www. ey. com 资料 Worldwide Corporate Tax Guide 2020 整理。

由表6-5可知，阿尔巴尼亚项目，可以通过阿联酋财务公司借款，也可以通过匈牙利或阿联酋的控股公司转贷；塞尔维亚项目、波黑项目、黑山项目和北马其顿项目，均可以通过荷兰的财务公司借款。此外，塞尔维亚项目也可以通过芬兰、法国、德国、瑞典的控股公司转贷；波黑项目也可以通过捷克、芬兰、法国、德国、匈牙利、爱尔兰、挪威、斯洛伐克、瑞典的控股公司转贷；黑山项目也可以通过丹麦、芬兰、法国、德国、挪威、瑞典的控股公司转贷；北马其顿项目也可以通过奥地利、捷克、丹麦、法国、匈牙利、爱尔兰、科威特、卢森堡、卡塔尔的控股公司转贷。投资中东欧非欧盟成员国，项目公司集团内借款来源选择，如图6-2所示。

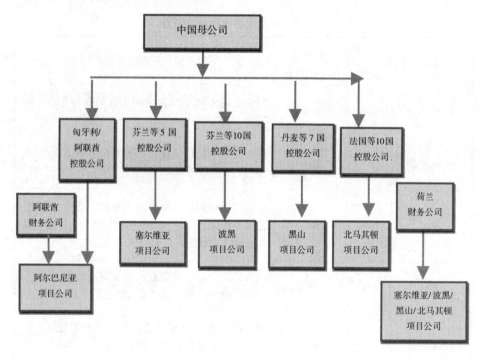

图6-2 投资中东欧非欧盟成员国借款来源选择

图6-2中，通过阿联酋财务公司或者荷兰财务公司借款，利息免征预提税没有税务风险，但中国境外的税负较高。如果通过签订两个类似借款合同，采用"中国母公司—中间控股公司—项目公司"的转贷方式，则存在很大的税务风险。可以用来转贷的中间控股公司基本上都是欧盟成员国，欧盟成员国都执行了 BEPS 行动计划。欧盟成员国中，除保加利亚、捷克、爱沙尼亚、匈牙利、

拉脱维亚、罗马尼亚、斯洛文尼亚和瑞典外，其他国家都严格执行"BEPS行动计划2：消除混合错配安排的影响"，除爱沙尼亚、罗马尼亚和斯洛文尼亚外，其他国家均严格执行"BEPS行动计划4：利息和其他款项侵蚀税基限制"，这就给转贷行为带来了巨大的税务风险。

第二节　投资中东欧非欧盟国家的税务风险防范

基于投资中东欧非欧盟国家的税务风险，这里主要阐述应对税收征管风险防范、纳税调整风险防范和税务筹划风险防范。

一、税收征管风险防范

在中东欧非欧盟国家投资的中国企业，应严格遵守东道国税收法规，履行信息报告和纳税申报义务。熟知东道国税务登记、凭证和账簿管理、纳税申报、税务稽查等方面的具体要求，按时履行有关程序规定，避免税收征管风险。

首先，要履行好税务登记义务。充分了解东道国注册登记制度，对无明文规定的登记要求，应咨询当地税务机关，根据沟通结果和税收实践要求履行税务登记。其次，财务人员应保持应有的专业谨慎性。企业财务人员应保存好账务资料、涉税票据等，根据税务风险清单定期与其他部门进行财务票据和业务票据核对，以备税务核查。最后，准确计算并按时完成纳税申报，避免超期申报而被处罚。

防范税收征管风险，进行海外投资的中国企业，投资初期就应到中国境内税务机关开具中国税收身份证明，按照受资国的规定，在投资初期或者股息、利息和特许权使用费、分公司利润、技术费等投资收益汇回中国时提交给境外公司的主管税务机关，进而防止投资收益汇回不能享受税收协定的优惠待遇而带来的预提税征管风险。

防范税收征管风险，企业应制定符合本企业行业特点、具有实操性的境外项目《国别税收指南》。该指南的主要内容应包括：相关税务规定，如各相关税种、税率、征税方式、代扣代缴、税务申报、缴税日期及方法，税收优惠、亏损结转、税收协定适用等；相关财务规定，如折旧、摊销年限、税前列支费用要求、标准、限额及比例，不能税前列支的项目等；需报送当地税务机关的资料及相关要求等。海外投资企业只有建立起持续搜集和时时更新东道国国别税收法律制度的机制，以《国别税收指南》为载体，确保能够获悉准确、真实和最新的东道国的税法规定及实操运作。

二、纳税调整风险防范

纳税调整风险防范，首先要熟知各国的转让定价规定，在向境外投资、转让商品、转让无形资产和提供劳务过程中，定价在合理的国际价格范围内，避免遭受纳税调整。此外，境外公司需要资金时，应首选税收协定中免征预提税的中国境内银行，其次是设立在英国、荷兰、卢森堡、中国香港、新加坡等地的财务公司，尽量不要用签订类似合同的转贷借款。在执行BEPS行动计划的国家中，类似合同的转贷借款会被判定为混合错配安排、利息侵蚀税基和税收协定优惠被不当授予，是打击的重点。集团内财务公司进行国际贷款业务属于正常经营行为，虽然也运用了相关国家的税收协定优惠，但不会被判定为不当授予和侵蚀税基。只是境外财务公司贷款业务，整个业务过程中产生的中国境外税负比较多。通过税收协定中免征利息预提税的中国境内银行贷款，既可以减轻受资国的公司所得税和利息预提税，又使中国境外整体税负轻。中国与中东欧非欧盟国家协定免征利息预提税的银行，如表6-6所示。

表6-6　中国与中东欧非欧盟国家协定免征利息预提税的银行

国别	双边税收协定中免征利息预提税规定
阿尔巴尼亚、塞尔维亚、黑山	政府、地方当局及其中央银行，或者完全为其政府所拥有的金融机构的利息免税
北马其顿	政府、地方当局及其中央银行或者完全为其政府所有的金融机构取得的利息；或者居民取得的利息，其债权是由政府、地方当局及其中央银行或者完全为其政府所有的金融机构间接提供资金的，免税
波黑	协定中无利息免税规定

资料来源：根据国家税务总局 http：//www. chinatax. gov. cn/chinatax/n810341/n810770/index. html 我国签订的税收条约资料整理。

中国企业应熟知中东欧非欧盟国家的转让定价、成本分摊、资本弱化及受控外国公司规定，防范因违反相关规定造成的纳税调整风险。

防范转让定价纳税调整风险，企业应制定符合独立交易原则的集团《全球转让定价政策指南》，同时配合中国及东道国税务机关的相关规定要求，制定集团内部相关成员单位"三级文档"的准备流程。

防范境外项目利息纳税调整风险，企业要适度增加注册资本金，使之与东道国的境外中标项目的现金流需求或标的额相匹配，尽量避免资本弱化税务问题，并且及时在东道国履行必需的外债登记，保障借款利息在企业所得税税前足额列支，并实现本息顺利汇回中国。

三、税务筹划风险防范

企业进行税务筹划时，特别是进行股权架构设计和资金来源选择时，如果相关因素考虑不周全，就有可能被判定为违规，特别是在已经执行了 BEPS 行动计划的国家（如阿尔巴尼亚、波黑、黑山和塞尔维亚）。因此，海外投资的中国企业，一定要熟知受资国执行 BEPS 行动计划的具体措施，特别是 BEPS 行动计划 2——消除混合错配安排的影响，BEPS 行动计划 4——利息和其他款项侵蚀税基限制，BEPS 行动计划 5——打击无实质因素有害税收实践，BEPS 行动计划 6——防止税收协定优惠不当授予，BEPS 行动计划 7——防止人为规避构成常设机构，BEPS 行动计划 12——强制披露规则，BEPS 行动计划 13——转让定价文档和国别报告。阿尔巴尼亚、波黑、黑山、塞尔维亚这四个加入 BEPS 行动计划的国家，均参与了双支柱方案，并同意同其他参与国交换本国税法变更的信息。因此，到这些国家投资的中国企业，要熟知 BEPS 行动计划的具体措施及其更新情况，防止因税务筹划遭受受资国反避税调查所带来的风险。

投资阿尔巴尼亚的股权架构是通过阿联酋或者荷兰公司控股，投资被马其顿的股权架构是通过荷兰、英国或比利时公司控股，控股公司符合"经济实质原则"才能降低税务筹划风险。经济实质原则就是当纳税人的某项交易或事项满足成文法或法规语言的字面要求，但交易的实质内容与法律形式不一致时，应根据经济实质而不应直接根据形式进行税务处理，即将税收与实质活动、企业的核心创收活动相匹配，保证应税利润不被人为地转移至别的地方。一般来说，符合经济实质原则，有关活动取得的收入水平应满足：在当地有足够的经营费用支出；有足够的办公场所；有足够的全职雇员或具有适当资格的其他人员；在当地从事核心创收活动和召开董事会等。

塞尔维亚、波黑、黑山和北马其顿项目的资金来源，如果选择转贷方式，存在一定的税务风险。虽然作为转贷的中间公司对外支付利息免征预提税，但若塞尔维亚、波黑、黑山和北马其顿对利息受益人审查严格，有可能判定中间转贷公司不是收益所有人而不能享受双边协定利息预提税为 0 的优惠。阿尔巴尼亚项目的资金来源，既可以选择转贷方式，也可以选择阿联酋财务公司贷款，此时，尽量选择财务公司贷款。财务公司向境外贷款属于正常业务，通过财务公司贷款的税务风险较小。

防范税务筹划风险，企业集团总部应制定并提供《境外项目税务筹划方案模板》以供其集团内成员单位、分包商和合作方参考。该税务筹划方案模板的主要内容应包括：税务筹划方案的分工责任及节税分享安排；选择当地合适的法人机构（如项目公司、子公司、分公司或联营体）；分解合同报价，细化预算评估；分析和比较主要成本和费用的"硬缺口"，并制定相应的税务筹划整体方案；如 EPC 合同分拆方案及转让定价安排（特别是在中国设备、材料采购部分合理加价的出口及在东道国进口环节合理海关估值等）。以此，使境外项目合同履约过程中的税收遵从成本最低，预算税负数与实际发生额的差距最小。

第七章

运用欧盟指令进行税务筹划案例

一、案例背景

某大型国有企业从事跨国经营业务，主要在中东欧国家从事基础设施项目。在希腊的子公司从事港口业务，在匈牙利的子公司从事高铁项目，在波兰的子公司从事光伏项目。各子公司均符合下列条件：假设中国母公司持有各子公司股份均为100%；子公司向母公司（或向中国境内银行）借款支付10%利息在子公司所在国家税法接受范围；子公司成立后不存在其他关联债务，只发生与母公司的关联债务；子公司在东道国产生的税后利润全部分配给母公司。各子公司项目所需要资金均为30000万欧元、40000万欧元和20000万欧元。假设各国子公司息税前利润均为10000万欧元。

（一）希腊涉外税收规定

居民公司就来源于境内外所得纳税，公司所得税24%。自2019年起，希腊税法中引入了"实质课税原则"，如果某项安排没有实质业务而是基于避税目的，则不能享受相关税收优惠。希腊在转让定价指南中明确关联方指直接或间接持股另一方33%以上股份，也包括直接或间接控制或实施重大影响的第三方。资本弱化规则要求利息扣除不得超过息税前利润的30%，利息在300万欧元以下不受限制。支付给非银行机构的利息，只要不高于希腊银行贷款利率部分，允许在税前扣除。借款用于基础设施建设且来源于欧盟成员国的借款，以及财务公司的借款，不受资本弱化规则限制。

希腊预提税规定：股利预提税5%，利息预提税15%，特许权使用费、技术费、管理费、咨询费及相关服务费，预提税均为20%，但对境内外法人支付技术费、管理费、咨询费及相关服务费，不征收预提税。支付各种合同款，预提税 3%。

向欧盟成员国公司支付股利免征预提税条件：法人持股 10% 以上且连续持股超过 2 年。向欧盟成员国公司支付利息和特许权使用费免征预提税条件：法人持股 25% 以上且连续持股超过 2 年。若连续持股不足 2 年，由希腊税收居民提供相当于预提税数额的保证金，也可以免征预提税。

中国与希腊协定：持股 25% 以上，股息预提税 5%，否则为 10%；利息和特许权使用费预提税均为 10%。分公司利润汇回，不征税。无间接抵免，无税收饶让。

(二) 匈牙利涉外税收规定

居民公司应就其来源于境内外的所得纳税，公司所得税税率 9%，在匈牙利可以选择核定最低纳税额，以总收入的 2% 为纳税基数，乘以税率 9% 即为最低纳税额。若公司有从关联方借款，则最低纳税额税基提高 50%，即按总收入的 3% 计算。

匈牙利公司收到境内外股利，免征公司所得税，但受控外国公司除外。受控外国公司指由匈牙利税收居民直接或间接持股 50% 以上，或者拥有实际利益 50% 以上，境外公司所在地所得税税率是匈牙利税率的一半以下。受控外国公司的股利不适用免税政策，应计入境内税收居民的应税所得额。在匈牙利与各国签订的税收协定中，大多境外收入免征公司所得税。若税收协定中没有免税条款，则对境外已纳税实行限额抵免。匈牙利执行税基侵蚀和利润转移（BEPS）行动计划，严格限制混合错配行为。交叉持股等税务安排必须向税务机关报告。

自 2019 年起，资本弱化规则允许扣除的净利息费用为息税前利润（调整利息、税收、折旧费和摊销等）的 30%，且不超过 300 万欧元。

匈牙利国内法规定，对非居民公司支付股利、利息、特许权使用费和服务费，均不征收预提税。对非居民个人支付股利、利息和特许权使用费，预提税均为 15%。非税收居民处置匈牙利公司股权不征税，但处置匈牙利不动产控股公司股权，征收 9% 的公司所得税（除非双边税收协定规定免税）。匈牙利不动产控股公司指符合下列条件之一的公司：账面价值的 75% 以上由匈牙利境内的不动产构成；集团公司账面价值的 75% 以上由境内不动产公司或者其关联公司构成。自 2020 年起，纳税人将境内常设机构、实际管理机构、注册的办公地点和经济活动转移至境外，按照公允价值计价对其资本利得征收预提税。若将其转移至欧盟成员国或欧洲经济区国家，资本利得可以分 5 年纳税。

中国与匈牙利协定：股息、利息和特许权使用费预提税均为 10%（实际上只适用于从中国向匈牙利支付股息、利息和特许权使用费），公司利润汇回，不征税。持股 10% 以上，可以间接抵免，无税收饶让。

（三）波兰涉外税收规定

居民公司就来源于境内外的所得纳税，公司所得税税率 19%。自 2019 年起，实施创新箱计划，对研发收入产生的利润适用 5% 的税率。波兰新的资本弱化规则允许税前扣除的利息费用为息税前利润的 30%，利息费用在 300 万兹罗提以下，不受限制。资本弱化规则适用于直接或间接持股超过 25% 的关联方贷款、关联方担保贷款和第三方贷款。没有抵扣完的利息费用允许后转 5 年。自 2019 年起，波兰强制披露规则要求披露：交叉持股安排、跨境税务安排、国内税务安排、所得税和增值税安排。

对非居民支付股利，预提税 19%。对非居民支付利息、特许权使用费和服务费，预提税 20%。在波兰签订的大部分税收协定中，服务费不征收预提税。自 2019 年起，波兰加强了预提税管理：对于不超过 200 万兹罗提的支付额，要求提交收款人税收居民身份证明，并严格审查受益人资格；对于超过 200 万兹罗提的支付额，需要先缴纳预提税，满足协定低税率条件的，再申请退还。

执行欧盟母子公司法令免征股息预提税条件：母公司所在国就境内外所得纳税；母公司持股 10% 以上且持股期 2 年以上；支付股利公司能提供税务机关要求的所有资料。执行欧盟利息和特许权法令免征预提税条件：付款方在波兰有永久设施的公司，收款公司有义务就全球所得纳税，直接持股、被持股或被同一母公司持股 25% 以上，且持股期 2 年以上。付款公司能提供税务机关要求的所有资料。自 2019 年起，波兰实施了更加严格的反避税规定，限制没有实质业务利用欧盟指令减除预提税的行为。

中国与波兰协定：股息和利息预提税均为 10%，机器设备租金预提税 7%，其他特许权使用费预提税 10%。分公司利润汇回，不征税。持股 10% 以上，可以间接抵免，无税收饶让。

二、案例问题

（一）在不进行税务筹划的情况下，即由中国境内母公司直接持有希腊、匈牙利和波兰公司股份，计算各公司最终税负。

（二）在运用资本弱化规则进行税务筹划的情况下，由中国境内母公司直接持有希腊、匈牙利和波兰公司股份，计算各公司应借款多少？境外税负降低多少？并说明原因。

（三）在运用资本弱化规则进行税务筹划的基础上，通过股权架构设计，由中国境内母公司间接持股，中间控股公司注册地应选择哪个国家？计算各公司境外最终税负，并说明原因。

（四）在运用资本弱化规则和股权架构设计的基础上，对借款来源进行选择，应从集团内哪些国家的公司借款？计算各公司境外税负又能降低多少？并说明原因。

三、税务筹划分析

（一）在不进行税务筹划的情况下，即由中国境内母公司直接持有希腊、匈牙利和波兰公司股份，计算各公司在中国境外最终税负。

不进行税务筹划，不仅是由中国母公司直接持股，还意味着各项目所需要的全部资金均由中国母公司注资，没有借款。

表7-1　不进行税务筹划下税负

单位：万欧元

	希腊	匈牙利	波兰
从母公司借款	0	0	0
注册资本	30000	40000	20000
息税前利润	10000	10000	10000
利息支出（10%）	0	0	0
应税所得额	10000	10000	10000
缴纳所得税	（24%）2400	（9%）900	（19%）1900

	希腊	匈牙利	波兰
母公司获得股息	7600	9100	8100
股息预提税	（5%）380	（0%）0	（10%）810
母公司股利现金收入	7220	9100	7290
境外纳税总额	2780	900	2710
境外纳税占息税前利润比例	27.8%	9.0%	27.1%

（二）在运用资本弱化规则进行税务筹划的情况下，由中国境内母公司直接持有希腊、匈牙利和波兰公司股份，计算各公司应借款多少？境外税负降低多少？并说明原因。

运用资本弱化规则进行税务筹划，就是按照各国要求的债务权益比例，将项目所需资金的一部分由中国母公司注资，另一部分从中国母公司、集团内其他子公司、集团内财务公司、中国境内银行借款。但是，希腊、匈牙利和波兰的资本弱化规则均取消了债务权益比例，均要求税前允许扣除的利息为息税前利润的30%。此种情况下，中国母公司注资50%，从母公司或集体内子公司借款50%比较好。即注册资本分别为15000万欧元、14000万欧元和16000万欧元，借款分别为10000万欧元、7000万欧元和8000万欧元。这里假设从中国母公司借款并在东道国金融管理机构备案，按照10%利率支付利息，各国均允许税前扣除。

表7-2 资本结构税务筹划下税负

单位：万欧元

	希腊	匈牙利	波兰
从母公司借款	15000	20000	10000
注册资本	15000	20000	10000
息税前利润	10000	10000	10000
利息支出（10%）	1500	2000	1000
应纳税所得额	8500	8000	9000
缴纳所得税	（24%）2040	（9%）720	（19%）1710

	希腊	匈牙利	波兰
母公司获得股息	6460	7280	7290
股息缴纳预提税	（5%）323	（0%）0	（10%）729
母公司股息净额	6137	7280	6561
利息缴纳预提税	（10%）150	（0%）0	（10%）100
母公司利息净额	1350	2000	900
母公司现金收入	7487	9280	7461
境外纳税总额	2513	720	2539
境外纳税占息税前利润比	25.13%	7.2%	25.39%
境外税负降低百分点	2.67%	1.80%	1.71%

通过运用资本弱化规则，母公司可以以借款的形式投入一半项目资金。因借款利息能够税前扣除，因而减少了公司所得税纳税额，进而境外税负分别降低了2.67个百分点，1.8个百分点和1.71个百分点。海外项目所需要资金，应该在资本弱化规则允许的情况下，少投资，多借款。但若超过息税前利润的30%，则不能税前扣除，需要调增应税所得额，形成纳税调整风险。

（三）在运用资本弱化规则进行税务筹划的基础上，通过股权架构设计，由中国境内母公司间接持股，中间控股公司注册地应选择哪个国家？计算各公司境外税负进一步降低多少？并说明原因。

因匈牙利国内法规定，对外支付股利、利息、特许权使用费和服务费，均不征收预提税，所以，投资匈牙利，应由中国母公司直接持股。投资希腊和波兰需要间接持股，以免除股息预提税。

希腊和波兰都是欧盟成员国，运用欧盟指令，成员国之间免征股息，所以，中间控股公司应为欧盟成员国且对外支付股利免征预提税的国家。匈牙利则是其中之一。若是匈牙利的公司先成立，则希腊和波兰的公司应由匈牙利公司持股。通常，投资欧盟成员国，作为控股公司所在地的还有荷兰。虽然荷兰实行20%/25%的两档累进税率，但其参股免税的优惠税制，使得荷兰母公司持有境内外股份获得的股利、股权利得、境外分公司利润和不动产利得，无需缴纳荷兰公司所得税。荷兰参股免税条件：持股5%以上，通过税法测试（收入的10%

以上为经营收入）和资产测试（子公司的资产 50% 以上用于经营活动）。虽然荷兰税法规定，对外支付股利，征收 15% 的预提税，但自 2018 年起，荷兰对税收协定国支付股利实行参股免税，即分配股利时持股 5% 以上，持股期 1 年以上，免征税收协定国居民的股利预提税。同时，荷兰对外支付利息和特许权使用费不征预提税。此外，荷兰已经与近 100 个国家签订双边税收协定，除欧盟成员国执行欧盟指令向荷兰支付股利、利息和特许权使用费适用 0 税率外，向荷兰支付股利适用 0 税率的还有 25 个国家或地区，支付股利预提税为 5% 的有 20 个国家。也就是说，荷兰公司可以控股欧盟的 26 个国家和非欧盟的 45 个国家。

表 7-3 股权架构设计下税负

单位：万欧元

		希腊	波兰
从母公司借款		15000	10000
注册资本		15000	10000
息税前利润		10000	10000
利息支出（10%）		1500	1000
应税所得额		8500	9000
缴纳所得税		（24%）2040	（19%）1710
中间控股公司所在地		匈牙利/荷兰	匈牙利/荷兰
中间控股公司	分得股息	6460	7290
	股息缴纳预提税	（0%）0	（0%）0
	股息缴纳所得税	0	0
中间控股公司股息净所得		6460	7290
中国母公司	获得股息	6460	7290
	股息预提税	（0%）0	（0%）0
	股息净额	6460	7290
母公司利息缴纳预提税		（10%）150	（10%）100
母公司利息净额		1350	900
中国母公司现金收入		7810	8190
境外纳税总额		2190	1810

续表

	希腊	波兰
境外纳税占息税前利润比例	21.9%	18.1%
境外税负降低百分点	3.23%	7.29%

由表7-3计算可知，通过股权架构设计，即通过间接持股，免除了股息预提税。税负降低金额就是分配股息原应纳税金额占息税前利润的百分比，即没有股权架构设计时的股息预提税323万欧元和729万欧元分别占10000万欧元的百分比，故税负分别降低了3.23%和7.29%。

（四）在运用资本弱化规则和股权架构设计的基础上，对借款来源进行选择，应从集团内哪些国家的公司借款？计算各公司境外税负又能降低多少？并说明原因。

因匈牙利国内法规定，对外支付股利、利息、特许权使用费和服务费，均不征收预提税，所以，匈牙利项目需要资金，应由中国母公司或中国境内子公司借款。希腊和波兰的项目，需要选择借款来源，以免除股息预提税。

希腊和波兰都是欧盟成员国，运用欧盟利息和特许权指令，成员国之间免征利息预提税，所以，借款来源应为欧盟成员国且对外支付利息免征预提税的国家。匈牙利和荷兰就是符合条件的借款来源国。匈牙利和荷兰，既可以设立财务公司，也可以通过集团内转贷。财务公司在当地境内公司所得税，税务风险小，转贷的税务风险大。

表7-4 债权来源选择下税负

单位：万欧元

	希腊	波兰
从母公司借款	15000	10000
注册资本	15000	10000
息税前利润	10000	10000
利息支出（10%）	1500	1000
应税所得额	8500	9000
缴纳所得税	（24%）2040	（19%）1710
中间控股公司所在地	匈牙利/荷兰	匈牙利/荷兰

续表

		希腊		波兰	
中间控股公司股息净所得		6460		7290	
中国母公司股息净额		6460		7290	
借款来源公司所在地		匈牙利/荷兰公司转贷	匈牙利/荷兰财务公司	匈牙利/荷兰公司转贷	匈牙利/荷兰财务公司
贷款公司	获得利息	1500	1500	1000	1000
	利息预提税	0	0	0	0
	利息所得税	0	(9%/25%) 135/ 375	0	(9%/25%) 90/250
母公司利息缴纳预提税		（0%）0	0	（0%）0	（0%）0
母公司利息净额		1500	1365/1125	1000	810/750
中国母公司现金收入		7960	7825/7585	8290	8100/8040
海外纳税总额		2040	2175/2415	1710	1800/1960
纳税占息税前利润比		20.4%	21.75%/ 24.15%	17.1%	18%/ 19.6%
海外税负降低百分点		1.5%	0.15%/ −2.25%	1%	0.1%/ −1.5%

由表7-4计算可知，借款来源选择转贷形式，即母公司签订借款合同借款给中间公司（匈牙利公司或者荷兰公司），中间公司再签订借款合同借款给希腊或波兰项目公司，这种转贷形式进一步降低税负分别为1.5个百分点和1个百分点；借款来源选择由集团内财务公司借款给项目公司，即由匈牙利财务公司分别借款给希腊公司和波兰公司，海外税负分别降低0.15个百分点和0.1个百分点，由荷兰财务公司分别借款给希腊公司和波兰公司，税负分别提高2.25个百分点和1.5个百分点。这是因为财务公司获得境外的利息收入属于营业收入，需要征收的荷兰公司所得税较高，致使提高荷兰财务公司筹划，境外税负没有降低反而分别增加了2.25个百分点和1.5个百分点。因为匈牙利公司所得税只有9%，故通过匈牙利财务公司进行筹划分别降低了0.15个百分点和0.1个百分点。

借款来源选择的转贷方式，虽然进一步降低了税负，但有很大的税务风险。各国执行税基侵蚀和利润转移（BEPS）行动计划，都对这种背对背贷款享受税收协定的低税率进行限制，支付利息的项目国有可能判定这种情况下不能享受欧盟的利息和特许权法令的 0 税率。借款来源选择由集团内财务公司提供，则不会有这种财务风险。

综合来看，通过运用资本弱化规则，股权架构设计，借款来源选择，投资希腊项目，境外税负由 27.8%，分别降低至 20.4%、21.75%、24.15%，分别降低了 7.4 个百分点、6.05 个百分点、3.65 个百分点；投资匈牙利项目，境外税负由 9% 降低至 7.2%；投资波兰项目，税负由 27.1%，分别降低至 17.1%、18%、19.6%，分别降低了 10 个百分点、9.1 个百分点、7.5 个百分点。

四、税务风险分析

上述税务筹划中存在的税务风险主要体现在以下几个方面：

第一，运用资本弱化规则的不确定性。由于这三个国家允许税前扣除的利息均为息税前利润的 30%，当企业盈利能力强的时候，存在没有用足税前利息扣除取得的情况。如上例中，息税前利润 10000 万欧元，则允许税前扣除的利息为 3000 万欧元，而上例分析中没有用足政策。当企业盈利能力在 5000 万欧元以下时，上述税前利息扣除又有可能超过限额。所以，既不能太过激，也不能太保守，选择项目所需资金的一半为借款比较合适。此外，防范利息纳税调整风险，一定要按照东道国的要求，将境外借款在东道国管理机关按时办理备案手续。若没有备案，即使符合资本弱化规则，不仅利息不能税前扣除，连借款本金都有可能无法及时偿还。

第二，股权架构的搭建要提前做好准备。一般来说，在项目谈签后才在架构地设立中间控股公司控股项目公司，存在被认为以避税为目的的架构，有不允许享受低率的风险。此外，中间控股公司要符合实质经营条件，要有人员、场地和经营活动，这是最低要求。有些国家还有其他要求，如收入与规模匹配，最终受益人（即股东）是税收协定国居民等。自 2019 年起，希腊税法中引入"实质课税原则"，如果某项安排没有实质业务而是基于避税目的，则不能享受相关税收优惠。波兰实施了更加严格的反避税规定，限制没有实质业务利用欧盟指令减除预提税的行为。波兰强制披露规则要求披露交叉持股安排、跨境税务安排、国内税务安排、所得税和增值税安排。

第三，借款来源选择，背对背借款的风险大，很多双边税收协定不认可，不允许税前扣除利息。财务公司的税务风险小，因为财务公司在所在地国家负有全面纳税义务，缴纳了增值税和所得税。而背对背借款却没有缴纳所在地国家的所得税。当然，境外项目所需资金，其借款来源最好的选择是完全为中国政府所有的金融机构，因为中国与希腊和波兰均协定完全为中国政府所有的金融机构取得的利息免税。